法平天下

肖永平 著

法律出版社
LAW PRESS·CHINA

作者简介

肖永平

1966年2月生。曾任武汉大学法学院国际法系副主任（1995年）、主任（2001年），武汉大学国际法研究所执行所长（1999年），武汉大学法学院副院长（2005年），武汉大学法学院院长（2007～2016年）。现任国家高端智库武汉大学国际法研究所所长。兼任中国国际私法学会常务副会长、中国法学会常务理事、湖北省法学会副会长、湖北省法学会国际法研究会会长、外交部国际法咨询委员会委员、最高人民检察院咨询委员会委员、武汉市人民政府法律顾问、国家社会科学基金学科评审组专家等职。先后被评为“全国十大杰出中青年法学家”、教育部长江学者奖励计划特聘教授、文化名家暨“万人计划”哲学社会科学领军人才。

前　言

2017年7月，我利用在瑞士比较法研究所从事访问研究的闲暇时间，收集整理了本人在任武汉大学法学院院长期间的一些讲话、报告、致辞和感言。在我看来，一个合格的法学院院长，首先应该了解不同法学学科的发展状况，坚持终生学习；同时，应该以培养人才为本，带头探索改革中国的法学教育，不断创新法学教学方法；还应该是某一领域的学术带头人，利用自己的专业知识维护社会公正，促进中国法治和国际法治进步；也应该是其所领导的法学院特色的设计者、法学精神的弘扬者和法治思想的传播者。因此，本书以学法学、教法律、用法规、促法治、弘法魂五部分编辑出版。

第一编主要介绍了本人长期倡导践行的“五I学习法”，同时把我任武汉大学法学院院长的开学典礼和毕业典礼致辞汇集起来，这些致辞大多是围绕学习法学的某一个或几个问题，或者是就如何规划法律职业、成就法律人生等问题展开的，在内容上具有一致性和互补性。值得说明的是，在2014年和2015年的毕业典礼上，法学院决定邀请毕业30周年的校友返校演讲，我只主持了毕业典礼，没有发表专门致辞。本编收录我公开发表的开学典礼致辞和毕业典礼致辞。为了呈现原貌，这些致辞中有少量重复的部分，但本书不作技术处理。

第二编呈现的是我在国内外会议和教学实践中关于教学方法的创新，以及关于模拟仲裁庭和模拟法庭的实践总结。通过这些实践，我作为主持人之一的教学成果“深化国际法教学改革 培养具有国际竞争力的法律人才”在2009年获得国家级优秀教学成果一等奖。

第三编收集了我利用国际私法和体育法专业知识为湖北省人民政府在美国法院的诉讼提供的专家证词，为中国某企业在香港国际商事仲裁中心的案件提供专家法律意见，为我国某运动员参加伦敦奥运会提供法律援助，为最高人民法院民四庭的优秀裁判文书点赞。这是我利用专业知识服务社会的不同形式的代表性成果。

第四编从三个不同层面反映了我在促进中国法治建设方面所作的努力。一是向国际社会宣传我国法学教育的成就和未来发展趋势；二是探索武汉大学法学教育的改革目标和努力方向，提炼总结珞珈法律人对中国法学学术的主要贡献；三是对中国参加有关国际条约、完善有关立法、提高涉外司法的国际公信力，以及在战略层面加强国际法律共同体建设提出的建议和主张。

第五编的主题是传承与弘扬，既有我的就职演讲与离任感言，又有我对法学院过去30年的总结和任期内建设成就的报告，也有我对武大法学院诸位先生学术思想与学术精神的感悟，还有我对校友的欢迎致辞和在学生婚礼上的证婚词。所有这些讲话都是为了传承珞珈法学精髓,利用各种场合弘扬法治精神。

回望9年的院长经历,尽管没有什么丰功伟绩,但我坚持了两任、完成了接力、了却了心愿、无愧于先贤,为武汉大学的法学进入"双一流"建设做出了应有的贡献。一直以来,我的人生理想是:"学法、教法、护法,法平天下;读书、写书、藏书,书伴人生"。因此,我将记录这段人生旅程的演讲集定名为《法平天下》。

肖永平

2017年7月28日于瑞士比较法研究所

目录

第一编　学　法　学

第二编　教　法　律

第三编　用　法　规

第四编　促　法　治

第五编　弘　法　魂

“五I学习法”:学习法律的有效方法

中国法学界同仁普遍认为:中国法学教育的规模虽然得到了飞速扩大,但质量并没有得到同步发展。造成这种局面的原因是多方面的,但可以肯定:传统的法律教学方法和学习方法是一个不可忽视的因素。创新教学方法,必须克服传统教学方法的弊端,注重调动学生学习的积极性和主动性,提高学生在教学活动中的参与度;必须注重增加教学的多样性,提高教学活动对不同学生的适应度。因此,创新教学方法必须强调教学方法与学习方法的统一,因为教学方法离开了学习方法就成了无源之水,但学习方法离开了教学方法还可以独立存在。教学方法与学习方法越相接近、相适应、相配套,就越能促进学生有效地学习。但现在的理论界往往只注意讨论和研究法律教学方法的改革和创新,忽视了对学习法律方法的引导,这对提高教学质量同样是不利的。因为教学是“教”与“学”之间相互联系、相互影响、又相互独立完成的过程,在大多数情况下,

"学"起到了决定性作用。下文将探讨学习法律的有效方法。

众所周知,每个人可能有自己长期形成的学习方法,不同学科也可能有适合于该学科特点的不同方法。对于法律学习来说,也许不同的法律部门有不同的学习要求和方法。总结笔者学习、研究、教学法律的经验和心得,笔者把有效学习法律的方法概括为"五I学习法",也就是"吾爱学习法",或者说是"快乐学习法"。它取自5个英文单词的第一个字母,即"Identification""Interpretation""Investigation""Inquest"和"Idea",下面分别解释其含义和要求。

一、正确识别法律问题(Identification of the Legal Issues)

尽管各国法律体系都是由不同的法律部门组成的,法学理论也分为不同的部门法学。事实上,这些法律部门和法学部门是立法者和法学家人为分割的结果,其目的是方便法律创制、法律适用、法律学习、宣传和编纂等。客观发生的事实常常是综合性的,可以从不同的法律视角来分析和定性。可以说,正确识别法律问题,从客观事实或者事件中发现有没有法律问题,是什么性质的法律问题,具体的关键争诉点是什么,是法律学习和研究的第一步,也是正确理解和适用法律的基本要求。就像一个人学习和掌握了许多武术套路,当他面临不同情况,受到不同形式的威胁和打击时,能够及时选择适当的武术套路和动作来对付。大量分门别类的法律规则在调整不同性质的社会关系时,需要法律适用者找出它们之间的对应关系和内在联系,把待处理的具体事实正确归类到一个法律部门,正确决定该法律问题的性质,正确厘定影响当事人权利义务关系的关键点就是本文所谓"正确识别法律问题"的主要内容。

举例来说，我国新闻媒体曾经广泛报道过这样一件事情：武汉A学者在美国购买了2000年12月31日从纽约经停东京到北京的日本航空公司机票，希望在新年之夜与亲人团聚。但在北京时间31日下午，飞机到北京上空后因为天气原因无法降落，被迫返回东京。到东京机场后，日本航空公司为同机的其他国家的部分乘客安排了飞机飞往北京，但没有安排中国乘客，也没有为70多名中国乘客免费提供食宿。A学者在东京机场度过了一个痛苦的难熬的新年之夜。回到武汉后，A学者想起诉日本航空公司。

对于这个问题，首先，我们要把它归类到一个法律部门中去，它很显然是合同法问题，而且是国际旅客运输合同问题。其次，要正确把握A学者能否胜诉的关键点。由于日本航空公司可以以不可抗力为由主张免除其没有将乘客按时送达目的地的责任，这是各国合同法和有关国际条约共同规定的原则，因此，本案就不能笼统地将争诉点归纳为日本航空公司有没有违约，而是要具体到日本航空公司在飞机误点4小时以上有没有免费提供食宿的义务，才算找到了本案的关键点。

由于乘客和日本航空公司之间并没有就免费提供食宿作出明确约定，便有人提出以侵权或者违反不歧视待遇原则为由提起诉讼，这实质上把该问题归类到侵权法或国际法领域。笔者认为这种识别是不适当的，因为仅仅根据飞机误点又没有提供免费食宿就提起侵权之诉是难以成立的，而不歧视待遇原则是针对国家立法等公行为，并不能针对私人的具体歧视行为提起诉讼。

所以，对于本案的正确识别应该是国际旅客运输合同法问题，具体的争诉点是日本航空公司是否有义务提供免费食宿。怎么解决这个争诉点？下面结合其他要求再分析。

由此可见，正确识别法律问题要求学生善于从客观发生的事实中发现法律问题，找到正确的法律争诉点，这是法律人法律意识的集中体现，只有经过长期的学习和训练才能够形成，因此是学习法律的第一个“I”。

二、准确解释法律规则(Interpretation of the Rules of Law)

我国传统的法律教学主要是具体法律规则的学习、研究和解释，现在的司法考试也深受“条文主义”的影响。不可否认，现代的法律学习必须以法律条文为基础，但这绝不是学习法律的全部，只是学习法律的最基本要求，因为法律的灵魂，不仅在于条文的解释，更要注重精神的伸张。但在我国现在的法学教育中，法律学子将主要精力放在司法考试的准备上，对社会现象漠不关心，也无暇顾及。若不是司法考试范围内的知识，无论是人文精神的基本科目，如历史、艺术、哲学，还是法律领域中未被列入司法考试的科目，都一样沦为弱势。

法律人，于上失去了立诸于历史、哲学层面的价值关心，把自己工具化为“法匠”；于下连狭义的法律知识也被“国内法”所限制，缺乏国际观。但对一个合格的法律人来说，会“考试”没有太大的用处，要立身社会做个有用的人，必须有人文的情操关心，必须有国际的宏观视野。①

① 这是陈长文、罗智强对台湾法学教育现状的分析，大陆的法学教育现状也差不多。参见陈长文、罗智强：《法律人，你为什么不争气？——法律伦理与理想的重建》，法律出版社2007年版，第14～15页。

笔者以为,要准确解释法律规则,至少必须做到以下两点:

第一,找到适当的法律规则。无论是面对一个具体的事实,还是需要回答一个具体的法律问题,首先要发现适当的法律规则。发现法律的一般规则是先找强制性的法律(mandatory authorities),再找非强制性的法律(persuasive authorities)。只有在没有主要法律渊源(primary sources)时,才可依赖次要法律渊源(secondary sources)。但对不同的具体情况,可能有不同的具体方法。例如,在上面提到的日本航空公司案件中,当我们确定了日本航空公司是否有义务提供免费食宿是主要争诉点以后,先要看当事人之间的合同(主要表现在机票上面)有没有明确约定,如果有约定,按照当事人的约定裁决就行了;如果没有明确约定,就要看日本航空公司提供免费食宿是否构成了隐含的法定义务或者先合同义务,这就需要在有关的国际条约或者国内立法中寻找相应的法律根据;如果没有相应的法律规定,还可以通过证明"航空公司在飞机误点 4 小时以上时提供免费食宿"构成一项国际惯例来解决本案的主要争诉问题。

值得特别注意的是,如果一个案件事实具有国际因素,现代各国一般要运用国际私法原则和规则去寻找适当的法律规则,也就是要考虑有关的国际条约、外国立法或者国际惯例;如果没有国际因素,各国一般在本国的法律体系中寻找适当的法律规则。

第二,结合具体情况对法律规则作出合理的解释。历史经验告诉我们,无论立法者多么富有智慧,都不能使法律涵盖所有应调整的社会关系并主动适应社会发展。立法者制定的法律是抽象的,且一旦被制定出来便固化为历史,但现实是复杂而多变的。因此,法律与个案之间存在天然的缝隙。法律适用的过程就是将抽象的法律与具体的个案相结合的过程，法律解释的必要性也只有在法律与个案相遇时才得以彰显。法律只有通过解释才能适用于个案。

毫无疑问，法律解释者首先应当接受法律条文字面含义的约束，但由于语言和司法过程的复杂性，单纯的文义解释可能有多种不同答案。因此，有必要探寻立法者的意图。但立法者是谁？人们需要探寻谁的意志？是某个立法者？还是其中的大多数或所有成员？事实上，当立法者是一个集体时，不同成员有时观点不同甚至相互冲突，而立法成果的出台很快就掩盖了这种冲突或矛盾，但人们再去探求有时已不可能。因此，我们只能探求法律本身所具有的合理意思，这就是客观法意说。①

但是，人们普遍承认，“无论如何审慎从事的法律，其仍然不能对所有——属于该法律调整范围，并且需要调整的——事件提供答案，换言之，法律必然‘有漏洞’”。② 既然有漏洞，就需要弥补。人们可以选择立法和司法等不同方式进行弥补。社会在不断前进，立法的滞后性是与生俱来、不可避免的，因而有必要在司法层面通过创造性解释弥补法律的漏洞。对于法律学习者来说，除了需要了解有关法律规则的含义、立法背景，并能准确地将该法律规则用来解决实际问题以外，有时还需要通过类推适用、目的性限制、目的性扩张、价值判断等方法创造性地解释法律。例如，在1996年闹得沸沸扬扬的王某“知假买假”事件中，许多人对王某是否属于《消费者权益保护法》中的“消费者”有不同看法。如果没有王某或者类似事

---

① 武飞：《法律解释的难题：服从还是创造——法律方法视角的探讨》，载《法学论坛》2005年第6期。

② ［德］卡尔·拉伦茨：《法学方法论》，陈爱娥译，商务印书馆2003年版，第246页。

件，人们对实际生活中的“消费者”的含义都很清楚，只是在王某事件发生以后，由于人们使用目的性限制、目的性扩张、价值判断等不同方法来解释“消费者”，其结果就截然不同。

由此可见，真正完成第二个“I”也不是轻而易举的事情。

三、善于确定关键的事实(Investigation of the Key Facts)

法律本质上是实践之学。但在我国法学院对本科生和研究生的课程设置中，实践性课程的安排相对较少，有些还流于形式。这对法律学习者形成确定关键事实的能力非常不利。尽管法学院的课堂越来越多地采用案例教学，但那些案例事实都经过了老师或者出题人的加工和提炼，并用尽量明确、简短的文字表达出来，其中的关键事实一般比较明显，法律学习者就没有机会锻炼如何确定关键的事实。即使学习了证据法、诉讼法等程序性法律，法律学习者也只是了解一些法定程序或者手续上的规定，对概括和提炼案件事实的能力并没有多大增进。当一个法律人面对某个没有其他人加工、带有大量有关或无关信息原生态案件时，他必须能够快速地发现其中可能涉及的法律问题，并据此确定其中决定当事人权利义务关系和胜败结果的关键事实。

因此，法律学习者要能够做到善于确定关键的事实，只有通过实践或者诊所式法律教育，在面对实实在在的案件和处理不同类型事件的长期锻炼过程中才能逐步形成。这第三个“I”应该是我国法学教育今后改革的方向。

进一步来讲，确定了关键的事实，法律学习者还必须能够依法收集到充分证据证明那些关键事实，因为客观真实和法律真实是两个不同层面的真实。客观真实强调那些客观存在的、不以人们的主观意志为转移的物质状态，突出了事实的绝对性和确定性。法律真实则是那些被法律规范所调整并具有法律意义的事实，更具体地说，它是作为案件事实的真实，是一种认识上的真实而不是存在的真实，是由诉讼程序决定的（程序意义上的）法律真实。法律真实在实践中具有更高的操作价值，因为：(1)任何事情一旦发生即变成历史，而历史常常是无法真实再现的，人们对于案件的记忆和表述都有客观或主观的不可靠性；(2)即使事实证明在证据上是可能的，但司法诉讼有一定的时间期限，当事人和法院都没有无限的时间供其利用，弄清真相有时在经济上不现实或者得不偿失；(3)司法基于社会可接受性的需要，有时会裁剪案件事实，甚至会故意偏离客观真实，如非法取得的证据，即使它在实体上能够证明案件真相，但法院也不会采用。①

所以，善于确定关键的事实，并根据证据法规则寻找充分证据证明关键事实在法律上的真实性是第三个“I”的基本内容。

四、养成不断追问的习惯（Inquest Again and Again）

由于法律是在解决社会矛盾的过程中发展起来的，不同的人在不同立场上常常有不同的观点和主张。因此，法律学习者要养成不断追问的习惯，只有如此，才能体会法律的精髓和真谛。如果只满足于对法律规则的正确理解，在“法律爆炸”的今天，想做一名合格的法律人都不够条件，更不用说成为法律精英。例如，我们在学习

① 张玉堂：《论客观真实与法律真实的差异及其成因》，载《法学论坛》2005年第6期。

和理解了一条法律规则以后,要追问该规则是否适用于某一待处理事实;如果适用,还要追问为什么制定这样的法律规则;了解了该法律规则背后的政策,还可以进一步追问社会情势有没有重大变化,该规则是否应该废除或修改等。只有在这样不断地追问中,法律学习者才能真正掌握法律的精髓。

法律条文只是法律规则的外在表现形式,法律的实质和价值追求一般隐含在法律规则的背后。每一条法律规则都是立法者在众多可选方案中根据立法时的社会条件所作的一种选择,要掌握该法律规则的实质,只有不断地追问下去,了解了法律规则是什么,懂得了为什么要制定这样的法律规则,掌握了该法律规则的适用条件和范围及例外情况,直到能在法律以外寻找根据才算真正掌握了该法律规则。

可以说,"追问"是学习法律的有效方法,美国法学院在课堂上经常采取的"苏格拉底"式的教学法就是这种"追问"的典型方式,值得中国的法律人借鉴。

五、得出自己的结论(Idea Concluded by Yourself)

只要法律学习者坚持上面的做法,便会慢慢地对许多法律问题形成自己的看法,甚至得出自己新的结论。这应该是学习法律的最终目标。只有如此,人们才能真正掌握法律,形成自我更新法律知识,研究法律问题的能力,从而成为一名真正的法律人。当然,这需要一个长期的积累过程,只有在开始学习法律的时候,就以此为目标,才能对法律的学习保持持久的主动性和热情,进而达到快乐学习法律的目的。

六、例示："五I学习法"的具体运用

事件回放：笔者于2003年在武汉大学法学院为本科生开设国际私法课程时，建议学生采用笔者所主张的"五I学习法"。考虑到中国学生长期以来养成了被动学习的习惯，笔者在开始讲课之前花了1节课的时间对学生提出了明确要求：(1)课前必须完成笔者布置的阅读任务；(2)课堂上笔者不系统讲授，只根据学生的提问讲授难点，鼓励学生之间、师生之间讨论问题；(3)对于那些不适应这种学习方法的同学，笔者鼓励或安排他们到其他班上学习。在同学们没有异议以后笔者开始了课堂教学。在第一周，笔者一般提前10分钟到教室，发现没有看书的同学就提出警告，并在课堂上有意点名让没有看书的同学站起来回答问题，而且让一位两次没有准备的同学离开了教室。到第二周的时候，笔者又发现一位同学没有作任何准备，就点名让他回答问题。他站起来答道："不知道"；笔者问："看书没有？"他回答："没有。"笔者便请他离开教室。他反驳道："你没有这个权利。"因此，我与这位同学之间产生了纠纷，趁此机会，笔者引导全班同学讨论如何运用"五I学习法"思考这个问题。

第一个"I"，如何识别老师和学生之间的法律关系？这对本案的争诉点(老师有没有权利让学生离开教室)具有决定性影响。不少学生认为：由于学生交了学费，老师与学生之间是合同关系，老师作为教育的服务者，没有权力让学生离开教室。笔者认为，即使学生交了学费构成了合同关系，那也是学生与学校之间的合同，学校有义务为学生提供合格的教学服务，但学生没有权利要求某一位特定教师提供教学服务；况且，老师在组织课堂教学时，一方面传授专

业知识，另一方面代表学校对学生行使一定的管理职责，老师和学生在这个特殊场景下的关系不是单纯的合同关系。如果把它看作广义上的契约关系，也应该根据第一堂课时笔者和同学们的约定来确定内容，既然该同学违反了约定，老师应该有权利采取一定的处罚措施。

第二个“I”，如何正确解释有关的法律规则？我们找遍了教育部和武汉大学有关的规章制度，对于学生迟到、早退、不遵守课堂纪律等的行为，老师能否处理以及应该如何处理等内容没有明确规定。很多学生认为：根据《中华人民共和国教育法》的规定，老师让学生离开教室剥夺了学生受教育的权利。笔者从两个方面进行了反驳：(1)由于学校同时有4位教师开设国际私法课程，学生完全有机会和条件到其他课堂学习，这也是事先约定了的。而且，若该学生下一次课按要求作了预习，当然可以到笔者的课堂继续学习。(2)更为重要的是，“受教育权”不仅是指专业知识的传授，更包括德育、体育等多方面的教育。在本案的情形下，老师如果发现学生不按要求预习而置之不理，学生就没有受到应有的教育。老师让学生离开教室正是教育该学生，而且从该学生的角度看，他正在享受“受教育的权利”，而不是被剥夺了受教育权。

第三个“I”，本案的关键事实有：学生交了学费；老师第一次课有明确约定；以前有让学生离开教室的做法；学生没有按要求预习。这些事实的认定，直接影响人们对当事人法律关系的定性和有关法律规则的适用条件。由于所有学生和老师都是亲历者，所以讨论时不需要证据证明这些事实。但要告诉学生的是，对于在法院诉讼的具体案件，有些事实的证明还很困难，甚至不可能。抓住关键事实，并充分证明它,让别人相信,常常决定一个案件的成败,也是一名成功法律人必须具备的能力。

第四个“I”,如何“追问”?就本案而言,即使证明了老师有权维护课堂秩序,有权处罚违反要求和纪律的学生,还可以追问老师为什么有这种权利。老师可以说学校的规章制度有明确规定,学生可以追问学校为什么要这样规定,老师可以说这是为了保护其他大多数学生的利益和受教育的权利,学生还可以追问老师让学生离开教室是否过于严重,老师可以辩解说上周就是这样处理的,学生甚至可以追问:上次是男生,我是女生,你应该考虑到女生的脸皮较薄,这样做是不恰当的。追问到这里,老师可能会觉得自己没有充分的理由采取让学生离开教室这样的处罚措施。

第五个“I”,如何得出自己的结论?只有在追问到自己无言以对的时候才能得出相对正确的结论。比如,在这个事件中,笔者开头认为自己让学生离开教室完全合法、适当。但经过追问以后,笔者发现老师在这种情况下应该有权处罚学生,但让学生离开教室是否适当笔者没有十足的把握。因为有关的规章制度没有明确规定,而在所有的法律领域都有所谓相适应原则,即要根据具体的情节、当事人的情况及有关后果等多方面情形综合考虑与其相适应的处罚措施。在此情况下,老师让学生离开教室是否适当,不同的人可能就有不同的看法了。

开学典礼致辞(2007 ~2015 年)

2007 年致辞:欢迎你们,珞珈法学的新主人

2007 年 10 月 17 日

亲爱的同学、尊敬的马克昌先生、李龙先生、黄进副校长及各位老师:

晚上好!

请允许我代表法学院全体教职工祝贺在座的各位同学成功进入久负盛名的武汉大学法学院!这将成为你们人生旅程中的重要转折点。相信同学们在选择武大法学院之前,已经通过各种途径对我们法学院有了很多了解,我在这里不作介绍。今天,我想就“珞珈法学的新主人”谈 3 点体会:

一、关于珞珈法学

武汉大学的法学学科具有悠久的历史、深厚的底蕴和雄厚的实

力，至今走过了81年光辉而曲折的历程。总结珞珈法学的特点，我把它概括为3个方面：

第一，开拓进取的创业精神。大家知道，荆楚在周朝之初不过是一个蛮荒小邦，后来成为春秋战国的霸雄，演绎着“饮马黄河问鼎中原”的辉煌故事，讲述着“不飞则已，一飞冲天；不鸣则已，一鸣惊人”的豪言壮语。先民这种筚路蓝缕的开拓进取和自强创业的精神，正是武汉大学校训中“自强”“拓新”的历史渊源，进一步张扬这兴之于古传之于今的开拓进取和自强创业精神是我们的共同责任。

第二，敢为人先的武昌首义精神。辛亥革命推翻了清王朝的统治，结束了世界上最顽固的封建帝制，建立了“远东第一共和”，为中国的进一步发展打开了闸门，开辟了道路。大家须知的是，“武昌首义”之所以称为“首义”，并不是说辛亥革命是第一次起义，而是第一次取得伟大胜利的起义。勇于创新、敢于胜利的品格是我们现在弘扬得不够而又迫切需要的。创新是一个现代人的标志，也“是一个民族进步的灵魂，是一个国家兴旺发达的不竭动力”，武汉大学法学院要进步、要兴旺发达，必须继续创新、深化改革。“荆楚多义勇，敢为天下先；宁作九头鸟，不当缩头龟”，武汉大学的法学有创新的先天优势，完全可以而且应该走在全国的前列。

第三，兼收并蓄的通衢开放精神。大家知道，武汉号称“九省通衢”。它是一个多元化、开放性的大都市。从人口构成来看，纯粹的本地人并不多，外来人口占很大比例，它具有移民城市的特征。无论是寒带的针叶林，还是温带的乔木灌木，或者热带的阔叶林，在武汉都能茁壮成长，珞珈山本身就很好地体现了这一点。要振兴武大法学，不开放或者开放的步子不够大，不兼收并蓄并有进有出，简直是不可能的。

这种开拓进取的创业精神、敢为人先的首义精神、兼收并蓄的开放精神，无不体现在李四光、王世杰、周鲠生、李达和刘道玉等武汉大学领路人身上，无不体现于韩德培、姚梅镇、马克昌、何华辉、梁西、李龙等法学大家身上，更是融入武大学者的血液里。我们要张扬这种内在的精神，沸腾我们的血液，作为珞珈法学进一步发展的强大动力！

二、关于主人

作为法学院的主人，首先，要有主人翁的意识和精神，要像爱护自己的财物一样爱护法学院的公共财产，要像爱护自己的眼睛一样珍惜法学院的声誉，要像关心个人的发展一样关心法学院的整体发展。所以，除了学好自己的专业以外，你们还要积极参与法学院的公共事务，为法学院的全面发展贡献自己的智慧和力量，为法学院在不同领域、不同方面赢得更多的荣誉。这是你们的权利，也是你们的义务。我相信：在座的每一位既然能够进入武大法学院，一定有这个能力或者潜力。其次，从我们老师的角度来说，“得天下英才而教之，不亦乐乎？”看到学生逐步成为国家的栋梁之材是我们为人师最大的幸福。因此，在平常的教学过程中，教师会“以学生为中心”，这就要求你们尽快改变以前被动学习的习惯，变被动为主动，因为你们是学习的主人（Master of Learning）。这对学习法律来说显得尤为重要。最后，对于法学院的管理来说，你们是法学院全体教职工的服务对象，你们的满意度是衡量我们教学工作、管理工作的重要标准。因此，你们在未来的学习中遇到的任何问题、困难，包括你们的想法、意见或者建议,都可以向法学院的教师、管理者和领导提出来,因为你们是法学院的主人。当然,一定要采取适当的方式和方法,通过适当的途径,因为没有主人不爱护自己的家园,武大法学院是我们共同的家园。

三、关于新

"新"可以包含很多含义:第一种含义,你们是"菜鸟"(Freshmen),这意味着你们面临着新的环境、新的人际关系、新的学习内容、新的学习方法、新的人生目标等,这需要你们尽快完成角色转变。对于本科生来说,就是从中学生到大学生的转变;对于法律硕士来说,就是从其他专业到法律专业的转变。说到人生目标,我想谈谈个人的经历和体会,或许对你们有所启发。我觉得人生除了要有一个远大的理想和目标以外,在不同阶段一定要有一个实实在在、切实可行的目标,这样才会有很高的满意度和幸福感。比如,我在读高中的时候经常吃不饱饭,想着如果每天能吃一次肉就太幸福了;上大学时基本实现了,感觉真的很幸福,至今还常常怀念西南政法大学学生食堂那可口的饭菜。到大四时,我的理想就是考取武汉大学国际私法研究生,因为这里有全国最好的老师和自己最感兴趣的专业。通过努力,我自学国际私法(因为西南政法大学那时是第八学期才开设国际私法)并考上了武大。硕士二年级,我的理想是在武大当一位名副其实的教授,这个理想一直引导我在武大读完博士,留校任教直到今天。尽管这个理想还没有实现,或者说没有完全实现,因为我还不敢说自己是一位名副其实的法学教授,但在这个过程中,我一直很满足,感觉很幸福,尽管有时很累,但"累并幸福着”不是一种很好的生活状态吗?

“新”的第二种含义是,你们的到来给法学院注入了新的血液、新的活力,也带来了新的气象和新的希望!希望你们以崭新的姿态开始大学生活或者研究生生活,以创新精神开始你们从事中国法治事业之旅。

最后值得一提的是,我是今年9月刚走上武大法学院院长这个岗位的,可以说与你们是“同年”。3年或4年以后,如果能有幸以院长身份与各位同学作毕业赠言的话,我希望你们都能够顺利拿到学位,有更多的同学出国深造,有更多的同学继续自己的硕士、博士梦想,有更多的同学高兴地奔赴自己理想的工作岗位和爱情彼岸!

以上是我对珞珈法学的新主人的理解,让我们一起加油吧!

2008年致辞:选择你的真爱,真爱你的选择

2008年9月10日

2008年是值得共和国与你我共同铭记的一年。大范围的冰雪灾害考验了我国的基础设施;奥运圣火在海外传递遭遇的意外提升了中国人民的爱国热情;汶川大地震激发了中国人的社会责任感和爱心;北京奥运会的成功和精彩对中国来说,是一个“新历史的起点”,它既是中国改革开放30年的成果,也将是中国全面融入国际社会的一个新起点。如果说中国在20世纪70年代恢复联合国的合法席位是在政治上融入国际社会,中国在20世纪90年代加入WTO

则是在经济上融入国际社会;2008 年北京奥运会的成功主办和中国代表团的金牌榜首地位标志着体育和文化的国际大交流和大融合。能在这样的历史转折年代进入大学学习,是你们的幸运、福分,也是你们的机遇。可以说,2008 年既是中国历史的里程碑,也是你们人生的转折点,我们共同经历了成长过程必经的苦难与坚强、光荣与梦想、激动与喜悦,中国已成长为一个成熟的负责任的大国,你们也正好成年。

今天,我们举行开学典礼。这首先是一场庆祝会,庆祝你们在竞争激烈的高考中取得了优异成绩,实现了你们中学时代的梦想;也是一场欢迎会,欢迎你们顺利进入武汉大学法学院,成为珞珈法学的传承者;还是一场介绍会,介绍武汉大学法学院的悠久历史、辉煌现在和美好未来。但我更愿意把这次开学典礼看作你们的成人仪式,因为你们是“90 后”的第一代大学生,你们中的一半今年刚好年满 18 岁,是法律上的完全行为能力人,应该学会选择、学会放弃、学会走自己的路。

但我推测:你们中的许多人就读于法学院并不完全是自己的兴趣所在,有的可能是家长的选择,有的可能是一时冲动,还有的可能是稀里糊涂的选择。而且,即使有的是自己的选择,但并不确定自己是否适合学习法律、是否对法律有真正的兴趣。不管哪种情况,也不管你高考的成绩如何,都没有关系,大家学习法律的起点是完全一样的,而要圆满完成法律本科的学习任务,成为一名合格的法律人,各位必须“尽快发现你的真爱”。

所谓“尽快”,就是希望你们用尽量短的时间完成从高中生到大学生的转变,从一般大学生到法科大学生的转变。进入大学是你们终于放下高考的重担,第一次开始追逐自己的理想、兴趣;也是你们离开家庭生活,第一次独立参与团体和社会生活;还是你们不再单纯地学习或背诵书本上的理论知识,第一次有机会在学习理论的同时亲身实践;同时,是你们第一次不再由父母安排生活和学习中的一切,而有足够的自由处理生活和学习中的各类问题,支配所有属于自己的时间。所以,如果说优秀的高中生围绕着教师、教材和高考而被动学习的话,优秀大学生一定是善于自主学习的人,法科大学生除了善于自主学习以外,还要善于与人沟通和合作,因为法律是在解决人与人之间的问题、矛盾和纠纷的过程中发展起来的,学习者只有充分了解一个国家的国情、社情和人情,才能真正掌握该国法律的精髓,才能正确地理解法律和适用法律。

所谓“发现”,就是要求你们自己去思考、去体味、去交流、去探寻自己热爱的事情。假如你选择了一个自己不关心、不感兴趣的学科领域,就没有希望获得成功。前年,我们法学院有一位博士研究生通过博士学位论文答辩后和我谈心,说她其实对学习法律一直没有什么兴趣。我问她为什么还要读硕士、博士呢?她说因为本科、硕士毕业时没有找到理想的工作。我感到很悲哀,对于她个人来说,代价也太大了一点,用10年的青春和幸福换得一个博士学位,而该学位对她今后的职业生涯可能起不到应有的作用,她或者根本不会从事法律职业工作。希望你们都是因为爱才学习法律,因为爱才攻读法学硕士和法学博士。

所谓“真爱”,就是你们最感兴趣的学习领域。爱因斯坦曾说:兴趣是最好的老师。兴趣能够让人更多地接触该领域的内容,让人积极主动地寻找答案,让人在不知不觉中复习或重温。兴趣还能够激活思考。在很多时候,兴趣就是学习的方向,梦想的来源。孔子也说:“知之者不如好之者,好之者不如乐之者”。如果你对某个领域充满激情,你就有可能在该领域发挥自己所有的潜力,甚至为它废寝忘食,这时候,你已经不是为了成功而学习,不是为了就业而学习,而是为了“享受”而学习。

如何发现自己的真爱呢?首先要客观地评估和寻找自己的兴趣所在,不要把社会、家人或朋友认可和看重的事当作自己的爱好;不要以为有趣的事就是自己的兴趣所在,而要亲身体验它并用自己的头脑做出判断;不要以为有兴趣的事情就可以成为自己的职业,喜欢玩网络游戏并不代表你会喜欢或有能力开发网络游戏;不要以为有兴趣就意味着自己有这方面的天赋。寻找兴趣点的最好方法是开拓自己的视野,接触众多的领域。唯有接触才能尝试,唯有尝试才能找到自己的最爱。武汉大学正是这样一个可以让你接触并尝试众多领域的场所。因此,你们应当更好地把握在校时间,充分利用学校的资源,通过使用图书馆资源、旁听课程、搜索网络、听讲座、打工、参加社团活动、与朋友交流、参与电子论坛等不同方式接触更多的领域、更多的工作类型和更多的专家学者。在一年以内,一旦发现了自己真正的兴趣爱好,你就可以申请转专业、选择主辅修或双学位,或者旁听相关课程等。

同学们,从大学的第一天起,你就必须从被动转向主动,必须成为自己未来的主人,必须积极地管理自己的学业和将来的事业。理由很简单:没有谁比你更在乎你自己的工作与生活。老师对学生的帮助不外乎三种:一是解惑,二是传授思考方法,三是激发学生的学习兴趣,进而影响他们今后的人生道路,也就是古之所谓“传道”。

能做到最后一点，差不多是作老师的最高境界了。

同学们，学习是一生的任务，快乐是毕生的追求，我希望各位“快乐地学习”。俗话说：男怕入错行，女怕嫁错郎。对于今天的你们来说，不管男女，选择一个自己真正有兴趣的行业是幸福一生的前提。所以，我请你们尽快发现你的真爱。

2008年致辞：居珞珈而学法，观东湖以悟道

2008年9月10日

各位同学、各位老师：

在教师节这个特别的日子里，我们举行武汉大学法学院2008级研究生开学典礼，目的是对各位研究生的到来表示欢迎，对各位老师的辛勤劳动表示感谢。大家知道，我们上午举行了本科生的开学典礼，为什么要分别举行开学典礼呢？主要的原因是因为我们对本科生和研究生的要求和希望是不一样的。如果一起举行开学典礼，我除了介绍法学院的悠久历史和现在的基本情况，勉励大家要树立崇高理想、继续刻苦学习、坚持锻炼身体、养成与人为善等绝对正确的道理以外，恐怕很难提出一些有针对性的小建议。而我更愿意就小问题谈点看法，因为细节往往决定成功。所以，我希望本科生能尽快发现他们的真爱，而对你们，不管是法律硕士研究生、法学硕士研究生，还是法学博士研究生，我希望你们“居珞珈而学法，观东湖以悟道”。

谈到学法，有三个层次。第一个层次是人文精神；第二个层次是制度理性；第三个层次是实践智慧。从人文精神到制度理性再到实践智慧，三方面缺一不可。没有人文精神，没有道德理想的人，不能很好地从事法律职业。他也不可能经世济民，最多就是个工程师而已。制度理性是法学家高于普通律师的地方，就是你能够驾驭这个制度，能看到制度背后的道理，从历史沿革到理论依据，制度所包含的价值观念，在处理不同利益诉求时的平衡方法，这都是制度理性。法律是追求公平正义的，但这种追求用的是理性方法。法律人是要用理性的方式，以建设性的态度，通过渐进的过程，来完成社会的改造。这就落到了第三个层次：实践智慧。法律是一门实践科学，也就是说，对于它所面临的每一个问题，都必须给出解决办法。法学家讨论任何问题，都像法官判案一样，在调查分析之后总要有一个判决，哪怕这个判决是自己不满意的，但根据法律，你就得判。你可能不能给出一个最优的解决方案，但至少要有一个说得过去的解决方案。这就是实践。法律人在实践中怎样能做得更好，怎样达到一个最优或更优的境界，就看他的智慧了。这种智慧来自制度理性，但根源于法律人的人文精神。人文精神最简而言之就是正义的精神，对社会负责的精神。现在，我国司法实践中存在的一些问题，根源可能就是缺乏人文精神。因此，法律人特别需要独立的人格、独立的灵魂。

说到悟道，可能涉及很多方面。我觉得以下 3 个问题值得我们思考：

第一个问题是"法律人"的核心技能。成为法律人，必须经过一系列的选择与考验。有的人误打误撞进入了法学院，有的人凭着兴趣进入法学院，有的人以职业为目的进入法学院，还有的人凭借家人的期望和对法律职业的憧憬进入法学院。这都对我们成为合格法律人有不同的影响。但不管怎样，我们首先要“成人”。

如何界定“成人”？从生物学的角度来说，年龄是主要界限。在首届国际比较教育学会上，各国学者一致同意“21 岁以上的人”是成人。从心理学的角度来说，20 ~ 65 岁是人生对社会贡献最大阶段。从社会学的角度来说，成人是指能扮演公民、工作者、父母、配偶等角色的人。从法律的角度来说，我国民法规定成人为年满 18 岁的人。美国学者 Super 曾把人生分为五个阶段：成长期、探索期、建立期、维持期、衰弱期，这与孔子的人生哲学——“三十而立、四十不惑、五十知天命、六十耳顺、七十从心所欲，不逾规”，不谋而合。

对于“法律人”来说，除了要具备法律专门知识这个“硬实力”以外，还需要具备“软实力”，如人际技巧、团队合作等。法律人的核心能力除了传统的智商（Intelligence Quotient）、情商（Emotion Quotient）以外，还要具备德商（Moral Quotient）和职商（Career Quotient）。具体来说，法律人应该具备逻辑思维能力、研究分析判断能力、口头表达能力、沟通能力等。

第二个问题是不同学习阶段的师生关系。法学本科教育主要是传承知识，研究生教育是创造知识。硕士研究生的培养目标是要使学生具备创造能力。硕士研究生不一定要求在 3 年内搞出创新成果，但博士研究生是一定要拿出创新成果的。当然，多数硕士研究生将来不会读博士，因为国家的资源有限，但是你们具备了科学研究和创新能力之后，将来无论到什么岗位，这个能力都能发挥作用。因为各行各业的规律都是一样的。无论你研究什么问题，企业的经营也好,作为一个律师、法官处理案件也好,都有一个基本规律,那就是这些过程都是一个发现和证明的过程。发现和证明中就带有创造性。当然,如果你能发掘出规律性的东西,并能证明规律性的东西,或者你能发掘出更好的解决方案、更好的制度设计,然后去证明它,这都是你做出的科学上的贡献。无论是写论文还是做实务案件,都是有创造性的。你们的素质和水平,就体现在你们这 3 年或 6 年中所获得的这种科学创造能力。所以,你们一定要清楚来干什么。如果用说话来比喻本科、硕士和博士三个不同阶段的学习,本科主要是跟着说,硕士主要是接着说,博士则需要反着说。

同学们,师生关系的三模式可以解答我们学习和研究法律过程中的某些困惑,而学习法律的三境界可以成为我们不断进步、追求卓越的精神动力。

让我们以此共勉,祝各位中秋快乐!

2009 年致辞:你为何而来,要带走什么

2009 年 9 月 9 日

各位亲爱的同学、尊敬的老师:

今天,我们在这里举行开学典礼,是为了祝贺你们的成功,欢迎你们的到来;也是为了向你们介绍武汉大学法学院的光荣与梦想,给你们提出要求和希望。我想我没有必要面面俱到,因为有的你们已经知道,有的其他老师已经讲了,有的你们将要在未来 4 年慢慢体

味。所以,每年我只围绕一个问题重点谈谈我个人的体会,希望对你们在法学院的学习和生活有所帮助。对于2007级的新生,我讲的是"欢迎你们,珞珈法学的新主人",重点介绍了我对"珞珈法学"特点的概括,对"主人"的理解,对"新"的要求。考虑到有些同学茫然地选择学习法律专业,我对2008级新生讲的是"选择你的真爱,真爱你的选择",主要是介绍兴趣对学好一个专业和人生幸福的重要影响,希望同学们尽快发现他们的真爱。我以为这些都同样适用于你们,建议你们到法学院的网上找出来看一看,一定对你在法学院的学习有所帮助。那么今天,我想问同学们一个问题:你为何而来,要带走什么?也许你还没来得及思考,这没有关系,但希望你们常常问问自己,尽快想明白。下面谈谈我的看法。

今年7月6~8日,我应新加坡国立大学法学院的邀请,参加了亚洲法学院院长论坛。来自10多个国家近40位法学院院长就当前法学教育的理念、模式、方法、课程设置、法律人才培养目标等问题展开了深入讨论。尽管各国的做法、认识存在较大差异,但有一点取得了高度共识,那就是现在的法学教育的重心应该从内容定向转向能力定向,也就是要以培养学生的学习能力、法律能力和实践能力为目标设置课程、安排教学、组织活动。如果在这样的背景下思考"为何而来,带走什么",你们的认识可能与以前不同,甚至与昨天也不一样。

记得我上大学二年级坐火车到学校的时候,一位不相识的乘客问我学什么专业,我骄傲地说是法律,他感叹地问:学法律很难吧?要记那么多条文?这代表了人们对学习法律的一般看法。其实,学习法律绝不是死记硬背法律条文,何况今天中国的法律条文已经十倍、百倍于当时的法律条文;学习法律也不仅是学习法律知识,最重要的是养成法律能力和利用法律知识解决实际问题的能力。

明白了这一点,再谈“为何而来”。我们可以把学习法律的目的分为三类:一是为了就业;二是为了职业;三是为了事业。目的不同,学习的侧重点可能不同,学习的动力也不一样。如果为了就业,你可能更关心哪些课程比较实用,如何在考试中取得好成绩,如何通过司法考试等;如果为了职业,除了掌握基本的法律知识以外,你一定要注意养成必要的法律能力,训练自己的实践能力,不是成为“法匠”,而要成为“法律人”;如果为了事业,你要有4年、10年、20年的规划,眼睛不能仅仅盯着那些冰冷的法律规则和法律知识,除了逐步形成较强的法律能力以外,更要具有追求法治国家、实现社会公平的理想追求,成为引领我国法治发展、促进国际法治的法学理论家、法律实践家。我这样分类,并不是说明哪一种目的更好,而是希望每个同学根据自己的实际情况尽快确立目标,形成更适合自己的学习方法、学习习惯。当然,对于我们法学院和我国法治建设来说,有更多的学生为了事业而学习法律,是我们的追求和梦想。

知道“为何而来”,你就知道“带走什么”。我建议大家在学习理念上要尽快实现“五变”:第一,变“以教师为中心”为“师生共同探索”;第二,变“以教材为中心”为“教材和课外读物并重”;第三,变“以课堂为中心”为“课堂与课外并重”;第四,变“以知识为中心”为“知识与能力并重”;第五,变“以学会为中心”为“以会学为中心”。

为什么要有这些改变呢?我想给大家讲个小故事:

一天,天使问上帝:“一个人拥有的财富多少、地位高低、寿命长短,取决于什么呢?”上帝说:“我给你一种魔法,你到人间去体会吧。”天使来到人间，看到一个非常贫困的三口之家，小男孩快要饿死了。天使对他的妈妈说：“我是天使，我能满足你的任何愿望，但只能是一个。”他妈妈说：“给我满满一箩筐馅饼吧。”天使说：“馅饼来了。”一箩筐馅饼就在他们面前，孩子扑向箩筐猛吃起来。他爸爸听说刚才的事情，立刻火冒三丈，冲妻子吼到：“你真笨，这些馅饼我们吃一半就会发霉，你把大好的机会浪费在馅饼上！”看见夫妻闹别扭，天使出来调解，对孩子的爸爸说：“我给你一个机会，但只有一次。”男主人想都没想，说：“把这些馅饼变成黄金吧，我们用这些黄金过幸福的生活。”一转眼，那些馅饼变成了黄金。附近的穷人听说后纷纷过来看热闹，经不住黄金的诱惑都过来抢黄金。夫妻俩为了保护黄金被打得头破血流。小男孩哭着请天使救救爸妈，天使也着急地说：“我只能满足人们的愿望，但没有能力制止争抢。”小孩哭着说：“你就让那些可恶的黄金消失吧。”黄金立即消失，一家三口又回到了原样。天使继续往前走，看到一个中年人，他的家和亲人全部被洪水冲走。天使对他说：“你可以向我求得一个恩惠，但只能有一个。”中年人思考了一会儿，说道：“如果你真是天使，请让我看见我的重孙用银勺子在银碗里吃鱼翅吧。”天使惊叹道：“你真是一个聪慧的人，你的要求表面上是一个，实际上包含的愿望太多了。不过，我会满足你。”此后 50 年，这个人一直过着幸福的生活。天使回到上帝身边，对上帝说：“我明白了，一个人所拥有的，不是取决于他的机遇，而是取决于他的眼光。”

同样的道理，你想从法学院“带走什么”取决于你的理念和眼光。讲到这里，让我们一起回味徐志摩那首著名的《再别康桥》：“轻轻地我走了，正如我轻轻的来；我轻轻的招手，作别西天的云彩……

悄悄的我走了,正如我悄悄的来;我挥一挥衣袖,不带走一片云彩。”徐志摩为什么能够成为我国著名的诗人?正是康河的水,开启了他的性灵,唤醒了蛰伏在他心中诗人的灵感。正如他自己所说:“我的眼是康桥教我睁的,我的求知欲是康桥给我拨动的,我的自我意识是康桥给我胚胎的”。可见,他从剑桥大学带走最宝贵的东西是肉眼看不见、可以受用终身的“诗魂”。我希望你们在我们法学院掌握法律知识、练就实践能力、养成法治精神。这就是我希望你们带走的,尽管这个愿望像那位中年人一样也包含了很多内容。

2010年致辞:成人　成长　成才

2010年9月10日

各位新同学、老师们:

上午好!

又到一年迎新时!每年的9月初,我都要认真思考给新同学讲点什么,并希望我的讲话一不重复、二不应付,要对新同学今后的学习和研究有所帮助。在我看来,开学典礼具有多种功能和目的:对于同学来说,它是你们人生旅程中的一个重要转折点,也是你们赢得高考胜利的庆祝会;对于我们法学院来说,它是新生欢迎会、学院介绍会和师生见面会。因此,我对2007级新生讲的是“欢迎你们,珞珈法学的新主人”,重点概括和提炼“珞珈法学”的特点,那就是开拓进取的创业精神、敢为人先的首义精神、兼收并蓄的开放精神。

考虑到有些同学茫然地选择法律专业,我对2008级新生讲的是“选择你的真爱,真爱你的选择”,主要强调兴趣对学好一个专业和人生幸福的重要影响,希望同学们尽快发现自己真正的兴趣所在。我对2009级新生讲的是“你为何而来,要带走什么”,主要是从学习理念上要注意掌握法律知识、练就实践能力,养成法治精神三方面的并重和统一。

同学们,你们中的绝大多数今年刚好满18岁。所以,我想把今天的开学典礼看作为你们举行的集体成人仪式。在此,我想以“成人　成长　成才”为题谈点我的看法,希望引起你们的思考和重视。

一、关于成人

从相对紧张封闭的中学生活到更加自由开放的大学生活,是你们人生中的一个重要转折点。首先,你面临着从自然人到社会人的转变。在你6个月的时候,经历了生理上的断奶,你不再借助母亲的免疫能力,独自对抗不断恶化的自然环境;当你上幼儿园和小学的时候,你主要依靠父母的照顾而生活,依靠老师的严格管教而学习;在你进入初中和高中以后,你的生活仍然离不开父母的照料,学习也是在老师的主导下完成的。但是今天,当你挥手和父母告别以后,你正在经历一个心理上的“断奶期”,你可能有点迷茫、有点彷徨、有点不适应,这都是很正常的。我希望通过今天的成人仪式,尽量缩短你们心理上的“断奶期”,尽快完成从自然人到社会人的转变。其次,从法律上讲,年满18岁就是完全行为能力人。因此,在你们是无行为能力人和限制行为能力人的时候,父母和老师的监护和管理是他们法定的义务和职责。当你们成人以后,法律上要求你们对自己的行为负责。法律概念中的“行为”,简言之,就是有意识的身体上的动与静的状态。这就要求你们树立自立意识、自主意识和独立意识。具体来说:

第一,要有经济上的自立意识。西方国家的大学生大都是自己向银行贷款完成学业,中国尽管社会文化和习惯与西方不同,在你们经济自立以前,由父母供养好像理所当然,但如果你们心安理得地躺在父母的汇款单上睡大觉,保持很好的“静”的状态,甚至成为不折不扣的“啃老族”,就不符合“成人”的基本要求了。

第二,要有学习上的自主意识。可以说,你们在中学阶段主要以“学会”为目标,因为只要学会了,就能够顺利通过高考,进入自己理想的大学。但进入大学以后,你们的目标应该是“会学”。武汉大学今年刚好实行“学分制收费”改革,因此,你选择什么时候学习什么课程、怎么样学习、如何提高自己的学习能力等问题,完全由你自主选择,老师只是给你一些建议和指导。可以说,这是在学习问题上从“包办婚姻”走向“自由恋爱”。因此,你只有“会学”,才能很好地完成大学的学习任务。

第三,要有行为上的独立意识。“成人”意味着你们具有独立的法律人格,因此,你们有权做以前不能做的事,独立从事各项活动,但必须为自己的行为负责。这是法律中权利、义务和责任的一致性原则所要求的。大家在以后的学习中会不断加深对这个原则的领会。

二、关于成长

同学们到我们法学院来读书,目的是成长为具有特定知识结构、实践能力、法律意识和思维习惯的“法律人”。我认为要实现以下两个方面的转变：

第一，从一般人到专业人的转变。一般来说，人们在高中学习的知识主要是一般性的基础知识。现代大学通过提供不同的学科和专业知识让学生选择，把学生培养成为不同领域和种类的专业人。所谓“做专业人，干专业事”，是指社会对专业人有不同的要求。一般来说，专业人的素质模型主要是由忠诚度、公平度、文化度、道德度、知识度、专业度构成的。因此，你们在大学的任务就不仅是学习专业知识。

第二，从一般专业人到法律人的转变。作为一种特殊的专业人，法律人必须具备 4 份“商质”和多种能力。所谓 4 份“商质”，就是法律人除了要具备法律专门知识这个“硬实力”以外，还需要具备很强的“软实力”。如果说我国目前的中小学教育还是侧重于开发学生的智商（Intelligence Quotient，IQ）的话，我国的大学教育开始注意培养学生的情商（Emotion Quotient，EQ）。但对法学教育来说，仅仅发展这两种商质远远不够，法律人还要具备德商（Moral Quotient，MQ）和职商（Career Quotient，CQ）。所谓德商，就是要求法律人具有比一般人更高的道德素养，严格遵守法律职业道德；所谓职商，就是要求法律人具有明确的法律职业发展规划，不仅是为了就业而学习法律，而且要为了职业乃至事业发展而学习法律。一个法律人的 IQ、EQ、MQ 和 CQ 是其综合素质的不同方面。有的时候，决定一个人成功的关键不是智商，而是取决于情商、德商和职商等方面的综合实力。

所谓多种能力，就是法律人应该具备逻辑思维能力、研究分析判断能力、沟通表达能力、跨领域的第二或第三专长、外语能力、自我管理能力、团队合作能力、挫折承受能力、人际相处能力、持续的执行力和利他的价值观等。这些能力的形成需要长期的积累、多种形式的锻炼。而现有的学制、教学内容和教学方式都难以使学生具备这些能力,甚至连这些方面的初步能力也不能养成。

但是,根据我对“90 后”学生学习特点的观察,可以总结为:(1)用于学习外语的时间远远大于中文,外语水平提高了,但中文表达普遍较弱,这非常不利于法律的学习;(2)课外的人机交流时间大于人际交流,与人合作和沟通的能力普遍不强,这对形成法律人的必要能力构成了天然性障碍;(3)物质生活条件的极大改善与因学业带来的精神压力形成越来越明显的反差,这容易导致学生学习动力不足、学习兴趣丧失,严重时可能影响精神健康。

三、关于成才

同学们来法学院读书的目的其实具有多样性:有的为了就业而读书,有的为了职业而读书,还有的为了事业而读书。我觉得这些都是值得肯定的,但目的不同,其素质要求、学习内容和动力也就不同。可以说,掌握基本法律知识的“法匠”就可以对付就业问题,而只有法律人才能真正搞好法律职业,法学家则无不把中国和国际社会的法治作为自己的事业追求。作为国内一流、国际知名的武汉大学法学院,当然希望更多的同学为了中国和国际的法治事业而学习。

因此,近年来,我们法学院在办学理念、模式和教学方法等方面进行了一些改革和创新。

第一,理念:从法律教学转向法学教育。

我国传统法律人才的培养可称为“法律教学”,主要是具体法律规则的学习、研究和解释，现在的司法考试也深受“条文主义”的影响。不可否认，现代的法律学习必须以法律条文为基础，但这绝不是学习法律的全部，只是学习法律最基本要求。因为法律的灵魂，不仅是对条文的解释，更要注重精神的伸张。但在我国现在的法学教育中，法律学子将主要精力放在司法考试的准备上，对社会现象漠不关心，也无暇顾及。只要不是司法考试范围内的知识，法律学子就不太关心。这样一来，法律人于上失去了立诸历史、哲学层面的价值关心，把自己工具化为“法匠”；于下连狭义的法律知识也被“国内法”所限制，缺乏国际观。对于一名合格的法律人来说，只会“考试”只能解决个人就业问题，无法适应法律职业和法治事业的要求。要立身社会做个有前途的法律人，必须有人文的情操关心，必须有国际的宏观视野。所以，我们要进行真正的法学教育，而不是单纯的法律教学。要实现此目的，法学教育与司法考试必须相互适应，不能片面地把司法考试作为法学教育的指挥棒，因为司法考试没有办法测量考生的人文精神和实践智慧，或者说法律人的情商、德商和职商是无法通过考试检验出来的。所以，司法考试也应该主动考虑怎样推动中国的法学教育，把社会精英吸引到法律领域，使他们成为真正的法律人。

第二，办学模式：从追求规范到鼓励创新。

现在，我国法律院系本科生的学制、教学内容、课时和学分要求基本上是一致的。但要把一名高中毕业生塑造成一名合格或者基本合格的法律人，具备或者基本具备上面所说的 4 份“商质”和多种能力，通过 4 年甚至 6 年时间的培养是很难实现的。因此，在坚持法学教育基本模式的前提下，我们法学院不断创新，在课程安排、教学内容等方面形成了一些特色和优势，使武汉大学法学院的学生在具备基本法律知识、素质和能力的基础上，又有自身特点和优势，从而适应社会多元化的需求。

第三，教学方法：从教师主动迈向师生互动。

这些年来，尽管大家都注意到了法律教学方法的改革，许多教师也做了富有成效的尝试。但是，法学院的教学常态仍然是以教师为中心，以讲授为主要方式，学生处于被动接受知识的地位。这样一来，从事法律职业所必需的一些基本能力在课堂教学中得不到必要的训练，学生的个性和创造力也被抹杀了。因此，克服传统教学方法的弊端，重心要注重调动学生学习的积极性和主动性，提高学生在教学活动中的参与度；注重增加教学的多样性，提高教学活动对不同学生的适应性。因为教学是教与学之间相互联系、相互影响、相互独立完成的过程。而在大多数情况下，学起到了决定性作用。学生也只有在自主、互动中才能很快地提高法律能力、体会法治精神、掌握法律知识。因此，所有教学方法都必须以师生互动为目的，使学生在法学院的学习过程成为在教师指导、参与和建议下，积极获取法律知识和其他相关知识，形成必要的法律能力，养成正确的职业理念，发展创新精神和创新能力的过程。

由此可见，同学们要在未来 4 年或者 6 年的时间内成长为能够适应社会需求的合格法律人，对于你们、老师和法学院来说，都不是一件容易的事情，实际上面临很大的挑战。让我们一起“仰望星空、脚踏实地”，帮助同学们尽快完成三大转变，那就是从自然人到社会人的转变、从一般人到专业人的转变、从一般专业人到法律人的转变。

谢谢大家！

2011年致辞：自理　自主　自觉

2011年9月7日

各位亲爱的新同学：

上午好！

今天，我们在这里举行开学典礼，欢迎199名新同学正式成为珞珈法律人。首先，允许我代表武汉大学法学院全体教职工和3000多名老同学，对大家的加盟表示热烈的欢迎和衷心的祝福！作为今年高考学生的家长，我深深体会到你们经过了6月的艰辛和等待、7月的欢欣与鼓舞、8月的狂欢与憧憬、9月的离别和期待，终于来到了你们心仪的大学和专业。毫无疑问，这是你们精彩人生的重要转折期，能够与千里挑一的你们共同度过这段时期，是我们法学院的幸事，是我们全体教职工的幸事！正如孟子所言：得天下英才而教育之，人生极乐也！

我相信，你们通过多种途径对武汉大学法学院的辉煌历史、珞珈法学的价值追求、武大法学名师的学术贡献、我院现在的基本情况和专业设置等信息已经有了一定的了解。为了帮助大家尽快完成从中学生到大学生的转变，我给大家提三点建议。

第一点建议是自理。我所说的自理，不是费用自理，而是生活自理。据我观察，大部分中学生是在家长的精心照料下完成学业的，有的同学可能从来没有离开过家庭独立生活。所以，当你离开父母以后，你得自己安排自己的生活，你得学会怎么样把寝室收拾干净，你得学会怎么样与室友和同学相处。当你年满18岁，从法律上讲，你就从一个限制行为能力人变成一个完全行为能力人，你得学会保护自己的人身和财产安全。我想，这是你们的父母和我们老师首要关注的。

另外，你离别家乡来到这里，父母和你可能都有一段不适应期，“内心空荡荡的”，这也是所谓的“心理断奶期”。所以，你还得料理自己的心情，学会照顾别人或者被别人照顾，学会恋爱或者不恋爱，学会通过参加集体活动、社团活动、文体活动，提升你的心智，健全你的体魄。只有这样，你才能学会生活自理，而不仅仅是生存自理。

第二点建议是自主。中学学习与大学学习最大的不同在于学生的自主性。在中学阶段，课程的开设、教材的选择、教学的内容、考试的范围和方式都是固定的，你只要按照老师的要求和安排认真学习，就可以成为学习成绩优秀的学生。大学则不同，你可以选择你喜欢的课程、你喜欢的老师，同一门课程的不同授课老师的课堂教学内容也不完全相同，教学方式也可能各有特色，考查方式也多种多样。这就要求你们尽快改变“被动学习”的习惯，真正成为学习的主人。在今后的学习中，你会发现没有老师每周检查你的作业，督促你上晚自习，要求你必须选择什么教材。可以说，在武汉大学“学分制”模式下，你选择什么时候学习什么课程、怎么样学习、如何提高自己的学习能力等问题，完全由你自主选择，老师只是给你一些建议和指导。用更通俗的话来说，大学阶段的学习已经从“包办婚姻”走向了“自由恋爱”。因此，对每一门核心课程的学习，不能仅限于课堂，必须是课堂与课外相结合；不能仅限于教材，必须是教材与课外读物相结合；不能仅限于知识的掌握，必须是知识与能力并重；不能满足于“学会”，更要达到“会学”的高度，具备自我更新乃至创新法学知识的能力。只有如此,你才能成为一名合格的法律人。关于具体的法律学习方法,开学典礼后我将专门与同学们交流。

第三点建议是自觉。我所说的自觉是指个体自觉、自愿地执行或追求整体、长远目标任务的程度,其外在表现为热情、兴趣等,内在表现为责任心、职责意识等。只有拥有一颗自觉心,才能认识到自己所长,以及需要完善的地方,心灵自觉意味着真正理解了人生的意义和宝贵价值,思想自觉意味着真正以换位思考的方式来审视现实问题,行动自觉意味着真正踏上了光明辉煌的成功之路。当自觉成为习惯时,成功就近在咫尺!

吉杜·克里希那穆提(Jiddu Krishnamurti)在《一生的学习》中指出:"智慧是对根本事物、现存事物的了解能力。教育的主要目的在于唤醒个人的智慧,其真正的意义是自我了解,因为整个生活是汇集于我们每个人的身心的。"从这个意义上讲,教育的真谛在于唤醒受教育者的自觉心,让学习成为一种生活方式,成为一种境界。

其实,中华优秀传统文化同样重视人文精神的教化作用,其着眼于人的道德修养、人格塑造、境界提升。例如,国学大师王国维先生对学习的三重境界,曾分别引用三段宋词予以艺术化的描述:其一,"昨夜西风凋碧树,独上高楼,望尽天涯路";其二,"衣带渐宽终不悔,为伊消得人憔悴";其三,"众里寻她千百度,蓦然回首,那人却在灯火阑珊处"。

但是,中国大学生的职业生涯自觉意识到底如何呢?我昨天看到了《中国教育报》9月5日的一篇报道,苏州大学一支社会实践调查团队以该校1300多名不同专业的"90后"大学生为主体,围绕自我探索、外界探索、决策行动等生涯自觉意识要素进行了专项调研活动。结果发现：

1. 6成被采访的家长认为“90后”大学生对于未来的职业生涯可能没有一个清晰的规划。但近9成的“90后”大学生进行过自我探索，其中1/3的大学生对自己的兴趣和特长、气质和性格，以及综合能力的强弱都非常了解；近8成的“90后”大学生对未来有清晰的目标，只有不到5%的“90后”大学生表示并不了解自己，暂时没有考虑过未来。调查同时发现，80%左右的“90后”大学生了解自己所学专业的行业前景和就业方向，更有超过半数的学生关注过自己目标职业的行业环境。

2. 当提问学生“希望从辅导中心获得什么类型的帮助”时，有近半数的“90后”大学生表示想要获得面试准备辅导，不少学生则青睐于职业方向定位，渴望能接受专业人士进行“一对一”的指点。但让人不解的是，愿意主动找学校职业生涯辅导中心进行辅导的大学生却只有近1/3。

3. 该调查还发现，多数“90后”大学生对个人发展确实有一定的计划性，在自我认知、外界探索、设立目标和落实行动等环节都显示出了较强的自觉意识。但对国内外局势、政策对行业影响的关注还较少，“90后”大学生的生涯自觉意识确实有待进一步提高和深入。因此，今后的职业生涯辅导应该多采取专家化、一对一咨询的形式。

在此，我建议同学们结合自己的兴趣，主动寻求专业老师的指导，在了解法律人的基本素质要求和我国法律职业发展基本方向的基础上，尽快形成自己的职业发展规划，并根据自己的实际不断修正，早日实现心灵自觉、思想自觉和行动自觉。

同学们，4年的光阴稍纵即逝，借用今年的流行语，你自己得

"Hold 住"哦！

2012 年致辞：更快　更高　更强

2012 年 9 月 7 日

各位亲爱的新同学、尊敬的老师：

下午好！

5 年前的 9 月 11 日，我被学校任命为法学院院长。从此以后，每年的 9 月初，我都要认真思考给新同学讲点什么，希望我的讲话一不重复、二不应付，并能对新同学今后的学习和研究有所帮助。因为在我看来，开学典礼具有多重功能和目的：对于新同学来说，它可以是你们人生旅程中的一个重要转折点，也是你们赢得高考胜利的庆祝会；对于我们法学院来说，它是新生欢迎会、学院介绍会和师生见面会。因此，对 2007 级的新生，我以"欢迎你们，珞珈法学的新主人"为题，重点概括和提炼了"珞珈法学"的特点，建议同学们如何做好"新主人"。对 2008 级新生，我以"选择你的真爱，真爱你的选择"为题，主要强调兴趣对学好一个专业和追求幸福人生的重要影响，希望同学们尽快发现自己真正的兴趣所在。对 2009 级新生，我以"你为何而来，要带走什么"为题，主要从学习理念方面强调注意掌握法律知识、练就实践能力、养成法治精神三方面的并重和统一。对 2010 级新生，我以"成人　成长　成才"为题，希望同学们在法学院的帮助下，尽快完成从自然人到社会人的转变、从社会人到专业人的转变、从一般专业人到卓越法律人的转变。对 2011 级新生，我以“自理　自主　自觉”为题，主要说明了大学学习是以自主为基本特征，希望同学们尽快形成自觉的职业发展规划。

今年是武汉大学二级单位的换届年，本以为我可以不再挖空心思为 2012 级新同学讲点什么了，没想到学校的行动如此缓慢。我只好赖在这里再讲点什么。考虑到今年是奥运年，我想借用“更快　更高　更强”这句名言对大家今后的学习和生活提一些建议。

第一，所谓“更快”，我愿意从两个方面来解读：一是更快乐；二是更快速。

回顾你们的成长历程可以发现，许多学生没有办法做到快乐地学习。因为中国小孩的起跑线已经从高考提前到了幼升小。但人生是一场马拉松，起跑线上的分秒必争只对刘翔重要。美国麻省理工学院的一位面试专家，曾面试过许多到美国考试的中国学生。他认为，对于每一个由中国家庭创造的教育奇迹，都要耐心地等待后续篇章的展示。言外之意是想看看这种成功能够持续多久。而在美国 16 ~ 24 岁的亚裔女性中，华人的自杀率最高。其中，麻省理工学院的亚裔本科生的自杀率是全美大学生平均自杀率的 3 倍。究其根源，他们是在一种高压模式和应试教育环境中形成的人格，缺乏为自己负责的意识，缺乏选择、判断和处理各种问题，以及掌握自己命运的能力。他们性格内向、不善与人交往、又不愿求助于心理医生，患上心理疾病的概率相当高。因此，我首先希望在座的每一位不要把学习当作负担，而是一个享受的过程。

如何能够做到这一点呢？我想每个人有各自不同的方法。我的体会是：只有快，才能乐！

我们有时感到学习是件苦差事，只是因为我们学得太慢太笨了！其实，即使是非常有趣的内容，如果消耗我们太多的精力和时间，它也会变得索然无味！你想啊，笨笨熊总是拿不到树上的蜂蜜桶，自然不快乐。学无趣的内容，就如同生病吃药，苦药你越不快快咽下去，就越觉得苦。

因此，对于不太喜欢、感到不太快乐的课程，解决它最好的办法就是快快学完它！快快学会它！这样，你就有了更多自由的时间和精力，去学自己乐意学的东西，或者去开心地玩了！就像为了使吃饭快乐起来，人类发明了各种各样的烹饪技术。同样，有些学习内容，看上去的确很没劲，但它很重要。所以，我们必须掌握学习的“烹饪技术”，通过适合自己的好方法，使学习这道“菜”更好吃、更有营养。所以说，通过培养浓厚的学习兴趣，掌握科学的学习方法，提高学习效率，你自然就会快乐地学习。

第二，所谓“更高”，同样可以从更高尚、更高级两个方面来理解。

我国许多家长热衷于让孩子参加各种课外培训班，认为学习好就万事大吉，却没有帮助学生构建一个充实的内心世界，没有给他们一个精神健康成长的方向。另外，做人教育欠缺，削弱了诚实、正直的人格养成。中国传统的君子之教，培养人知书达理、温文尔雅的教育空间被挤压。而社会现实是，尽管学历和名校有时被看得特别重要，但关键时刻人们还是把人品作为首要指标。比如，女生家长选女婿、企业招聘员工，都会把好的人品放在第一位。因此，我们在大学阶段应该注意更高尚的人格养成。

谈到这里，我记得我进入武汉大学法学院时，韩德培先生讲的一席话。他说：判断一个人怎么样，看他如何处理公私关系就行了。大公无私的人，可以说是圣人；先公后私的人，可以称为贤人；公私兼顾的人，是好人；先私后公的人，是常人；损公肥私的人则是罪人。我们经过高等教育，起码应该做一个公私兼顾的好人，向先公后私的贤人看齐，把大公无私的圣人作为终生的追求目标。

今年是教育部实施“卓越法律人才”培养计划的第一年。我们法学院在涉外法律人才和应用型、复合型法律人才培养方面均被教育部批准设立为基地。这对我们法学教育的质量提出了更高的要求。我认为一个卓越法律人必须具备智商、情商、德商和职商四份“商质”和多种能力。有的时候，决定一个人成功的关键不是智商，而是取决于情商、德商和职商等方面的综合实力。例如，在 20 世纪初，美国曾跟踪调查过 1000 名智商在 140 以上的学生。50 年后，其中出现了七八十位成功人士，他们的共同特点是具有比较好的综合素质，妥善的为人处世方式、广泛的兴趣爱好、幽默的性格等因素共同支持他们达到了成功的高度。中国上海有位老师对教过的每一届学生做过长达 20 年的跟踪调查，发现日后事业有成的，都是当年学习成绩中等偏上的学生。对于这个所谓的“第十名现象”的合理解释，大概是因为那些好学生为了一种评价规范，把自己真正的个性丢失了，从而改变了他们的人生。

第三，所谓“更强”，当然包括身体和心理两个方面。我国中小学教育在这方面同样不容乐观。根据中国青少年研究中心的最新调查，中小学生的日均睡眠时间比国家规定的少了 1 小时 24 分钟，在全球排名最后。已有科学研究证明，睡眠不足是导致儿童肥胖最直接的原因，因为儿童的生长激素主要在深夜睡眠时间内分泌。日睡眠不足 9 小时的小学生，发生肥胖的概率是对照组孩子的 4 倍。

此外，我国许多学生并不具备相应的生活自理能力，一些 15 岁孩子的生活自理能力还止步于 10 岁、8 岁的状态，离开父母就寸步难行，没有自己作判断和选择的能力。

所以，我希望同学们通过大学阶段练就强壮的体魄和过硬的心理素质，养成耐劳的体力、高尚的道德情操、广博自由能容纳新潮流的精神。唯有如此，你们才具有在世界潮流中不被湮没的力量。

同学们、老师们，叶圣陶的名言“教育是农业，不是工业”值得我们深思。学生是一颗没有发芽的种子，最后长成什么，不完全由家长的意志决定，也不完全由老师的意志决定，因为每个学生都是独特的个体。所以，善待学生最好的方法大概就是顺其自然。“没有最好，只有更好”，让我们以此共勉，为武汉大学法学院的美好明天和我们每个人的幸福生活而努力！

2013 年致辞：传承与创新

2013 年 9 月 9 日

各位亲爱的同学：

我代表武汉大学法学院全体教职员工热烈欢迎你们的到来！毫无疑问，这是你们人生旅程中的一个重要转折，也是我们法学院的幸事！今年是武汉大学 120 周年校庆年，她的法学教育也走过了 87 年光辉而曲折的历程。所以，我今天以“传承与创新”为题，介绍珞珈法学的精神、特点,希望同学们传承这些,并将它们发扬光大。

总结珞珈法学的精神,可以概括为以下三个方面:

第一,开拓进取的创业精神。大家知道,荆楚在周朝之初不过是一个蛮荒小邦,后来成为春秋战国的霸雄,演绎着“饮马黄河问鼎中原”的辉煌故事,讲述着“不飞则已,一飞冲天;不鸣则已,一鸣惊人”的豪言壮语。先民这种筚路蓝缕的开拓进取、自强创业的精神,正是武汉大学校训中“自强”“拓新”的历史渊源。

第二,敢为人先的武昌首义精神。辛亥革命推翻了清王朝的统治,结束了世界上最顽固的封建帝制,建立了“远东第一共和”,为中国进一步发展打开了闸门,开辟了道路。“武昌首义”之所以称为“首义”,并不是说辛亥革命是第一次起义,而是第一次取得伟大胜利的起义。勇于创新、敢于胜利的品格是我们现在弘扬得不够而又迫切需要的。创新是一个现代人的标志,也是一个民族进步的灵魂,是一个国家兴旺发达的不竭动力,武汉大学法学院要进步、要兴旺发达,必须继续创新、深化改革。武汉大学的法学有创新的先天优势,完全可以而且应该走在全国的前列。

第三,兼收并蓄的通衢开放精神。大家知道,武汉号称“九省通衢”。它是一个多元化、开放性的大都市。从人口构成来看,纯粹的本地人并不多,外来人口占很大的比例,具有移民城市的特征。无论是寒带的针叶林,还是温带的乔木灌木,或是热带的阔叶林,在武汉都能够茁壮成长,珞珈山本身就很好地体现了这一点。要振兴武大法学,不开放或者开放的步子不够大,不兼收并蓄有进有出,简直是不可能的。

这种开拓进取的创业精神、敢为人先的首义精神、兼收并蓄的开放精神，无不体现在李四光、王世杰、周鲠生、李达和刘道玉等武汉大学的领路人身上，无不体现于韩德培、姚梅镇、马克昌、何华辉、梁西、李龙等法学大家的身上，更是融入了武大学者的血液里。我们要张扬这种内在的精神，沸腾我们的血液，并作为珞珈法学进一步发展的强大动力！

自1979年恢复法学教育以来，武汉大学的法学学科始终走在全国前列，被国内法学界和法律界公认为改革开放以来恢复重建得最好的法学院之一。总结这些成功的经验，可以概括为：

第一，服务人民，奉献社会。

30多年来，一直紧紧围绕我国政治、经济、社会发展的需要进行院系设置、专业调整和学科建设。例如，在我国结束"文化大革命"、提出加强法制建设的初期，于1979年及时恢复重建法律系；在我国刚确定对外开放的大政方针时，于1980年在我国高校之中第一个成立国际法研究所，设置国际法系并招收国际法本科生；在我国片面强调GDP指标、还没有环境保护意识的时候，于1981年与国家环保总局合作成立了中国乃至亚洲第一个环境法研究所；在我国进行大规模经济体制改革伊始，于1986年设立经济法专业，成立法学院，招收培养法律专业、经济法专业和国际法专业的学生。进入21世纪以来，为了适应社会对"厚基础、宽口径、强能力"法律人才的需要，按照国家要求及时撤销法律系、国际法系建制，不再区分三个不同专业，统一为一个法律专业招收本科生。在此基础上，为了适应中国加入WTO和经济全球化的新形势，我们先后开办了法语法学双学位班和德语法学双学位班，并从2008年面向全球开办用英文授课的"国际法与中国法"硕士研究生项目。这些措施和变革都与国家的大政方针和社会需求密切相连。

第二,强化特色,追求卓越。

30 多年来,我们始终根据武汉大学的特色、优势、学科发展现状及其与国内同类学科的比较优势,进行学科布局和重点学科建设,通过博士点的申报和建设进行资源整合和优势互补。例如,法学院向国家申请批准设立的博士点依次是国际法、刑法、宪法与行政法、民商法和环境法,这完全是根据当时各学科的特色、发展状况和比较优势做出的正确决策,博士点的申报和设立均取得了圆满成功。与此同时,我们在建设宪法与行政法博士点时充分整合了武汉大学宪法、行政法、法理学和政治学的力量,在建设民商法博士点时整合了民法、经济法和相关学科的力量。在取得法学一级学科博士点以后,我们在 2007 年设立了我国第一个体育法博士点,在 2008 年设立了经济法和诉讼法博士点,在 2012 年设立了知识产权法博士点,在 2013 年设立了法制史博士点。实践证明,在武汉大学这种地理位置、经济水平均处于劣势的大学建设法学院,只有加强特色优势、整合多种资源,才有利于提升整体综合实力,追求卓越品质。

第三,敬业乐群,提携后学。

由于特殊的历史原因,我们法律系恢复之初的老师都非常珍惜来之不易的从事法律教育的机会,把法律教学和研究作为终生事业来对待。他们对教学的敬业精神、对学术研究的献身精神和对法学院发展的主人公精神对中青年教师起到了很好的引导作用,因而受到了中青年后学的爱戴和尊敬,这为和谐法学院的建设奠定了基础。另外,由于我们的法学教育中断了 20 多年,法学院的教师队伍在年龄层次上存在断层。基于这种情况,以韩德培、马克昌为代表的一批老先生非常注意提携后辈，在武汉大学历任校领导的支持下，破格提拔了一大批有才华、有发展潜力的青年学子。直到今天，武汉大学法学院中青年学者的职称解决速度、成长和成名速度，也走在全国其他高校的前列。这对传承学术、保持武汉大学法学学科的优势起到了很好的作用。与此同时，我们非常注重学院文化的建设，通过讨论和提炼法学院院训“勤严治学、诚正持身”和国际法研究所所训“厚德博学、敬业乐群”等学院文化建设，对营造和谐法学院和保持教师队伍的基本稳定起到了一定的作用。

第四，倡导法治，崇尚学术。

武汉大学法学院的学术研究注重基础理论问题的探讨，人才培养侧重理论素养，兼顾实践能力，这使我们建设的学科和培养的人才具有长久的生命力。例如，我们非常注重法学理论体系的构建，在环境与资源保护法学、广义国际经济法学、新中国大国际私法学、国际投资法学、新中国比较刑法学、国际组织法学、新中国比较宪法学、区际冲突法学、欧盟法学、国际环境法学的构建方面均做出了突出贡献。与此同时，我们在许多法律领域提出了很有影响的理论观点，例如，犯罪论体系与刑罚论体系的创新研究、宪法学基本范畴的概括、宪法学理论体系的构建、人本法律观的倡导、宏观国际法学的理论构想、WTO 法的系统前沿研究、国际私法趋同化的系统论证、国际民商新秩序的重新构建、独特的国际金融法学体系、跨国公司法的开拓创新、物权二元理论的系统论述、调整论的提出与论证、环境政策学的开创、法理学理论体系的完善、国家经济调节说的系统论证、法史考据的传承与开拓、法律文化“规则观”的论述、体育法学的开拓研究，等等。这些成果影响了一代又一代中国学人，有的成果在国外产生了一定影响。

以上精神和经验需要我们老师传承,更需要同学们发扬光大。怎样才能实现创新呢? 我想与大家分享一个故事和一个普遍现象。

清代学者周容写的《小港渡者》讲了这样一个故事:顺治七年冬天,周容要从一个叫小港的地方进入镇海县城,他吩咐书童捆了一大包书跟随着。眼看太阳快要落山了,离镇海县城大约两公里。他问一个摆渡人:“待我们赶到县城,南门还开着吗?”摆渡人仔细打量了一下书童,说:“若是慢慢走,城门还会开着;若是匆忙赶路,城门怕就关上了。”周容听了有些气恼,觉得摆渡人在戏弄人。这一主一仆便快步前行。南门在望了,急忙赶路的小书童却摔了一跤,捆书的绳子断了,书散落一地。等他们把书整理好,城门已经关了。直到这时,周容才明白摆渡者那番话的深意。

看看今天,我们好像都迷上了一个叫“速度”的情人。读书要“速读”,创业要“速成”,作物要“速熟”,肥料要“速效”,寄物要“速达”,就连结婚恋爱也要“速配”……但是,我们来不及分析这“速”包含了多少毒素;更没有工夫去琢磨,那些被我们省略的环节中埋藏了多少珍宝。

拿读书来说,不要总想着实用,更不要完全从功利出发,因为邂逅一本好书,如同邂逅一位知己,邂逅一位善美之人。有时心生敬意,有时怦然心动。仿佛你心底埋藏多年的话,作者替你说了出来,你们在时光深处倾心相遇的一瞬间,情投意合,心旷神怡。

张潮曾说:“少年读书如隙中窥月,中年读书如庭中望月,老年读书如台上玩月,皆以阅历之深浅为所得之深浅耳。”读书只有达到这样的境界,是为了和好事、好人、好物、好情倾心相见,才有可能在学问上实现创新。

其实，人生的每个阶段都有这个阶段独有的使命，要坚持将每个阶段的使命好好完成，然后再安然踏实地迈向下一个阶段，将简单的事情做持久，并一直“在路上”，才有可能成功。就法律的学习来说，不同阶段的学习方法和重点像说话一样，本科阶段是跟着老师说，硕士阶段是对着老师说，博士阶段需要反着老师说。这如同一年四季，春天要做春天的事，去播种；秋天要做秋天的事，去收获；夏天游水；冬天堆雪。否则，就像反季节蔬菜，样子好看，并不好吃，更没有营养。所以说，人不能太贪心，我们用了种种技术，在冬天里，抢先吃了只有夏天才长的蔬菜，夏天到了，该怎么办呢？难道再吃冬天的菜吗？如果这样，我们费尽心机，不是整个瞎忙活吗？

今年 7 月，我在荷兰做了一个月的学术研究。在荷兰阿姆斯特丹机场和回北京的飞机上，我发现在机场候机时，外国乘客大都是一杯咖啡、一份报纸、一本书，或者一台笔记本，安静地阅读或者工作。中国乘客要么在穿梭购物，要么在大声谈笑和比较价格；没有谈笑和打电话的，大都在低头发短信、刷微博或打游戏。或喧嚣地忙碌，或孤独地忙碌，唯独缺少一种满足的安宁。

飞机进入长途飞行的睡眠时间后，我去上卫生间时发现：没有睡觉的外国乘客基本都是在阅读；而不睡觉玩 iPad 的，基本上都是中国人，而且基本上都是在打游戏或者看电影，没见中国人读书。

这两个情景给我的印象是，现在的中国人似乎有些不耐烦坐下来安静地读一本书。许多年轻人几乎每 10 分钟就刷一次微博或者微信，以获取信息，但这会不会塑造出只能阅读片段信息、只会使用网络语言的下一代？因为真正的阅读，是指你忘记周围的世界，与作者一起在另一个世界里快乐、悲伤、愤怒、平和。它是一段又一段不可替代的完整的生命体验,而不是那些碎片式信息和夸张视频可以取代的。

对于中国人文社会科学的创新来说,最可怕的是,当下缺少那种让人独处而不寂寞、能与自己灵魂对话的空间,因为生活总是让人疲倦,我们每个人都需要短暂的"关机"时间,让自己只与自己相处,阅读、写作、发呆、狂想,把灵魂解放出来,再整理好,重新放回心里。唯有如此,才有可能创新。

同学们,做好人生每个阶段该做的事情,静下心来与自己的灵魂对话,通过阅读与大师倾心相交,这可能不是创新的充分条件,但一定是必要条件。

2014 年致辞:我的老师这样告诉我

2014 年 9 月 17 日

亲爱的同学们、各位老师:

首先,我代表武汉大学法学院全体教职工欢迎各位新生的到来!祝贺你们进入久负盛名的武大法学院,期待你们在这里学得愉快,过得精彩!

30 年前,当我和你们现在一样,进入西南政法学院成为一名法科大学生时,老师告诉我学习法律要掌握好"三子",就是"刀把子""笔杆子"和"嘴巴子"。所谓"刀把子",那时的人们把法律看作无产阶级专政的工具,是国家控制和管理社会的主要手段。同医生一样,法官的决定关乎人的身家性命,因此,受过法律专业专门训练的人应该严格按照法律(特别是刑法)的规定和精神剥夺人的自由或财产。所谓"笔杆子",就是要求法律人必须具备很强的写作能力和速记能力,因为大学毕业后进入司法系统,首先要从书记员做起。所谓"嘴巴子",当然是要求你经过几年的法学院学习和训练,具有很好的口头表达能力。

20 年前,当我在这里取得博士学位,成为武大法学院一名青年教师,第一次以教师身份参加法学院开学典礼时,恢复重建武大法学学科的主要领导人、法学院名誉院长韩德培先生的讲话直到今天我都记忆犹新。他除了强调"学好一门外语就像人多长了一双眼睛"以外,还专门谈了他对"做人"的看法。他说,根据一个人对待公与私的态度,可以把人分为不同类型:大公无私的人,是圣人;先公后私的人,是贤人;公私兼顾的人,是好人;先私后公的人,是常人;有私无公的人,是坏人;损公肥私的人,是罪人。对于一个经过法学院专门训练的专业人才,起码应该做一个公私兼顾的好人,向先公后私的贤人看齐,把大公无私的圣人作为自己终生的奋斗目标。

10 年前,当我再一次获得赴美国法学院访问研究的机会时,除了研究我所从事的国际私法课题外,我还特别考察了美国的法学教育。我发现美国法学院第一周的安排除了带领新生熟悉校园和图书馆以外,一定先教授学生"法律检索和研究方法",告诉学生一名合格的法律人应该具备三个维度的素质,即法律知识、多种能力和法治意识。

事实上,19 世纪末的美国法学教育像当下的中国一样,传统的讲授方法使教师照本宣科，学子昏昏欲睡，实务部门很不满意。担任哈佛法学院院长达 1/4 世纪的兰代尔（Langdell），竭力主张“案例教学法”。他认为：“有效地掌握法律原理的最简捷、最好的途径，或许不是唯一的途径，就是研究体现这些原理的案例。”兰代尔一再强调，法学是一门科学，经由不加剪裁的案例资料汇编，在导师的苏格拉底式的诘问下，学生自主地获取知识和推理方法。

兰代尔新的教学法成功激发了学生学习法律科学、热爱法律职业的兴趣，成效有目共睹，一举将长期萎靡不振的哈佛法学院推上法学教育王者宝座，且流风所及，为其他法学院所认同接受，成为当今美国法学教育的常规模式。

当今各国，法学院“阴盛阳衰”已经成为不争的事实。但从历史上看，美国女性长期遭遇冷眼，无法进入法律殿堂一展长才。19 世纪 70 年代，加利福尼亚州福尔茨小姐起草《女律师法案》，将原来法律中的“白人男性”改为“任何人”，1878 年该法案获得通过。29 岁的她，经过 3 小时口试问答，折服抱有偏见的资深律师，成为加利福尼亚州历史上第一位女律师。

再接再厉，她申请进入黑斯廷斯法学院深造。遗憾的是，法学院领导认为“女性的天职是养儿育女、相夫教子，女性敏感、冲动，天生脆弱，不适合从事法律职业”。

“正因为女性天生冲动、懦弱，才更需要法律知识的熏陶、培养，使其更理性、坚强；法律可以使女性成为更优秀的妻子、母亲、更好的公民。”福尔茨拍案而起，一纸诉状将法学院告上法院，强调“《女律师法》认可女性进入律师行业，就意味着女性可以进法学院，为当律师做准备”。最后，法院宣布福尔茨胜诉。可叹的是，性别歧视阴魂不散,她一辈子也未取得学位,抑郁而终。直到1950年,哈佛法学院才第一次招收女生。

现在,各国法学院的女生成绩更优秀、表现更突出。我今年暑假在美国作学术研究的时候,听说对东亚国家的申请者,哈佛法学院更青睐女生。我希望武大法学院的男生要更加努力、发愤图强,在21世纪的今天,“不做武大郎,要做武二郎”。女生要更加自信,让男同胞们“羡慕嫉妒恨”。

当前,教育部高等学校法学类专业教学指导委员会正在制定法学类教学质量国家标准,提出了知识、能力和素质三方面的要求。在知识方面,要牢固掌握本专业的基本知识和基本理论,了解人文社会科学和自然科学的基础知识,并形成合理的整体性知识结构。在能力方面,要具备独立自主地获取和更新本专业相关知识的学习能力;具备将所学的专业理论与知识融会贯通,灵活地综合应用于专业实务的基本技能;具备利用创造性思维方法开展科学研究工作和就业创业实践的创新能力;具备较高的计算机操作能力和外语听、说、读、写能力。在素质方面,要热爱社会主义祖国,拥护中国共产党的领导,掌握中国特色社会主义理论体系,牢固树立正确的世界观、人生观、价值观。掌握法学专业的思维方法和研究方法,具备良好的人文素养和科学素养。养成良好的道德品格、健全的职业人格、强烈的法律职业认同感,具有服务于建设社会主义法治国家的责任感和使命感。具备健康的心理和体魄。

以上只是作为我国法律人才的基本要求,作为国内一流法学院的学生,应该有更高的要求。我认为信息化时代要求我们法律人具有很强的信息收集和处理能力,全球化时代要求我们法律人具有全球眼光和国际视野,法治社会要求我们法律人具备发自内心的人文情怀。

谈到法治社会建设,同学们,你们是幸运的,因为依法治国已经成为全党、全国人民的共识。如果说改革开放前30年是经济学家的时代,未来30年一定是法学家的时代。而要实现依法治国,必须依靠法律人。这就要求法律人具有圣贤精神,具有文化底蕴,具有普世胸怀,具有道德追求。我希望武大法律人都以此作为终身奋斗目标。

同学们,上周的教师节,我收到这样一份微信:教书是一场暗恋,你费尽心思去爱一群人,结果只感动了自己;教书是一场苦恋,费心爱的那一群人,总会离你而去;教书是一场单恋,学生笑我千百遍,我待学生如初恋;亲爱的同学们,你若不离不弃,我必点灯相依;你若自我放弃,我也无能为力。

同学们,学校的第一要务是培养人才,教师的最大幸福是看到学生健康成长,成为国家之栋梁。让我们在未来的日子里且行且珍惜!

2015年致辞:用法　自律　成人

2015年9月15日

尊敬的各位老师、亲爱的新同学:

欢迎你们来到美丽的珞珈山,成为珞珈法学的新主人!未来3年、4年乃至更长的时间,我们将共同属于这个大家庭。“武汉大学法学院”会是你们的骄傲与自豪，也是你们终生的缘分。记得有一次我们法学院在深圳召开校友会，有一位校友的夫人不希望他参加活动，问这位校友“是妻子重要还是校友重要”，这位校友说“夫妻关系可以解除，但校友关系是无法改变的”。是啊，三年四载珞珈情，一生一世武大人。

同学们，你们怀着同样的梦想和目标，从五湖四海来到这个地方，开始一段新的人生旅程。今年共有146位本科生、93位博士研究生、195位法学硕士研究生、224位法律硕士研究生、17位政法干警，包括来自美国、法国、瑞士等20多个国家和我国港澳台地区的97位同学，进入我们法学院，在未来几年，你们将朝夕相处、共同求索。从此刻开始，你们不仅要从书本学习、向老师学习，更要互相学习，学会与人相处、与人分享、与人合作和竞争，成为一名合格的“法律人”。

那么，怎样成为一名合格的法律人呢？人们从不同角度作了不同的概括。记得30年前，当我和你们现在一样，进入西南政法学院成为一名法科大学生时，老师告诉我学习法律要握好“刀把子”，练好“笔杆子”，造就“嘴巴子”。美国的法学院告诉学生：合格的法律人应该具备3个维度的素质，即法律知识、多种能力和法治意识。我国制订的法学教学质量国家标准，也提出了知识、能力和素质3方面的要求。在知识方面，要牢固掌握本专业的基本知识和基本理论，了解人文社会科学和自然科学的基础知识，并形成合理的整体的知识结构。在能力方面，要具备独立自主获取和更新本专业相关知识的学习能力；具备将所学的专业理论与知识融会贯通，灵活地应用于专业实务之中的基本技能；具备利用创造性思维方法开展科学研究工作和就业创业实践的创新能力;具备较高的计算机操作能力和外语听、说、读、写能力。在素质方面,要热爱社会主义祖国,拥护中国共产党的领导,掌握中国特色社会主义理论体系,牢固树立正确的世界观、人生观、价值观。掌握法学专业的思维方法和研究方法,具备良好的人文素养和科学素养。养成良好的道德品格、健全的职业人格、强烈的法律职业认同感,具有建设社会主义法治国家的责任感和使命感。具备健康的心理和体魄。

怎样才能达到上述标准呢?我的体会是六个字"用法""自律""成人"。

一、首先是"成人"

当你们从相对紧张封闭的中学生活到更加自由开放的大学生活,首先面临着从自然人向社会人的转变。在你6个月的时候,经历了生理上的断奶,你不再借助母亲的免疫能力,独自对抗不断恶化的自然环境;当你上幼儿园和小学的时候,你主要依靠父母的照顾而生活,依靠老师的严格管教而学习;在你进入初中和高中以后,你的生活仍然离不开父母的照料,学习也是在老师的主导下完成的。但是今天,当你挥手与父母告别以后,你正在经历心理上的"断奶期",你可能有点迷茫、有点彷徨、有些不适应,这都是很正常的。但我希望通过今天的成人仪式,你们把自己心理上的"断奶期"尽量缩短,尽快完成从自然人到社会人的转变。

从法律上讲,年满18岁就是完全行为能力人。因此,当你们是无行为能力人和限制行为能力人的时候,父母和老师的监护和管理是他们法定的义务和职责。当你们成人以后,法律要求你们对自己的行为负责。法律概念中的“行为”,简言之,就是有意识的身体上的动与静的状态。这首先要求你们树立自立意识、自主意识和独立意识。具体说来:

第一,要有经济上的自立意识。西方国家的大学生大都是自己向银行贷款完成学业,中国尽管社会文化和习惯与西方不同,在你们经济自立以前,由父母供养好像理所当然,但如果你们心安理得地躺在父母的汇款单上睡大觉,保持很好的“静”的状态,甚至成为不折不扣的“啃老族”,就不符合“成人”的基本要求了。

第二,要有学习上的自主意识。可以说,你们在中学阶段主要以“学会”为目标,因为只要学会了,就能够顺利通过高考,进入自己理想的大学。但进入大学以后,你们的目标要改变为“会学”。因此,你选择什么时候学习什么课程、怎么样学习、如何提高自己的学习能力等问题,完全由你自主选择,老师只是给你一些建议和指导。可以说,在学习问题上从“包办婚姻”走向“自由恋爱”。因此,你只有“会学”,才能很好地完成法学院的学习任务。

第三,要有行为上的独立意识。“成人”意味着你们具有独立的法律人格。因此,你们有权做以前不能做的事,独立从事各项活动,但必须对自己的行为负责。这是法律关于权利和义务一致性原则的基本要求。今年,武汉大学的本科教育特别强调以“成人教育”统领“成才教育”,并以此为基础设计课程、完善培养方案,希望对同学们的“成人”有所帮助。

二、基础是“自律”

法律是规范人的行为、调整人际关系、解决社会纠纷的工具。

作为法律人,首先应该学会自律。

有这样一则寓言:一天,风筝和线手牵手在天空中飞翔,过了一会儿,风筝不耐烦的对线说:“老兄,请放开我,不要限制我自由活动的空间。”线劝道:“老弟,不行啊! 我的责任就要限制你。否则,你就会失去飞翔的自由。”风筝不听劝告,拼命地摆脱线的束缚,就在它将线挣断后不久,便一头栽进了无底的深渊。风筝的不幸,是因为对自由的真正意义不了解,而自律与自由有着紧密的关系。真正的自由都要受到一定的约束和限制,没有任何限制,不受约束的自由是不存在的。所以,自律,能人获得行动的自由。学会自律,能使人自知,能使人学会战胜自己,能使人养成良好行为习惯,能使人获得行动的自由,能使人高尚起来。古人说:吾日三醒吾身。这是要求人们经常自我回顾、检查,对自己的思想、心理和行为表现进行总结,肯定自己的优点、长处,找出缺点、不足,明确前进目标。所以,我们也要每日三醒吾身呀! 自律表现在懂得自爱、勇于自省、善于自控。养成自律习惯,提高自律能力,加强品质修养,归根结底,在于有理想。一个人有了高尚、远大的理想,就会把自己同祖国和民族的命运紧密联系在一起,为之奋斗终生。

事实上,自律像一块肌肉,你训练它的时间越多,你就更强壮;你训练它的时间越少,你就越虚弱。所以,像训练肌肉需要锻炼肌肉一样,提高自律也需要通过不断自律来锻炼!

三、关键是“用法”

以前,人们常说知识改变命运。当下的信息社会,获取知识变得如此容易,仅有知识恐怕难以改变命运,只有能力才能改变命运,素质决定人生。

作为一类特殊的专业人，法律人必须具备智商、情商、德商和职商4种商质和多种能力。因为决定一个人成功的关键在很多情况下不是智商，而是情商、德商和职商等综合实力。10多年前，美国法学院协会曾经对法学院学生毕业10年、20年后的工作情况作了一次调查，发现了一个有趣的现象：那些在法学研究、法律实务和行政事务上取得突出成就的学生，当年在法学院的成绩大都分布在中等偏上的区间。中国法学院的毕业生也大概如此。由此可见，对于法律职业来说，成功的关键不是通过考试便能够测试的知识，而是难以用考试测量的能力。

法律人所必备的多种能力，如逻辑思维能力、研究分析判断能力、沟通表达能力、外语能力、自我管理能力、团队合作能力、挫折承受能力、人际相处能力、持续的执行力和利他主义的价值观等，需要长期的积累、多种形式的锻炼才能形成。但现有的学制、教学内容和教学方式都难以让学生具备这些能力，甚至连这些方面的初步能力也不能养成。

据我观察，现在大学生的学习习惯为：(1)用于学习外语的时间远远大于中文，外语水平提高了，但中文表达普遍较弱，这非常不利于法律的学习；(2)课外的人机交流时间多于人际交流，与人合作与沟通的能力普遍不强，这对形成法律人必要能力构成了天然性障碍；(3)物质生活条件的极大改善与因学业带来的精神压力形成越来越明显的反差，这容易导致学生学习动力不足、学习兴趣丧失，严重时可能影响他们的精神健康。

基于以上考虑，近年来，武大法学院在办学理念、模式和教学方法等方面进行了一些探索和改革。主要如下：

第一,理念上从法律教学转向法学教育。我国传统法律人才的培养可称为“法律教学”,主要是具体法律规则的学习、研究和解释,现在的司法考试也深受“条文主义”的影响。不可否认,现代的法律学习必须以法律条文为基础,但这绝不是学习法律的全部,只是学习法律最基本要求。因为法律的灵魂,不仅是条文的解释,更需注重精神的伸张。但我国现在的法学教育中,法律学子将主要精力放在司法考试的准备上,无暇顾及其他社会现象。这样一来,法律人于上失去了立诸历史、哲学层面的价值关心,把自己工具化为“法匠”。于下连狭义的法律知识也被“国内法”所限制,缺乏国际观。但对一个合格的法律人来说,只会“考试”大概只能解决个人就业问题,无法适应法律职业和法治事业的要求。要立身社会做个有前途的法律人,必须具有人文情怀和国际视野。所以,我们法学院不是片面地把司法考试作为法学教育的指挥棒,因为司法考试没有办法测量考生的人文精神和实践智慧,或者说法律人的情商、德商和职商是无法通过考试检验出来的。

第二,办学模式上从追求规范到鼓励创新。当前,我国法律院系本科生的学制、教学内容、课时和学分要求基本上是一致的。但要把一名高中毕业生造就成一名合格或者基本合格的法律人,具备或者基本具备上面所说的 4 份“商质”和多种能力,通过 4 年甚至 7 年时间的培养也不容易实现。因此,在坚持法学教育基本规格的前提下,我们法学院特别注重实践性教学,鼓励学生参加国内外各种专业性竞赛,使武汉大学法学院的学生在具备基本法律知识、素质和能力的基础上,又有自身的特点和优势,从而适应社会多元化的需求。

第三，教学方法上从教师主导迈向师生互动。这些年来，为了克服传统教学方法的弊端，我们法学院特别注重调动学生学习的积极性和主动性，提高学生在教学活动中的参与度；注重增加教学的多样性，提高教学活动对不同学生的适应性。因为教学是教与学之间相互联系、相互影响、又相互独立完成的过程。在大多数情况下，学起到了决定性作用。学生也只有在自主、互动中才能很快地提高法律能力、体会法治精神、掌握法律知识。因此，我们法学院强调所有教学方法都必须以师生互动为目的，使学生在法学院的学习过程中，在教师的指导、参与和建议下，积极获取法律知识和其他相关知识，形成必要的法律能力，养成正确的职业理念，发展创新精神和创新能力。

毫无疑问，上述努力的成功取决于同学们的共识和实践。希望你们铭记“能力改变命运、素质决定人生”，但愿你们在我们法学院从“用法、自律、成人”3 个维度成就自己“法律人”的梦想。

谢谢大家！

毕业典礼致辞(2008 ~2016 年)

2008 年致辞:常怀感恩之心　莫忘敬畏之情

2008 年 6 月 18 日

各位亲爱的同学:

上午好！首先,请允许我代表法学院全体教职员工对大家顺利完成本科学业表示热烈的祝贺！在我的记忆中,大学 4 年,毕业季可算是一段兵荒马乱的岁月。在这段非常岁月中,几乎每个同学都最大限度地释放自己的能量。20 年前,和在座各位同学一样,我在同样兵荒马乱的情境下告别母校来到了武汉大学法学院。20 年后,再次参加毕业典礼,很想找回当年意气风发、文采飞扬的感觉,但猛然间发现,无论脑子怎么转动,血液都无法澎湃。是啊！20 余年的法学专业训练和教学生涯,那些真实但冰冷的关于社会因果性的知识,那些严谨但干巴的关于行为合法性的规范,那些科学但生硬的关于学术规范的戒律，早已根植于我们的思维之中。我们这样的法律人、教书匠，已经习惯于将激动而鲜活的情绪转换成平静而沉闷的理性。不过今天，我想讲一点老师在课堂上没有讲的感受，算是给大家补上一课吧。

看着你们即将离去的身影，我们既留恋、又欣慰。留恋的是，你们在这里成长，这里曾经是你们的家，校园里的一草一木、一人一事，都与你们息息相关，密不可分。在校园的某个角落里，曾有你晨读的身影；在充满活力的操场上，曾留下你青春的欢呼。欣慰的是，你们终于学有所成，可以在新的起点上崭露头角了。

4 年前，也许你们是“少年不识愁滋味”“初生牛犊不怕虎”。到如今，你们一个个成了亭亭玉立的“超级女生”，虎虎生威的“绝对男人”。你们才情满怀，风华正茂。今天，我们在这里隆重集会，不是庆祝“结束”，而是欢呼“开始”；不是纪念“完成”，而是宣布“进步”，因为表达“毕业”的英文“Graduation”的词根本身就含有“开始”和“进步”的意思。

过去的 4 年，也许你曾是一名学习标兵，好学深思；也许你曾是一名学生干部，忙碌充实；也许你曾是一颗“社团之星”，活跃上进；也许你曾是一个校园文艺明星，多才多艺；也许你曾是一位普通同学，沉稳静气……不管怎样，你都是以自我的独立个性，度过了属于你自己的大学生活。

过去的 4 年，你们有成功与失败。也许你很成功，奖学金、辩论赛、学术新星，“一个都没有少”，甚至“三个代表”知识竞赛你都名列前茅；也许你很失败，学习和感情都一团糟，你仿佛是置身于被武大遗忘的角落。不过，你一定要知道，这些都不是你现在对未来乐观或者灰心的理由，因为这只是人生的第一章，也许现在的一切，在你之后的人生章节中很快就变得面目全非了。

因此,在今天这个快乐而庄严的时刻,我想送大家一句话:“常怀感恩之心,莫忘敬畏之情”。

感恩不只是对别人说声“谢谢”,而是一种说不出口的、在心里装一辈子的债务。因此,感恩的人无论住在哪里、财富多少,都懂得生活的艰难。也就是说,感恩的人懂得因果关系,懂得自己哪怕能活一分钟都要仰仗无数的因缘和资源的支持。这些因缘关系到父母、朋友、同学等很多你认识甚至不认识的人;这些资源包括无数社会系统、环境系统和文化系统的福佑。所以,感恩首先要感谢粮食,是她让人们生存下来并生活下去;还要感谢水、草木、鲜花、小鸟、晴空、土地和干净的空气,尽管他们不是为了人们享受而存在,但人们享受了就不要再打扰他们,更不要伤害他们。

以上是大因果,在小因果的感恩链条里牵连着父母和所有帮助过我们的人。对父母不孝,相当于对自己判刑,剥夺信任权利终身。对于这种人,发现一个,要远离一个,永远不要结为朋党。而帮助过我们的人,无论他现在贵贱、愚贤,都要感激,不能因时过境迁而轻慢。

事实上,感恩是一种心态。一个人如果只感激帮助过自己的人,仍然还是小气的,或者冷漠的。把人分为助己和非助己两类,这叫势利眼。对天地无感恩之心,对人的感激必然短暂。

感恩也是一种世界观。感恩的人把自己看得很轻,把别人的帮助看得很重,觉得意外。因而难忘,常存报答之心。

感恩还是一种自爱。感恩的人一定对别人的帮助感到不安,不是别人欠你,而是你欠别人。这里的“欠”不是欠情,而是未报答。如果没有机会报答施主,也会帮助他人。

同学们,如果你常怀感恩之心,幸福就离你不远了。

谈到敬畏,它是我们法律人应有品格。德国社会学家贝克说:我们已进入了一个风险社会。从校园迈入社会,你们的风险指数就从绿色变为红色。风险有多种,可能是政治风险,贪赃枉法,锒铛入狱;可能是经济风险,幻想天上掉馅饼,交友不慎,受骗上当;也可能是健康风险,偶尔放荡一下,可能导致终身的遗憾甚至产生生命危险。

同学们,人生是单程道,一些致命的风险一旦降临,往往就是终局的,是不可变更和不可撤销的。因此,我们要敬畏他人,而不仅仅是领导;要敬畏规则,而不仅仅是人情;要敬畏法律,而不仅仅是权力;要敬畏真理,而不仅仅是权威。

同学们,只要你不忘敬畏之情,你的事业就成功了一半。

“四载风雨珞珈山,一世情系武大人”。你们的血液中已经流淌着武大的气质。母校希望你们事业有成,更希望你们幸福。如果你们能在今后的人生旅途中经常记起和体味这句“常怀感恩之心,莫忘敬畏之情”,我就心满意足了。

谢谢大家!

2009年致辞:“三心二意”

2009年6月9日

各位亲爱的同学:

上午好!首先,请允许我代表法学院全体教职员工对你们顺利完成学业表示热烈的祝贺！法学院安排我在这里讲话，主要是要我代表所有老师对你们说一些临别的话。为此，我思考了很久，询问了不少人，不同的老师可能有不同的希望和祝愿。大学几年，你们已经学到了不少为人的准则、治学的规范、做事的要求，而毕业意味着一个新阶段的开始，你们的学习、生活、工作都会发生根本的变化。在此，我给你们5点建议。

第一点建议是“用心生活”。也许在法学院招生规模急剧扩大的时期选择学习法律，对于你们来说必然要面对更大的压力，也许有部分同学还在为就业而烦恼。但有人说得好，人生就是谋生和乐生两件事。谋生意味着忍受、付出、无奈、受气、受累等，谋生的本事是人之所以为“人”所必备的。想想小时候学走路摔倒时，父母告诉我们要坚强，要自己爬起来，这是在训练我们谋生的能力。后来，我们不停地读书，学习各种知识，领悟人生道理，这是在为日后的谋生作准备。当我们大学毕业参加工作以后，就必须担当多种角色，承担多种责任，这是真正的谋生，也是每个人必须履行的人生义务。所以，不要怨恨和拒绝这一切。只有会谋生才不会成为社会的负累，才能担当家庭的各种责任。

而乐生是精神层面的，是一种心态，与物质没有多大关系。如果你能够热爱生活，用心对待你的父母、家人、同事、朋友和一切与你交往的人，任何苦难都能从容面对，并从苦中掘乐。所以，我要提醒你们的是，不管今天你是找到了理想的工作，还是继续在法学领域深造，或是勉强就业，甚至还没有找到合适的工作，并不代表10年后、20年后你们的生活。因为人的适应力和精神生活的消长，并非事业做得大，就会称心满意；也不是权力在手，就有无穷的满足感。

只有用心生活、坚定信仰、保持清醒、避免狂傲、珍惜朋友，才能收获幸福的生活。

第二点建议是“专心工作”。人要维持生计就得工作，工作能使人的生活充实、有意义、有价值。也许你找到的工作并不是自己理想或喜欢的工作。在这种情况下，你首先应该真正了解你工作的性质，设法喜欢自己的工作。只有喜欢，才能在工作中表现出一种内在的冲劲和激情，才能真正专注于自己的本职工作，在工作中找到满足感。

其实，工作是一种现实，不可能尽如人意。因此，对工作要有一个信念：认清自己工作的价值，投以热忱，在工作中学习成长。事实上，工作的种类多种多样，有的做管理工作，有的做技术工作；有的劳心，有的劳力；有人出资，有人出力。无论你做什么工作，只有专心去做，并学会从工作中看到价值和喜欢，你才会有成就感，你的工作才会出色，法学院才会为你骄傲。

第三点建议是“开心娱乐”。一个成功者不但会工作，还要会休闲和运动，更知道家庭之乐。如果你工作过度投入，脱离生活常轨，成为工作狂，生活的乐趣也就荡然无存。因为过度勤奋的工作狂，不懂得放松，不注意锻炼，没有心情享受家庭之乐。他看起来孜孜不倦，急急忙忙，情绪总是急躁或者冷漠，不仅对自己的身心健康有很大影响，也容易丧失创意，对事业发展同样不利。可以说，健康的身体和心理是革命和幸福人生的本钱，希望你们都能开心娱乐、尽心运动。

第四点建议是“对人有情意”。现代人，特别是年轻人，似乎不太重视人情世故，误以为人情世故就是送礼、奉承、迎合等，因此置人情世故于不顾，在待人接物上显得自大，不通人性，甚至把人际关系弄得僵化、敌对，这种状况对个人、他人和集体都没有好处。

其实，中国是一个人情社会，这是中华传统文化中一个非常重要的因素。懂得人情世故，就像机器上了润滑油一样，运作起来顺利有劲，与人合作，彼此相互协调。在工作上能够发挥群策群力的效果，在精神生活上能够享受爱与情谊。因为人情世故的智慧，能给别人带来自尊和自信；能在坚持原则时，给别人机会回旋；在维护自我立场时，不伤及别人的尊严；在拒绝别人不合理要求时，不伤及别人的情面。这就要求我们不仅对父母、师友要有感恩之情，对同事、同行乃至所有人应有情有义，不能完全根据自己的好恶、利益关系来决定对他人或者具体事件的态度。简短地讲，就是要做一个好人，“达则兼济天下，穷亦独善其身”。

最后一点建议是“做事有创意”。尽管这些年我国高等教育开始强调创新人才的培养，但现有的考试制度使大多数同学并没有形成良好的创新意识和创新能力。而且，大部分人认为，只有在解决专门性问题时，才会用到创造力。事实上，我们生活的情景是变化无常的，无论是生产技术、经济发展，还是社会结构、文化教育等，无时不在变迁。因此，既有的知识和技能，不足以应对新的需求和挑战。这要求我们有更好的创意，去解决工作和生活中的诸多问题，让自己更有能力面对变迁，去享受成功和喜悦的生活。

各位同学，对于你们来说，今天虽然有点特殊，但它仍是一个普通而平凡的日子，就像武汉以往的六月天一样，湿漉而闷热。如果我们想让它真的有点特别，值得回味，就让我们在今后分头行进的日子里共同“用心生活、专心工作、开心娱乐；对人有情意，做事有创意”。为了便于记忆，你们可以概括为“三心二意”。只有这样，你我在以后的日子里才不至于孤独。

谢谢！

2010年致辞：你的法学你的院

2010年6月18日

各位亲爱的同学、尊敬的老师：

又是一年道别时！今天，我们在这里举行毕业典礼，庆祝225名本科生顺利完成学业，欢送你们进入新的人生阶段，祝愿你们赢得美好的未来！

也许今天，每个同学的境遇和心情有所不同：有的到国内外进一步深造，踌躇满志；有的找到了理想的工作，心满意足；有的还在为找工作四处奔波，忐忑不安；有的甚至既不找工作，又没有继续学习的动力，迷茫彷徨。但我要告诉大家的是，今天的状况并不代表你未来事业能否成功，更不代表你的人生是否幸福。因为人生道路上总有一些曲折和挫折，只要你勇敢地去面对，认真地去总结，这些曲折和挫折就可以成为宝贵的财富。在这里，我要特别送你们一句话，那就是：“你的法学你的院”。这句话主要有以下三层意思：

第一，牢记你的法律专业。不管你今后是做政法工作、公务员、公司法务、法律教学研究工作，还是其他什么工作，经过了4年法学院的学习和训练，你要始终牢记你的法律。因为法律是理性、德性与灵性的结合。

法律作为一种强制性秩序,是人类智慧的结晶,也是人类理性的体现。英国哲学家霍布斯就理性与法律的关系曾这样说:“虽然人具有利己的天性,但人类在理性的帮助下,使人订立契约倾向于和平。理性认识了自然法,使人类社会从战争状态进入和平状态”。法国法学家孟德斯鸠更进一步说:“自然法根植于人的生命本质,根植于理性。法的精神就是普遍理性的体现。”

另外,法律与道德犹如车之两轮、鸟之两翼,不可分离。因为法律是传播道德的有效手段;道德是法律的评价标准和推动力量,是法律的有益补充;在某些情况下,道德和法律也会相互转化。

与此同时,法理是情理的总结和升华。情理产生于大众,是大众情感的集中体现。因此,情理体现的是大众心理,是人民智慧。法理则是法学家经过冷静、理性的思考创造出来的符合法律逻辑的理论结晶,它不是一般的理论,而是符合社会整体利益的学说。因此,研究和学习法律,不能脱离人情和社情,更不能脱离一般情理走向极端。就是这样的情理,法律人要多懂一些,使之成为研究法理和适用法律的基础和灵性,法律才能够成为代表最广大人民利益的“活”的思想和“死”的规则,法学家和法官才能够成为人民的法律代言人和裁断者。

与法律的理性、德性与灵性相对应,法律人同样应该具有理性、德性与灵性,它意味着法律人必须具有制度理性、人文精神和实践智慧。从制度理性到人文精神再到实践智慧,三方面缺一不可。

制度理性是法律人高于普通人的地方,法律人不仅能够理解有关的法律制度和规则,还能够驾驭这个制度,能够看到法律制度和规则背后的道理。不管是历史沿革，还是理论依据，或是制度所包含的价值观念以及平衡不同利益诉求的方法，都是制度理性所涉及的内容。

法律人的德性就是要求法律人具有人文精神。因为没有人文精神，没有道德理想的人，是不能很好地从事法律职业的，他也不可能经世济民。人文精神简而言之就是正义的精神，就是对社会负责的精神。

另外，法律是追求公平正义的，它用的是理性方法。法律人要用理性的方式，以建设性的态度，通过渐进的过程，来完成社会改造。这就要求法律人必须具备实践智慧，因为法律是一门实践科学，它对每一个问题都必须给出解决办法。法学家讨论任何问题，要像法官判案一样，在调查分析之后总要有一个判决。法律人在实践中怎样能做得更好，怎样达到一个最优或更优的境界，就看他的智慧了。这种智慧来自制度理性，根源于法律人的人文精神。

以上就是你们要牢记的法律和法律人。

第二，学习、学习、再学习。据我观察，不管你在什么样的法学院学习，也不管你在校期间的成绩多么优秀，仅仅 4 年的培养，很难成为真正优秀的法律人。那些卓有成就的法学家和法律实践家，无不是在他们大学毕业以后通过不断学习法律知识、持续提升实践能力造就的。从这个意义上讲，法学院的毕业生大都是“半成品”的法律人，需要在以后的职业生涯中不断打磨，才能成为合格法律人和优秀法律人。因此，请牢记毛主席的教导：学习、学习、再学习；实践、实践、再实践。

第三，别忘你的学院。从拿到武汉大学法学院的入学通知书那一刻起，你们每一个人就与珞珈山、武大法学院建立了终生的联系。无论你们在校时的成绩如何，有没有难以忘怀的爱情故事，也无论你们今后是否从事法律工作，更不论你们未来成就的大小、地位的高低，你们永远是武大法学院的牵挂和骄傲。因为在座的每一位毕业生是武大法学水平的直接体现者、珞珈法学精神的忠实传播者、武大法学学术的坚定弘扬者。因此，珞珈法律人既是你们的标签，又是你们的荣耀，更是你们的责任。希望你们将珞珈法学那种开拓进取的创业精神、敢为人先的首义精神、兼收并蓄的开放精神发扬光大、遍布四方。

同学们：请谨记“你的法学你的院”。我们在校的老师坚信：“一代人有一代人的迷茫，一代人有一代人的辉煌”。祝你们一路好走，一路走好！

2011年致辞：就业　职业　事业

2011年6月17日

各位亲爱的同学：

你们真是有福！今早五六点的时候，还是大雨倾盆，八点钟我们照相的时候，已经是阳光明媚，这是你们得天时。你们是全程在新法学大楼完成学业的第二届毕业生，说明你们有地利。你们还是法学院历史上第一届同武汉大学书记、校长合影留念的毕业生，此乃人和。有此天时、地利、人和，你们的前程一定无限光明美好。

整整44个月前的今天，作为刚刚走上院长岗位的我，在这里欢迎你们作为珞珈法学的新主人，向你们介绍了珞珈法学的精神，建议你们如何做好新主人。转眼间，4年过去了，尽管我和你们的交流并不多，法学院的服务、管理和教学也还有不尽如人意的地方，但我相信你们已经从老师身上体会到武大法学的优良传统，感悟到法学的博大精深，学习到法律的知识技能，领悟到法治中国的美好前景。在这4年中，我想你们一定都经历过迷茫与顿悟、挫折与成功、忧伤和快乐，分享过激情与感动、光荣和梦想、友谊与爱情。所有这些经历、分享与感悟，尽管在成绩单上没有记载，却深深埋在你们的毕业证和学位证里面，成为你们一生取之不尽、用之不竭的财富！让我代表法学院全体教职工向你们表达热烈的祝贺和衷心的祝福！

同学们，大学毕业不同于中小学毕业，它标志着成熟和自立，意味着“从头再来”！大家知道，英文用“graduation”来表达毕业，但“graduate”没有“完成”“结束”的意思，而是蕴含着“开始”“进步”。这正是对毕业最好的诠释，希望你们能从中得到启迪。所以，我们今天在这里隆重集会，不是庆祝“结束”，而是欢呼“开始”；不是纪念“完成”，而是宣告“进步”。

今年，我儿子参加了高考，他在武汉外国语学校读文科，我问他大学想读什么专业，他考虑了半天，给我的答案是：“不读法律”。我问他为什么，他说：“不好就业”。这让我很郁闷，也促使我思考武汉大学法学院是否就把学生的就业作为人才培养的根本出发点。在我看来，一个成功职业人生之路可分为就业、职业和事业3个步骤，就业主要为了自己，职业一定是为了大家，事业则是为了天下人。我下面具体谈谈这3个问题，算是给你们的临别赠言吧。

一、关于就业

4年前，你们勇敢地选择了法律专业，我猜你们有的根据兴趣，有的基于自信，还有的大概是家长的决定。无论如何，你们都顺利完成了法学院的学习，通过了法律的系统训练，掌握了从事法律职业的基本技能。这是你们就业的基本条件。你们中的许多人已经找到了理想的工作，或者将赴国内外大学继续攻读硕士学位，也还有部分同学在为就业奔波。不管是哪种情况，我想你们都要充分认识到法律专业就业的大环境和特殊性。

第一，近10年来，我国法学教育的规模急剧扩大，每年从600多所法律院校毕业的10多万法律专业毕业生相对于传统狭义的法律职业领域来说，客观上增加了就业的难度。

第二，司法考试和公务员考试的双重入门标准对法律专业学生的就业造成了时间上的推延。

第三，中国法治建设的进程和法学教育对学生实践能力的关注程度影响着学生就业的数量和质量。

因此，我希望已经就业的同学要珍惜已有的工作机会，"先锻炼、后发展"，踏踏实实做人，认认真真做事。我更希望暂时还没有就业的同学一定要坚定信念、转变观念、找准定位、积累经验。作为武汉大学法学院的毕业生，我坚信你们的就业不会有什么问题。

在此，我想与你们分享一个人生规律，即人生是有配额的。

有个医生常常劝病人多蔬菜、少红肉、少喝酒，但效果不怎么理想。于是，他改变了一个说法。他对病人说："一个人一辈子能吃的东西是有配额的，暴饮暴食的人，太早把自己一生的配额吃完了，只好在人生的宴席上提早离开。”这个“配额说”对病人起到了很好的警惕作用。

有个从事慈善工作的人说：一个人身上能够积累的“福分”是有配额的。有些人很幸运，在工作、事业、感情上积累了很多“福分”。但一个人如果在自己身上积累了太多福分，超过了应有的配额，为了达到平衡，这些多出来的“福分”会招来一些“祸害”。因此，一些常常享福的人，要考虑如何做慈善、公益，把自己的福分分享、流通出去，以确保自己能一直有新的福分进来。

因此，对于暂时还没有就业的同学来说，此时的困难甚至挫折难道不是人生的宝贵财富吗？比如，美国总统奥巴马大学毕业后到芝加哥一个穷人社区做了3年社区工作，年薪只有1.3万美元。正是这3年社区工作经历成就了他第一个黑人总统的“美国梦”。就拿今天在主席台就座的李龙先生来说吧，他在大学毕业时无缘无故地被关进监狱10多年，这个经历并没有阻止他成为武汉大学的资深教授。

二、关于职业

我一直坚信，在众多社会学科中，法学是最注重精神境界和社会责任的学科之一，不能领悟蕴含在法治体系中深刻人文关怀和宽广知识背景的人，很难成功地从事法律职业。另外，法学与世俗社会的关联最为紧密，如果没有建立高尚的法治理念，没有理解法律精神，法学可能在不知不觉中偏离其本身的轨道而与权术和骗术并轨。

因此，从事法律职业的人，应该在法律知识、职业技能和法治理念等方面全面发展。短短4年法学院的学习,只能在这3个方面打下初步的基础,要成为一名高水平的卓越法律人,需要不断更新法律知识、提高职业技能、充实法治理念。可以说,法律职业就是一个需要终生学习的职业,这个职业要求你在工作中学习、在实践中提高、在学习中不断升华。作为武大法律人,你们有能力,也有责任成为高水平的卓越法律人。也只有如此,才符合武汉大学法学院的地位和追求。

我以为,这样卓越的法律人除了要具备系统的法律知识这个"硬实力"以外,还要具备很强的"软实力"和"巧实力"。如果说智商(Intelligence Quotient,IQ)是硬实力的话,情商(Emotion Quotient,EQ)就是软实力,而德商(Moral Quotient,MQ)和职商(Career Quotient,CQ)可谓"巧实力"。所谓德商,就是要求法律人具有比一般人具备更高的道德素养,严格遵守法律职业道德。所谓职商,就是要求法律人具有明确的法律职业发展规划。一个法律人的IQ、EQ、MQ和CQ是其综合素质的不同方面。在现实生活中,决定一个人成功的关键有时不是智商,而是取决于情商、德商或者职商方面的"软实力"或者"巧实力"。

研究表明,我国的中小学教育对智商的开发已达到90%以上,大学教育对情商的培养不到50%,而对德商和职商的开发不到20%。希望同学们在今后的工作和生活中更加注意情商、德商和职商的培养。

三、关于事业

也许有些同学认为,谈事业目前离你们还太遥远。其实不然!

从你选择法律专业的那一刻起,我们法律人的共同伟大事业就是法治中国和国际法治社会建设。而一个法治社会的形成,需要每个人的共同参与。因此,如果你是教师,培养更多优秀法律人是你的事业;如果你是研究人员,产出更多对中国法治建设有影响的成果是你的事业;如果你是法官、检察官,严格公正执法是你的事业;如果你是公务员,严格依法行政是你的事业;如果你是律师,依法维护当事人的合法利益是你的事业。即使你毕业后不从事法律工作,你在工作和生活中自觉遵守规则也是你对法治中国的贡献。

同学们,大学毕业时你追求的是就业,5 ~ 10 年后你要思考职业发展,15 ~20 年后你如果关注中国乃至世界的法治建设,一定是一个成功的职业人生。因此,希望你们在生活中幻想,不要在幻想中生活,因为任何伟大的事业和成功都是从基层做起、从基础做起的。

同学们,每个人的最终目的地是一样的,但人生目的各不相同。祝愿在座的每一位同学早日实现从就业到职业再到事业的跨越!“朝着理想,勇敢前进”!

2012 年致辞:难说再见

2012 年 6 月

各位亲爱的同学、毕业生家长、法学院同仁:

这些年每到这个季节,我都要花一些时间思考,我们法学院是否已经给了今年的毕业生最好的法学教育,以及我该利用毕业典礼的机会向毕业生说些什么。

作为法学院院长,我常常扪心自问,我们给各位的,自然还有不足之处。比如,我们教师人数不足,有些教师的投入也不够,经费并不充分。但我想各位也同意,我们不少老师怀着高度的热诚在从事着教学和科研工作。这批热诚的老师,加上诸位优秀的学生,造就了武大法学院今日在国内外的地位和声誉。

今天的毕业典礼,最重要的是要向各位毕业生致上最诚挚的祝贺!祝贺你们在国内一流法学院顺利完成了学业。我坚信:你们的前途一片光明。因为4年前,你们在法律上大体上是一张白纸。从今以后,你们是完整的法律人,甚至很快会成为社会上人人称羡或敬重的专业人士。

除了祝贺以外,我想在此把我在各位毕业纪念册上的赠言再唠叨几句,那就是"学会感恩、体味感动,成就感人法律人生"。

一、学会感恩

所谓"感恩",不只是对别人说声"谢谢",而是一种说不出口的、在心里装一辈子的债务。因此,感恩的人无论住在哪里、财富多少,都懂得生活的艰难。也就是说,感恩的人懂得因果关系,懂得自己哪怕能活一分钟都要仰仗无数的因缘和资源的支持。这些因缘关系到父母、朋友、同学等很多你认识甚至不认识的人,这些资源包括无数社会系统、环境系统和文化系统的福佑。所以,感恩首先要感谢粮食,是它让人们生存下来并生活下去;还要感谢水、草木、鲜花、小鸟、晴空、土地和干净的空气,尽管它们不是为了人们享受而存在,但人们享受了就不要打扰它们,更不要伤害它们。

以上是大因果，在小因果的感恩链条里牵连着父母和所有帮助过我们的人。对父母不孝，相当于对自己判刑，剥夺信任权利终身。对于这种人，发现一个，就要远离一个，永远不要结为朋党。而帮助过我们的人，无论他现在贵贱、愚贤，都要感激，不因时过境迁而轻慢。

事实上，感恩是一种心态。一个人如果只感激帮助过自己的人，仍然是小气的，或者冷漠的。他们把人分为助己和非助己两类，这叫势利眼。对天地无感恩之心，对人的感激必然短暂。

感恩也是一种世界观。感恩的人把自己看得很轻，把别人的帮助看得很重，觉得意外，因而难忘，常存报答之心。

感恩还是一种自爱。感恩的人一定对别人的帮助感到不安，不是别人欠你，而是你欠别人。这里的“欠”不是欠情，而是未报答。如果没有机会报答施主，也会帮助他人。

二、体味感动

所谓“感动”，无须言语的华美词句来修饰，也不要用眼泪的晶莹来映衬，需要的是颗真诚的心来感应。体会了感动，便领悟了深刻的哲理，品味了生活的真谛。因为人总是在群体中生活着。世界是充满竞争与挣扎的世界，也是弥漫了人间爱意的世界。善良是大自然赋予的财富，世上每个人都活在别人的善意中。如果一个人常常静静思考与回味，心中便多了一眼汩汩涌动的温泉，多了一份暖暖的爱意，自然而然，便拥有了一笔更大的财富。

因此，我们要去寻求感动，包括思考母亲的唠叨、倾听朋友的心音、细细体味那些真诚的关怀和信任。唯有如此，我们才能找到人间的情感和生活的真理。有了感动，体会感动，便有了宽以待人、有了友谊和关怀、有了欢笑和开心，也就有了一段精彩的人生。可以说，在信息化社会，更需要我们在平凡中体味感动，在感动中升华人生。

三、成就感人法律人生

所谓"感人法律人生"，一定是你的工作、事迹、人格或者精神让别人感动。要做到这一点，大概要经过就业、职业和事业三个阶段。因为就业是要养活自己，职业是为了一个良好的职业共同体，事业则是为了国家和社会的兴旺发达。我们法律人共同伟大事业就是法治中国和国际法治社会建设。而一个法治社会的形成，需要每个人的共同参与。因此，如果你是教师，培养更多优秀法律人是你的事业；如果你是研究人员，产出更多对中国法治建设有影响的成果是你的事业；如果你是法官、检察官，严格公正执法是你的事业；如果你是公务员，严格依法行政是你的事业；如果你是律师，依法维护当事人的合法利益是你的事业。即使你毕业后不从事法律工作，你在工作和生活中自觉遵守规则也是你对法治中国的贡献。

如果说大学毕业时你主要追求的是就业，5 ~ 10 年后你一定要思考自己的职业发展，15 ~ 20 年后你如果关注中国乃至世界的法治建设，一定有机会成就感人的法律人生。因此，希望你们在生活中幻想，而不在幻想中生活。

同学们，作为奥运年的大学毕业生，请你们在观看奥运会的时候认真体味那些感动、那些激情、那些梦想、那些坚守和那种"更快、更高、更强"的奥运精神，并作用于你们个人的生活和工作。最后，我想引用北京奥运会闭幕式主题曲《难说再见》来结束我今天的讲话:“习惯幕起幕落,总以为明天还很多;没想到这笑脸,会让我难过;习惯一起走过,没想你不在的生活,泪雨是阳光闪烁,也是避风的角落,离开会成最美的洒脱。眼是心的守诺,我和你不逃过,你是我一辈子的收获。难说再见,你的微笑遗落在我眼前;难说再见,永远不忘转身瞬间,海阔天空在明天,再相见。”

2013年致辞:寻梦有志　追梦有恒　圆梦有时

2013年6月19日

各位亲爱的同学:

上午好!首先,请允许我代表法学院全体教职员工对你们顺利完成学业表示热烈的祝贺!法学院安排我在这里讲话,主要是希望我代表所有老师对你们说一些临别的话。

在法学院的几年,尽管我和你们的交流不多,法学院的服务、管理和教学也还有不尽如人意的地方,但我相信你们已经从老师身上体会到了武大法学的优良传统、感悟到法学的博大精深、学习到法律的知识技能、领悟到法治中国的美好前景。在这里的几年,我想你们一定都经历过迷茫与顿悟、挫折与成功、忧伤与快乐,分享过激情与感动、光荣与梦想、友谊与爱情。所有这些经历、分享与感悟,深深地埋在你们的毕业证和学位证里面,一定会成为你们一生取之不尽、用之不竭的财富!

今天的毕业典礼，是你们实现个人梦想的标志，也意味着一个新阶段的开始。从今往后，你们的学习、生活、工作都会发生很大的变化，这需要你们有新的梦想、新的追求。而“梦想”毫无疑问是当下中国的热门话题。在此，我给你们的临别赠言是：“寻梦有志、追梦有恒、圆梦有时”。

一、寻梦有志

毫无疑问，每个人都有不同的梦想，而且，人生的梦想总是随着成长而改变的。比如说我自己，读高中时候的梦想是做一名维护社会公平的律师，因此考入了西南政法大学，并在全年级近700名同学中以4年总成绩第一名毕业；大学本科毕业时，由于一学期专业实习的影响，我的梦想改变为做一名教师，因此考入了武汉大学法学院，成为一名国际私法硕士研究生；在研究生2年级时，出于对学术研究的兴趣和享受，我的梦想是做一个名副其实的教师，因此提前一年报考博士研究生，并顺利考取了武汉大学法学院国际私法博士研究生；博士毕业时，我的梦想是在武汉大学做一名真正可以“传道、授业、解惑”的教师，因此抗拒了当时“孔雀东南飞”的诱惑，义无反顾地留在武汉大学法学院从事教学与科研工作；担任法学院院长以后，我的梦想是做一名“讲诚信、有责任、敢担当”的教育工作者。

另外，即使每个人的梦想相同，各自的理解也不一定完全相同。比如，每个人都在追求爱情幸福，但爱情有时像“三国”，合久必分、分久必合；爱情也像“西游”，九九八十一难，才能取得真经；爱情更像“红楼”，总有一些人把它奉为圭臬，耗费毕生研究它；爱情最像“水浒”，管你有多轰轰烈烈，最终都得被生活招安。

因此，大家在毕业之际，一定要有新的梦想。这些新的梦想，既要有贴近现实的小梦想，更要有能够预期的大梦想。如果每个人的梦想与“中国梦”相联系，就会汇聚成实现“中国梦”的强大力量。为此，我希望你们志存高远，因为有志才有希望、有志才有力量。青年人的特点是有朝气，应该敢想、敢闯、敢试、敢拼。不仅要有志，还要立大志，有大志才能走得更高远。只有围绕实现中华民族伟大复兴的梦想来行动，才能迈出更加坚实的步伐，肩负起时代赋予的责任。

二、追梦有恒

人们常说：“有了梦想才会有奋斗的目标”。确实，梦想就像一粒种子，只有那些勤劳、勇敢、拥有坚持不懈精神的人才能让它开花结果。相反，如果不付出实际行动，梦想永远只能是梦想。

事实上，美好的愿望往往不是轻易就能实现的，必然会遇到困难、挫折和挑战。因此，成就梦想尤其需要持之以恒的精神。要想做到“踏石留印、抓铁有痕”，全靠一个“恒”字。坚持不懈，坚忍不拔，咬定青山不放松，才能够不断积小政为大政，积小业绩为大业绩，积小成就为大成就。所以，我希望你们既仰望星空，又脚踏实地，切忌好高骛远。

在荷兰的一个小镇上，有一位年轻的看门人，也许是因为工作太清闲，为了打发时光，他选择了打磨镜片作为自己的业余爱好。就这样，他看门 60 多年，也把那神秘的镜片打磨了 60 多年。功夫不负有心人，凭着自己研磨的镜片，他看到了当时人们未知的微生物世界。此后，他声名远播，只有初中文化的他，被巴黎科学院授予院士头衔，这位一生磨一镜的看门人，就是活到 90 岁高龄的科学家虎克。

虎克的成功给世人一条闪光的人生理念："一生干好一件事"。因为宇宙无限、人生有限，每个人只有把有限的时间、精力集中起来，做一件应当做、可能做好的实实在在的事情，才有机会做好。因此，目标、梦想一旦确定，我们必须凝聚自己的全部心力、体力，心无旁骛、坚守初衷、直到成功。

三、圆梦有时

事实上，真正能够实现梦想、走向成功的"执着者"只占很少一部分，更多的追梦人可能并没有取得骄人的业绩。可是，我觉得他们同样伟大，因为他们身上同样闪耀着执着的魅力。他们可能要放弃很多，如节假日的休息、世俗的娱乐，他们得忍受失败的折磨、得面对挫折带来的烦恼，甚至得正视别人的风言冷语。这都是"执着者"必须付出的代价。

但"执着"对于"执着者"来说，是一种生活姿态、一种珍爱生命的姿态、一种与世俗抗争的姿态，一种对生命每一瞬间注入激情的姿态。而"执着"二字说易行难，因为每个人身上都有惰性的因子，都有一种与执着相反的力量牵制，有财富、地位、名望等现实利益的制约，有事与愿违的打击，这些都容易使人半途而废。但我们的时代越来越需要"执着者"，无论是伟大的事业，还是平凡的工作岗位，甚至是日复一日的生活琐事，都需要"执着"，因为"执着"让人的生命更加精彩。

同学们，一生磨一镜，是做人的一种方式、一种风格、一种活法。贝多芬之于音乐、毕加索之于绘画、柏拉图之于哲学、司马迁之于历史、曹雪芹之于文学等，都与虎克的一生磨一镜的精神是一致的。

作为一名法律人，我对中国社会的梦想是什么呢？记得1998年我第一次到哈佛大学作访问学者，在波士顿两个超市的经历，让我至今难以忘怀。那是我第一次到波士顿中国城买东西，先到一家美国超市，按照国内惯例，我走到一个类似咨询台的地方，问存包处在什么地方。说了半天，那位姑娘就是没有听明白。最后，我指指自己的包，她才恍然大悟，忙说不用、不用，你拿着进去吧。之所以大费周折，一方面，因为初来乍到，我的英语水平还不足以清楚地表达自己的想法；另一方面，恐怕与美国超市没有存包服务有关，那位姑娘根本就没有这个概念，因此更难明白。

带着被充分信任的感觉，我心情愉快地离开了这家超市，到隔壁的中国超市去买菜。有了刚才的经历，我提着包径直往里走，一个黑人保安拦住了我，用手示意我要存包。我先前的愉悦一下子消失得无影无踪。

超市这种最生活化的场景、购物这样最平常的事情，因为形成如此强烈的对比，让我常常思考其原因。也许有中国人到了美国也在超市拿东西，让人不放心；也许还是中国人更了解中国人，需要防范有人顺手牵羊，使中国人即便到了美国，还是中国式的管理思维和习惯。

究其根本原因，基督教认为人有原罪，人性本恶，因此主张以制度和法律来约束人，并认为有了好的制度，坏人也会做好事；没有好的制度，好人也会做坏事。中国人认为人性本善，通过道德教育，“人人皆可为尧舜”，因此认为制度不管用，再严的制度也是由人来制定和实施的。

其实，任何社会的管理都是制度与教化并行兼施，但中国无疑更注重道德教化，西方更注重法律惩戒，这是基于人性善恶的不同认识导致了两种不同的社会制度与文化观念。但在这两个不同的体系下，个体享有的自由和对自由的享用。

在人性本恶的大前提下，西方的法制系统对于人的“恶”的方面做了很多预防和遏制，在人的“善”的一面没有保障的时候，起码能够遏制“恶”的一面。正因为有了法律的确认与保障，在法律规则允许的范围内，个人能够享受来自国家和社会最大限度的信任，从而享有更多的自由。但美国法律深入了日常生活的细枝末节，涉及之广令人瞠目结舌，这是法律的泛化、琐碎和繁杂，繁杂到普通人根本搞不懂的地步，凡事都得咨询律师。所以，全世界80%的律师在美国，这是法律主宰的社会，把人隔离成一个个礼貌、自由而孤独的个体，法律就成了冰冷的工具。

在人性本善的假设下，社会对个人道德教化的重视高于社会制度的构建，把社会的长治久安寄托于个人修养。但人性远非善恶那么简单，在人性本善的认识基础上，只重视对“善”的培养，“恶”的一面得不到应有的遏制。因此，一方面，中国人处理事情随机灵活，在尽可能的范围内摆脱承诺或规范在形式和细节上的羁绊；另一方面，因为中国文化缺乏严明的法治，哪些应该做、哪些不应该做，缺乏明确的尺度，人们不会在错事面前望而却步，思维在对错之间、模棱两可的边缘上徘徊，这种灵活变通就容易被滋养成肆无忌惮、为所欲为，这种情况下的中国式自由便在道德、规则之外无限度放纵。

正如中国古语所言：“法能刑人，不能使人廉；法能杀人，不能使人仁。”沈从文也说：“法律注重在使人不敢作恶，道德却能使人乐于向善。”这些话将这两种文化的长短优劣揭示得一目了然。我相信大家一定都向往生活在这样的国家和社会——国家信任民众,民众信任国家,人与人之间相互信任,生活自由而简单,温情而幸福。

同学们,“寻梦有志、追梦有恒、圆梦有时”,这既是我的希望,更是我对你们的祝愿。

2016 年致辞:独立思考　法治信仰　勿忘初心

2016 年 6 月 18 日

各位亲爱的同学、尊敬的老师,还有兴奋的家长们:

首先,祝贺你们总算“熬”到毕业了! 我之所以用这个“熬”字,大概因为只有这个字才能反映这些年来同学们的煎熬、老师们的无奈以及家长们的期待。前两天,我在越南河内参加亚洲国际法学会组织的学术会议,你们的同学王意顺联系我,希望我为法学院 2016 届毕业纪念册写几句话。由于 9 年前我给自己定了一个规矩——每年的开学典礼和毕业典礼致辞尽量不要重复,所以我想了好半天。幸好我的任期马上到了,以后不必再为此费神! 考虑到同学们毕业后有的要深造求学、有的要就业谋生,还有的要从政造福,我写下了 3 句话:书读多了别丢了思考、钱赚大了别失了信仰、官当高了别忘了初心。

大家知道,重要的事情说三遍! 我今天就在这里再说一遍。

一、书读多了别丢了思考

记得在前年武汉大学组织的“读书节”的颁奖会上,我曾经说过："只有好读书、读好书，才能读书好！"李晓红校长补充说："应该还有一个书好读"。细细想来，书真的好读吗？我以为：只有独立思考的读者才能与作者对话，也只有独立思考的读者才能掌握问题的本末，了解事物的始终。正如《大学》所言："物有本末，事有始终。知所先后，则近道矣。"孔子说的"学而不思则罔"强调的就是这个道理。

但是，请同学们注意，互联网时代正在侵蚀人们的读书习惯。大多数中国人的教育观念是把读书视为儿童进入社会获得知识和技能的手段，所以有了"知识改变命运"的口号；其实，知识本身未必能够改变命运，真正能够改变命运的是人们读书既久而习得的一种健全的人生态度。

同学们，在你们求知的时候，学进来的东西如果没有与你原来的知识碰头，只能摆在那里，不发生"化学反应"，无法变成你自己的"养料"。人的胃能够处理各种食物，自动把它们分为营养和废料，再根据人体的需要，分别输送给不同的器官。读者需要动脑思考，吸收书本上的知识，为增长学问所用，这和胃的功能是一样的。谈到"化学反应"，不仅对个体重要，对一个团体也同样重要。想必昨天很多同学都看了 NBA 总决赛第六场，到底是"勇士"还是"骑士"能够最终问鼎，到这个级别的比赛，我看关键是哪个队的"化学反应"更好。

光读书不思考，容易养成照搬书本教条的习惯。这种人如果是普通人，其言行固然可笑，顶多是个迂腐的书呆子，无伤大雅；但如果委以重任，后果就很可怕了。三国时期的马谡照搬兵书教条，导致街亭失守、自己被斩；第二次革命战争时期的共产国际军事顾问李德,照搬苏联军事学院教科书,指挥红军与强敌打阵地战,使中国革命几乎遭受灭顶之灾。

由此可见,读书与思考密不可分。只有把两者有机结合起来,才能有助于个人的进步和事业的发展。我们每个人应该牢记先贤的教导:“既读且思、勤读善思、熟读精思。”千万不要死读书、读死书,最后导致读书死!

二、钱赚大了别失了信仰

许多西方人认为中国人没有信仰,也有不少人认为中国人信仰的是金钱,而易中天认为中国人“有信无仰”。事实上,虽然大多数中国人没有宗教信仰,但并不意味着中国人就没有信仰。因为信仰不一定与宗教有关,但一定与我们内心的充实和安定有关。

简单回顾我国改革开放以来的进程,可以发现:头20多年,要解决人和物质之间的关系,所以“温饱”“小康”“翻两番”,全是物质概念;经过20多年的发展,当物质达到了一定程度,“和谐社会”成了我们的目标。“和谐社会”不就是要解决人和人之间的关系吗?历史发展到今天这个阶段,中国人开始面临着如何解决人和自己内心之间的关系。正如白岩松所言:“富裕之后,你总该信些什么,比如真诚,比如友情,比如适可而止,比如‘善有善报、恶有恶报’,只有让自己安宁,也让周围的人被感染,才能幸福。”

今日之中国,已经开启了全面依法治国的新时代,也开启了法治信仰的新时代。作为院长,我当然希望我们法学院的每一名毕业生心存法治信仰,用法治思维和法治方式去迎接各种艰难险阻,化解各种矛盾挑战。

因为法治信仰的意义于国重要，于民同样重要。综观中外历史，君主的英明、军队的强大、疆土的广博，可能造就国家一时繁荣强盛的盛世景象，却大都未能在自由、平等、公正方面，给予社会个体持久有效的保障。对于个人而言，法治是自由、平等、公正的避风港，是秩序与正义的守护神。国王的权杖老百姓够不着，士兵的武器普通人拿不到，只有法律才是保护公民权利最现实、最直接、最有力的武器！

法治不是立在广场上的雕塑，也不是摆在柜子里的花瓶。只有被信仰，法律才有尊严、权威和生命力，才能在人们心里树立法律至上的理念。正如著名法学家伯尔曼所言："法律必须被信仰，否则它就形同虚设。"

但何为"信仰"？能被证实的东西，都是知识，接受知识不叫"信仰"，那是"理性"。"信仰"针对的是看不见、摸不着、尚未实现甚至根本无法证实的东西，"信仰"只能凭着内心的激情去把握和确认。因此，"信仰"本质上是一种"偏见"，只不过这种"偏见"超越现实的具体情景，带有稳定的价值判断和强大的自我说服功能。

怎样在我国建立"法治信仰"呢？只有坚守对法治的乐观，就是坚信法治的好处，就是相信法治一定会在中国生根发芽、茁壮成长。如果每个人，尤其是我们法学院的毕业生，都自觉且真诚地抱有这种乐观，法治在中国的发展便有了意识和观念基础，"法治信仰"才会慢慢地形成和普及。可以说，当你选择了法律专业，"法治信仰"就成为你最基本的义务。

三、官当高了别忘了初心

毋庸置疑，未来中国法治建设需要更多法律人走上为官之道。

武汉大学最近把本科人才培养目标定位在“领袖人才和国家脊梁”，看看法学院的杰出校友墙，其首选标准也是“高官”。我想提醒你们，当官是一种高风险职业，你要清楚自己能否“Hold 住”。对此，有两点很重要。

第一，勿忘初心，方得始终。所谓“初心”，就是最初时候人的本心。一个党员干部的不忘初心，就是不忘自己的入党誓言、就是不忘党的宗旨、就是不忘本。而要守住初心，就要不断强化理想信念，筑牢思想防线，加强党性修养，坚守共产党人的精神高地；要守住初心，就要牢记党的宗旨，以人民利益为最高利益，始终站稳人民立场；要守住初心，就要“见贤思齐，见不贤而自省”，不断消除思想上的污垢；要守住初心，就要坚持慎初、慎微、慎独，大事小事不苟且，时时处处不放纵，不存侥幸之心，不生非分之念，以克勤克俭的态度善始善终，谱写洁白高尚的人生篇章。

第二，不失人性，才保党性。前段时间，一条法院院长“论党性不论人性”的帖子在微博热传。据说该法院院长还是某知名大学法学院的毕业生。关于“党性”与“人性”的关系，到底是本与末、源和流，还是并生互促或者基础与升华？我没有什么研究，在此不敢妄加断言。

但我以为，党员干部也是人，不能脱离“人性”谈“党性”。因为人作为生物存在、万物之灵，同样具有生物本能、人性本能。而本能是内存于“人性”中根深蒂固的东西。共产党人经常宣传，“共产党员是特殊材料做成的”，但并不是天生就是特殊材料做成的。作为一名党员，首先是人，然后才是党员。我们讲“人性”也好，讲“党性”也罢，必须认知和了解“人性”中内在的本能，如生存本能、善恶本能、自我实现的本能等。只有正视、承认、尊重这些“人性”中的本能,才能始终坚持“党性”、不断纯洁“党性”。所以我说:不失“人性”,才保“党性”。

同学们,独立思考、信仰法治、勿忘初心,这就是我对你们的临别赠言。

第二编　教　法　律

法律的“教”与“学”之革命

信息化时代法学教育的理念、模式和方法都需要一场革命。

一、教学理念

在知识爆炸和信息技术飞速发展的今天，利用互联网进行法学教学不仅可能，而且十分必要，也是培养创新性法学人才的必然要求。创新人才的培养离不开新的教学方法和教学模式的采用，正确的教学理念是教学模式和方法创新的前提和关键。因为教师的教学行为是受理念支配的，教师只有更新了教育观、教学观、师生观，才可能有全新的教学行为，才可能设计出新的教学模式和方法。适合于互联网教学的理念可以归纳如下。

（一）变“以教师为中心”为“师生共同探索”

传统的法学教学是在“老师讲学生听”的理念支配下进行的，教学是以老师为中心，学生围着老师转，学生处于被动接受知识的地位。在这种环境下，学生养成了对老师的依赖，习惯于被动接受，不敢也不想向老师提出问题。根据我的调查，64% 的同学表示害怕老师提问。这样一来，从事法律职业所必需的一些技能，如归纳概括能力、口头表达能力、分析推理能力等，在课堂教学中得不到必要的训练，学生的个性和创造性也被抹杀了。因此，必须变“以教师为中心”为“师生共同探索”，让法学院的学习成为“在老师的参与、指导和建议下，学生积极主动地获取知识和应用知识，形成必要的职业技能和正确的职业观念，发展创新精神和创新能力的过程”。

对此，我们要从重新认识师生关系的高度来看待这个问题。华东师范大学陈桂生教授在其《“教育学视界”辨析》一书中提出了师生关系的三重性：(1)作为教育工作关系的师生关系原则：教学相长；(2)作为一定历史时期社会关系缩影的师生关系原则：民主平等；(3)作为一般人际关系的师生关系原则：尊师爱生。① 其实，孔子可以说是“师生兼顾”的榜样，他与学生共同生活，他照顾学生、关心学生、接受学生的种种提问，而且善于解答。他随时随地启发学生学习，由此养成了师生间互相学习的学风，同时培养了师生间深厚的感情，起到人格感化作用。由此，孔子成为学生的良师益友，学生成为孔子的优秀弟子，孔子爱护学生，学生敬仰孔子——这样的亲和关系，是合情合理的师生关系，也是我们今天应倡导的师生关系。

(二)变“以教材为中心”为“教材和课外读物并重”

传统法学教学以课程为中心，每门课程由任课教师选定一本教材，老师和学生都围绕教材进行“教”与“学”，考试一般也不超出教

① 参见陈桂生：《“教育学视界”辨析》，华东师范大学出版社 1997 年版，第 234 页。

材的范围。目前,法学领域的每一门课程不下 20 种教材,教材的质量有较大区别,教师在选择教材方面有很大的随意性。因此,这种方法只能使学生掌握这门课程的基本知识和基本原理,对培养学生发现问题、分析问题、解决问题的能力和了解国内外理论和实践前沿动态显然是不适应的。因此,我们要变"以教材为中心"为"教材和课外读物并重",在课堂讲授、讨论和课后阅读、研究材料的分配上要加大比例。根据我的调查,61% 的学生主张教材占课堂讲授内容的一半。从我国在校大学生不同专业的学习任务来看,法学专业学生的学习任务和必需的阅读量相对较少,这对我们变"以教材为中心"为"教材和课外读物并重"留下了一定的空间。

(三)变"以课堂为中心"为"课堂与课外并重"

多年以来,我国大学的专业教师与学生的交流比较少。非常普遍的现象是:老师在上课铃响以后走进教室开始讲授,下课后老师夹着讲义离开,学生少有机会向老师请教。根据我的观察,一门课程学完以后,常常有 80% 以上的学生没有和老师讲过话。至于学生学得怎么样,有什么意见,教师常常不得而知,只是用形式单一的并不科学的弹性很大的期末考试作唯一的评价标准,检查学生的学习效果。因此,在课程学习过程中,学生最关心的是考试,只学习甚至死记硬背老师讲过的章节。这种状况是培养不了合格的法学专业人才的。所以,每一门课程的教学过程应该变"以课堂为中心"为"课堂与课外并重",要求学生进行适量的课外学习(包括课前预习和课后复习),并采取适当的方法把它与课堂教学活动联系起来。只有这样,非常有限的课堂教学才能得到延伸,学生的阅读量和知识面才能扩大,一些基本技能才能在不知不觉中逐步形成。

（四）变“以传授知识为中心”为“传授知识与培养能力并重”

长期以来，我国教育的主要目的在于“传授知识经验”。这在社会变革、知识更新速度缓慢的时代较为适用，但在科技信息日新月异、文化变革风起云涌的今天，这种状况已经不适应了。多少年来，在“以传授知识为目的”的理念下，许多老师已经形成了“讲得越多越好、越细越好”的观念，他们在课堂教学过程中，无论是制订教学目标、设计教学方法，还是开展教学活动，自觉或不自觉地把注意力集中在知识传授上，而忽视了能力、观念和创新精神的培养。无论哪一门课的教学，必从知识的源头讲起，一点也不想漏掉，否则就会感到“不够系统、不够完善”。这种方法容易使“知识的洪流麻木了学生的头脑”。[①] 因此，我们要变“以传授知识为中心”为“传授知识与培养能力并重”，在确定教学目标、设计教学内容、选择教学方法时，要特别注意能力和创新精神的培养。在指导学生自行获取知识和应用知识的过程中，教师的讲授要画龙点睛，能启发学生去思考。改变过去只重视教学效果、忽视学生参与过程的状况，将教学过程变成学生能力和创新精神形成与发展的过程。

（五）变“以学会为中心”为“以会学为中心”

“学会”与“会学”是两个截然不同的理念。传统的教学目标是让学生“学会”已有的知识；而“会学”强调学生自行获取和运用新知识，并能够更新知识。要实现“以会学为中心”的理念，必须利用新的教学模式和方法，推动学生个性的“充分运转”，以达到人人自我确定而激发其创造力的目的。这种新的教学模式和方法必须具有

---

① 姜瑛俐：《创新教学模式与方法》，东方出版中心 2001 年版，第 19～20 页。

探究和研究的性质，通过"问题教学"来实现教学的思维功能。

二、"问题教学"模式

通过研究和实践，我认为"问题教学"模式是比较适合法学教学的。这种模式把学习设置到复杂、有意义的问题情景中，通过让学生合作来解决真实性问题，学习隐含于问题背后的法律规则，形成解决问题的技能，并形成自主学习的能力。在这种模式中，学生可能不像教师系统讲授那样获得系统的知识，但可以按已有的知识结构建构自己的知识系统。根据建构教学论的观点，学生学习、拥有知识的主要或必经途径之一就是建构。外在的知识系统无论多完备，如果没有转化为学生自己的知识系统，也不能发挥任何作用。由于每个学生原有的知识结构不同，即使教师拿出最大的本事，每个学生所建构的内部知识系统也不是一样的。这就打消了那些担心若不系统向学生传授知识，学生就不可能具备系统而扎实的基础知识的后顾之忧。[①] 事实上，学生通过自己主动建构可能更有效地获得扎实的知识，形成自己的知识系统。

作为一种问题取向的教学思路，"问题教学"模式在很大程度上体现了"建构主义"思想，如将学习与更大的任务或问题挂钩、使学生投入问题中、设计真实性任务、鼓励自主探索、激发和支持学生的

---

① 我在采用这种教学模式之前也有这种担心。在前 3 周，我在同学中进行了调查，发现有近 20% 的学生有此忧虑。我告诉学生，忘掉考试，积极参与所有的教学活动，一定会取得好成绩。其实，那时我心里也没有把握。但在期末考试时，我让同时开设这门课的其他老师出题考试，通过评卷发现，许多没有在课堂上讲授的内容，学生通过自学已经掌握了，笔试的成绩很理想。这使我坚信这种教学模式是适合法律教学的。

高水平思维、鼓励争论、鼓励反思学习内容和学习过程等。它更加强调以"问题解决"为中心,多种学习途径相结合和学生之间的交流合作。在这种模式中,教师通过精心设计学生现有知识不能轻易解决的问题,要求学生分头进行学习。通过引导学生解决复杂、实际的问题,使学生建构起宽厚而又灵活的知识基础,发展有效的问题解决技能,发展自主学习和终身学习的技能,成为有效的合作者,激发学生的学习动机。

下面从问题教学模式的一般过程、问题的设计和教师的作用等方面来说明这种模式的组织和实施内容。

(一)"问题教学"模式的一般过程

"问题教学"通过提出和解决问题来实现法律知识的建构,其实施可以包括以下环节:

1. 组织小组。在开始一个问题之前,教师根据需要将学习者分成若干个小组,为学生合作学习建立基本规则,使学生和教师相互了解和熟悉,营造良好的、毫无偏见的氛围。

2. 教师课前布置问题。在开始一个新的知识点之前,教师要给学生提供一个或多个复杂的问题,这个(些)问题应尽量是中国现实生活中发生的客观事实,能够吸引学生。要圆满回答和解决这个(些)问题,学生必须学习和掌握哪个(些)新的知识点。

3. 学生发现和提出问题。学生在自学新知识点的过程中,要善于发现和提出新的问题。开始的时候,学生和教师要对解决问题形成共同的目标。学生可能会向教师提出问题,以便获得有关的信息,也可能通过自己的探究活动获得更多的有关事实、理论和立法的资料。在开始阶段,如果学生不主动提问,教师需要加大引导力度，如问学生是否应该把某些概念、规则或原理列入他们的学习要点；也可以问学生："通过这个问题你想学到什么"，以激发学生学习的兴趣，引导学生发现和提出问题。

4. 老师或学生回答问题。学生提出问题以后，教师要将所有问题归纳、总结为几个重点和难点问题，进行讲解和分析；必要时也可以请其他学生回答或解答问题，教师作必要的补充。

5. 学生讨论和争论问题。对于一些理论上有争论的重要问题，可以进一步让学生讨论甚至争论，以培养学生善于发现关键事实、正确理解和适用法律条文、强调引证法律条文背后的政策、形成必要的逻辑和辩论等方面的能力。此时，教师慢慢地"隐退"了，当学生对问题已经形成了一定的理解，但因某些知识的缺乏又严重阻碍问题的解决时，学生就会分头探究教师希望他们学习的知识。

6. 老师归纳和总结问题。对于每个知识点的学习、讨论和争论，教师都要进行简要的归纳和总结。这一方面可以帮助学生加深对知识点的理解，另一方面也可以引导学生有意识地反思问题解决的过程，提高他们提炼所学知识的能力。

7. 老师提出扩展性或前瞻性问题。对于一门学科中的某些重要问题，教师还可以对国内外理论前沿问题或与本知识点有关联的其他重要问题作简要介绍，以激发学生对本学科探究的兴趣。

（二）问题的设计

"问题教学"模式的主要特征是将问题作为学习的起点。因此，问题的设计和呈现是这种教学模式中成败的关键。一般来说，问题的设计应坚持下列原则：

1. 问题必须能够引出计划学习的基本概念和原理。在设计问题时,首先要确定学生需要获得的基本概念和原理,由此出发,设计需要解决的问题。

2. 问题尽量是开放的、真实的、有争论价值的。将学习置于复杂的、真实的问题情景中,具有以下好处:学习知识的情景与以后应用知识的情景具有相似性,可以促进知识的提取;在解决问题的过程中掌握概念、规则和原理;先前学习的案例可以应用到类似的问题解决过程中。

3. 问题必须能够激发学生的动力,鼓励他们去探索、学习。一个好问题能够随着解决问题的进程自然地给学生提供反馈,让他们能很好地对知识、推理和学习策略的有效性进行评价,并促进他们进行预测和判断。

4. 问题的选择要考虑到教学的具体目标以及学生的知识、技能水平和动机态度等因素。

(三)教师的作用

在"问题教学"中,学生是积极主动的学习者,但这并不意味着可以忽视教师的作用。相反,教师能否运用具有促进性的教学技能,对"问题教学"的效果具有决定性意义。根据我的实践和总结,教师应该在以下方面发挥作用:

1. 有效引导。这要求教师就学生的推理过程进行提问和启发,鼓励他们提出批判性评价,帮助学生在问题讨论中协调、整合基本知识与实际技能等。

2. 制度设计。这要求教师在正式上课前宣布自己的课堂规则,使每位学习者了解、明确问题教学模式对学生的要求,并要采取切实措施实施这些规则和要求。因为中国学生已经养成了被动学习的习惯,根据我的经验,教师在前几周必须采取强有力的措施检查学生的学习情况,并把这种检查结果列入对学生的评价指标中去,促使学生课前预习,"问题教学"模式才可能进行下去。①

3. 强调互动。教师要帮助学生建立良好的合作关系,引导学生践行"问题教学"的各个环节,确保所有学生都参与其中,要鼓励学生外化他们的思维过程,支持他们相互评论。

4. 追问与肯定相结合。教师对待学生的回答和提问,既要不断追问,引导讨论问题的深入,又要及时、充分肯定学生回答的合理部分,保护学生参与教学的积极性。这一点可以说是我的一点教训。武汉大学的梁西教授在听完我的课后提出的一点改进意见:"在与学生讨论时,多肯定学生、赞扬学生,以培养其积极性。"学生在问卷调查时给我提的建议也有:"老师应多一些微笑,少一些严肃;多一些循循善诱,少一些发炮式提问。"

5. 及时根据反馈意见进行调整。教师在上课前准备的教案、教学内容、方式和速度的安排要随时根据学生的知识水平和反馈进行调整,最大限度地满足大部分学生的需要。比如,我在讲授国际私法时,对前两章的教学安排了两种不同的方式和方法,然后根据大多数学生的选择,运用其中一种方式进行后面的教学,同时根据学生的反馈意见,不断进行适当的调整。

---

① 我采取的做法是提前10~15分钟到教室,询问学生有什么问题,发现没有预习的学生时,对他提出警告,或在上课时点他起来回答问题。大部分学生经过一两次警告或点名回答问题以后会提前预习上课内容。

三、具体的课堂教学方法

教学方法是实现教学目标和理念必不可少的中介。先进的教学理念需要有与之相适应的教学方法作中介才能得到充分体现。利用多媒体开展法学教学就必须创新教学方法。创新教学方法是针对传统教学方法而言的。传统教学方法主要有讲听式(教师讲学生听)、问答式(教师问学生答)、讲记式(教师讲学生记)、演看式(教师演学生看)。它们有3个弊端:一是学生学习被动化;二是教学过程单一化;三是教学活动成了教师的单边活动,学生很少参与,学生所做的就是听和记。学生上课是以记笔记的形式完成学习过程,他们就像是复印机、打字机,把教师讲的内容记下来,就算完成任务了。课堂上的内容并没有融为他们思想的组成部分,更谈不上丰富和扩展他们的思想。创新教学方法就是要克服传统教学方法的弊端,注重调动学生学习的主动性,提高教学的参与性;注重增加教学的多样性,提高教学对学生差异状态的适应性。

这些创新的法学教学方法包括以下几方面。

(一)情趣教学法

情趣教学法注重学生内部动机和学习欲望的培养,教师要借助形象思维和富有激励、吸引式的情绪,去调动学生的主动性、积极性,使学生的被动学习变为主动学习,促使他们独立自由地思考问题。有经验的教师都知道,在沉闷的课堂上,学生的表现只会是"情绪低落"。激发学生学习的热情,不能墨守某种固定不变的模式,而是要塑造生动活泼的情感氛围,抓住学生喜欢争论的心理特点,通过争论,有效地刺激情绪兴奋点,一步步地把学习情绪推向高潮。

因此,教师"课要上得有趣",必须能够激发学生的"情绪区",要让学生在学习知识时有所发现,在发现和顿悟中感受学习的乐趣,产生良好的学习情感。这种教学法要求:

1. 教师入情。在教学中,教师要用自己的热情去感染学生,激发学生的情感共鸣。教师授课入情,学生才能入境。教师上课要带一股激情,才能使学生的感情萌动。从这一方面来说,教师就是演员。

2. 尊重鼓励学生。教师在教学中要尊重学生,虚心听取学生的意见,真心诚意地鼓励学生,哪怕学生回答错了,也要给予鼓励。只有这样,学生的紧张心理才会逐渐消除,才会感到身心轻松,思维无拘无束,然后积极参与,踊跃发表自己的见解。课堂气氛民主了,学生的胆子大了,思考问题便有了深度和新意。

3. 巧妙引导激情。教师可采用设问等方法激发兴趣;用多媒体、实物、图片、幻灯等教学手段,调动学生的兴趣、活跃思维;用面部表情、姿势和语言来表达自己的内心情感,感染学生;用独特的思维方法解答问题,使学生感到惊奇、欣喜,得到一种思维美的享受,从而激发学生在今后的解答过程中更能大胆想象,对学习法律产生浓厚兴趣。

(二)案例教学法

案例教学法可以说是美国法学教育的标志,它是美国法学院进行法学教育的基础。使用案例教学法最主要作用是使学生参加相互直接交流式的学习,当学生阅读真实案例后来到课堂,教师可以有效地使用苏格拉底教学方法,①学生对一个问题的解答又构成下一个新问题,教师就这样引导学生走向真理或一个固有的矛盾,这一矛盾本身又向学生表明了推理过程中的缺陷。这种方法对培养学生办案和处理法律事务的能力、弄清法规和案例的能力,以及为客户的案情进行思考、推理和提出论点的能力是大有好处的。

近年来,我国法学院教师也大量开展案例式教学,但大部分是将案例作为示例加以运用的,即在讲授了法律规则和法律原理以后,举出案例加以说明,与美国式的案例教学法是大相径庭的。这种方法基本上还是"讲授式"的,学生的参与程度较低。我认为,适合中国法学教育的案例教学法的实施要点如下:

1. 教师最好在课前向学生提供案情事实。

2. 学生在课前准备以后,由学生在课堂上用最简洁的语言概括案情,以培养学生的概括能力和把握关键事实的能力,教师给予必要的提示和补充。

3. 由学生概括主要的争诉点,以培养学生发现法律问题的能力。如果学生不能准确地把握争诉点,教师要及时组织讨论和补充,引导学生在关键的问题上开展讨论,避免浪费时间。

4. 由不同的学生分别就每一个争诉点发表意见和相互评论,如

---

① 苏格拉底教学方法(the Socratic Method of Teaching):由哈佛法学院院长朗德尔(Langdell)在100年前极力倡导的一种法学教学方法。它是由教师问一系列有关案例的问题,改变每一个问题的假设条件,要求学生再思考每一个答案。因此,它需要学生的参与而不是单纯的讲授,就问题向学生发问,而不是说教。参见 Gerard Rauld,"Classroom Methods in American Legal Education"和 David Warren,"Legal Education in American:Some Advantages and Disadvantages",载郭成伟主编:《法学教育的现状与未来——21世纪法学教育暨国际法学院校长研讨会论文集》,中国法制出版社2000年版,第378~380页;第411~423页。

果没有学生主动发言，或者找不到不同的意见，教师要适时给予提示和引导，必要时可点名让学生站在不同的角度回答问题。

5. 当所有的争诉点都经过了充分的讨论以后，教师要进行高水平的总结，揭示有关法律规则的适用和问题背后的法律原理及政策。

6. 如果有其他类似的案例，可以布置给学生课后自己思考。

（三）讨论教学法

讨论教学法是在教学过程中，通过指导学生对某一具体事实中的争论性问题通过思索、讨论来增强学生的问题意识、参与意识、识别和分析问题的能力或优化学习有关知识、概念的方法。其突出特点是能给学生提供较大的交往活动空间，教师在研讨活动中能发现学生身上的闪光之处，并顺势激发学生的参与意识；适时地创造条件让学生敢于发表意见，大胆质疑。学生的讨论也常常伴有教师意想不到的创新，当教师发现了学生的创新并给予正确引导时，就能使教学的空间和境界都有创新。学生通过交流讨论，不断碰撞出思想火花，激发其求知欲望。这样，讨论一方面帮助解决学生在研究探索中遇到的具体问题，另一方面也拓宽了教师自己的信息覆盖面并增加了信息的收集量。①

这一教学方法主要采取以下步骤：

1. 提供含有问题的材料。教师必须先布置学生阅读课本及课外读物上的有关内容，这些内容可以直接反映一些争论性问题，也可以是隐含着的一些潜在问题。

---

① 参见姜瑛俐：《创新教学模式与方法》，东方出版中心 2001 年版，第 288 页。

2. 提出问题,展开讨论。在课堂上,教师既可以直接提出问题,也可以由学生提出问题。在实践中,我一般让学生充分提出问题,然后进行归类,集中回答学生的疑问。对于比较简单的问题,有时请其他学生回答;对于一些重点和难点问题,即使学生没有提出来,教师也应该提出来进行讨论。当然,对于讨论问题的深度,要根据学生的现有水平而定。

3. 做出总结。教师应该对学生讨论的结果以及对问题的回答进行归纳,做出结论性描述。值得注意的是,教师的描述并不是向学生提供那些问题的"标准答案",而是根据教学目标,画龙点睛地使学生明确本次讨论包含的原理、概念、方法和观念等。

(四)角色扮演法

在讨论案例的过程中,教师可以将全班学生分成不同小组,分别代表原告、被告和法官(仲裁员)对案情发表自己的看法和意见。这种角色扮演法有利于向学生揭示法律问题的复杂性和解决法律纠纷的程序要求。这种方法最大特点就是"参与"。它要求角色扮演者充分了解情况,站在各自的立场上据理力争,提高分析问题的能力,培养听取他人意见的习惯,增强解决问题的能力。这种方法是让学生完全参与到学习过程中,使学生真正成为课堂的主角。在这种方法中,教师的作用不是一味地单方面传授知识,更重要的是利用那些可视、可听、可感的教学媒体为学生做好进入角色前的准备工作,让学生产生一种渴望学习的冲动,自愿地全身心地投入学习过程中,并积极运用所学知识,在亲身体验中认识法律,发展能力。

实施这种方法的一般步骤如下:

1. 提供素材，即全面介绍案情。

2. 分配角色。角色的扮演者可以由教师指定，也可以通过推荐、抽签或根据个人意愿等方式确定。教师一般不扮演角色，但他是整个过程的设计者和仲裁者。

3. 每个角色在课前进行充分准备。

4. 进入场景。学生以自己的角色开始演出，这种演出不同于戏剧，无须事先排练，而是每个参加者以其角色的立场直接阐述自己的观点，反驳他人的观点。在学生扮演角色的过程中，可能会因某种原因使扮演过程暂停下来，这时教师要及时引导、指导，并更换学生，这样既可以使更多的学生参与，也可促使学生交流体会。

5. 反串角色。每个角色在准备自己的论点时，必须考虑对方可能提出的事实和法律理由。因此，反串角色可能使讨论的问题更加全面、深入。

6. 总结。教师要以仲裁者的身份，从总体上分析模拟活动中的问题。在分析时，容许学生继续以自己角色的立场适当提出异议，由教师解释。总结的目的是使学生从切身体会出发，对活动中的问题及解决途径达成一定的共识，从而实现教学目标。

总而言之，创新的法学教学方法必须具有多样性、灵活性和综合性。它不再是以教师为中心的教学方法，而是以学生为主体的方法、以创新为中心的多样的开放的教学方法。它不再是只使用以讲授法为主的单一方法，而是一组方法的综合应用。这样，对于同一内容，教师可以提供多种“教”和“学”的方法，对于同一学科，不同教师也可以提供不同的教学方法，学生可以基于不同教师的不同教学方法选择自己喜欢的教师作为学习的指导者，还可选择不同的学习方法。

四、本人的实践

从表面上看，按照上述模式和方法进行法律教学似乎减轻了教师的负担，因为教师讲授的时间被大大压缩了。其实不然，要较好地利用这种模式开展法律教学，教师不仅要具有创新的欲望、热情和意识，还要具有新的知识结构和新的教学手段观以及创造性使用现代教学手段的能力。从专业知识的准备来说，这种模式对教师的要求更高了，因为在课堂讨论和争辩中，涉及的法律问题范围更广泛。就国际私法课程来说，常常超出了国际私法的范围。所以，笔者按照下列思路安排了笔者的国际私法课程。

1. 一个中心——学生（Uni-Center—Students）。这是我安排教学内容、教学速度、教学手段时的基本考虑，一切为了学生更好地掌握和运用国际私法知识，更好地锻炼法律技能，更好地形成法律意识。

2. “双脑”与“双语”（Bi-brains and Bilingual）。“双脑”要求所有需要讲授和讨论的信息都在教师的人脑与电脑中。人脑中的知识用来解答学生的提问、引导学生讨论、总结知识点中的难点和重点、质疑或肯定学生的观点等；电脑中的多媒体教案用尽量直观、多样化的文字、图形将国际私法基本知识和理论外化，激发学生的学习兴趣，提供大量基本教材以外的素材。“双语”则是在每一个单元为学生提供几段原版英文的论述材料，一方面介绍国外学者或外国立法对某一国际私法问题的主张或做法；另一方面给学生讲授和讨论法律英语。我一般在每一次课（2 节课）花 20 分钟进行英文原版材料的学习和讨论，这种形式很受学生欢迎，有 75% 的同学强调了英文原文学习的重要性，有的同学甚至认为这 20 分钟的英语学习比

2 节课公共英语学习的收获还要大。

3. 三个角色(Tri-parties)。这是笔者在组织学生学习和讨论时经常设定的角色和分组原则。在整个学习过程中,我特别强调不同班级的同学之间、学生与教师之间的充分交流与合作,强调不同专业的同学,特别是法律专业与非法律专业的同学之间的交流。在讨论案例和进行角色扮演时,我一般将学生分为原告、被告和法官三种角色进行讨论和辩论。这种方法收到了良好的效果。

4. 多媒体(Multi-media)。这就是将国际私法知识通过多种途径和方法传递给学生,包括声音、图像、文字、板书以及身体语言等。实践中,我经常比较上述不同形式的优劣,琢磨在什么情况下使用哪种形式更适当。比如,在课堂上用声音表达自己的意思最方便、最直接,但当你对某个字或词发音不标准时,你最好借助板书来清楚地表达你的意思;当某一个物体的结构很复杂,或某些人之间的关系很复杂时,你最好利用图像来表示;当某一案情很复杂时,你可以借助文字来补充;当你想强调某一点或表达某种感情时,你得使用面部表情、眼神等身体语言来表达。这样做的目的只有一个,那就是更好地向学生传达信息、表达感情,使你的课有趣,以激发学生学习的动力和潜力。

5. 互动(Interaction)。以上做法的最终目的就是要实现老师与学生以及学生相互之间的互动。只要做到了这一点,我以为法律的"教"与"学"之革命便实现了。

五、结论

近 20 年来,中国法学教育的规模在飞速扩张,但质量并没有得到同步提高。在21世纪法律全球化和信息技术革命的背景下,利用多媒体进行法学教学是提高我国法学教学质量的必然选择。而要较好地开展多媒体教学,优化教学理念、模式、方法以及改善学生的学习方法都应该进行一场革命。

1. 教学理念首先要根本转变,这就是:变“以教师为中心”为“师生共同探索”、变“以教材为中心”为“教材和课外读物并重”、变“以课堂为中心”为“课堂与课外并重”、变“以传授知识为中心”为“传授知识与培养能力并重”、变“以学会为中心”为“以会学为中心”。

2. 要寻找适合法学教学的基本模式——问题教学模式,即强调把学习设置到复杂的、有意义的问题情景中,通过让学生合作来解决真实性问题,来学习隐含于问题背后的法律规则,形成解决问题的技能,并培养自主学习的能力。其中心任务是培养学生发现法律问题和解决法律问题的能力。

3. 在问题教学模式下,要注意具体教学方法的多样性和开放性。而情趣教学法、案例教学法、讨论教学法、角色扮演法都是行之有效的方法。

4. 教师的教学方法和学生的学习方法是密不可分的。因此,在问题教学模式下,学生学习法律的方法也要改变,我建议的方法是“五I学习法”:正确识别法律争诉点;准确解释法律规则;善于确定关键的事实;养成不断追问的习惯;得出自己的结论。

5. 利用多媒体开展法学教学对教师的素质提出了更高的要求,它不仅要求教师具有创新的欲望、热情和意识,还要具有新的知识结构和新的教学手段观以及创造性使用现代教学手段的能力。因此,这种教学模式及其多种教学方法对于教师和学生来说,都是一场革命。

模拟仲裁庭:培养国际型法律人才的有效方法

在过去几十年里,法学教育发展的进度并没有跟上国际商法,包括国际商事仲裁的发展步伐。本地法教育的任务几乎已经让所有国家的法学院不堪重负,这导致了各大法学院在教师资源有限的情况下,难以引入新的学习计划或只是在表面上做些新的课题。我国的法学教育长久以来更是重理论轻实践,造成了学生书本知识与实践经验之间的失衡,对于国际法学科来说,让学生将国际法知识与实践相结合似乎更加困难。"国际法的教学,必须面向全球。"①培养国际型法律人才应当成为国际法的教学目标。

一年一度在维也纳举行的国际商事仲裁模拟仲裁庭辩论赛(Williem C. Vis International Commercial Arbitration Moot,以下简称 Vis Moot)为国际商法和国际商事仲裁的践行提供了良好的平台。

① 梁西、宋连斌:《法学教育方法论》,武汉大学出版社 2009 年版,第 51 页。

Vis Moot 的核心理念是给每个参与学生提供将书本知识与实践结合的机会,并同时促进国际商法和国际仲裁的发展。因此,Vis Moot 在成为世界各地国际商法学者、仲裁员、律师和国际法学生的巨大盛会的同时,亦是国际商事仲 裁界的最重要事件之一。为了吸引和便利更多的亚洲学生参加,自 2003 年起,Vis Moot 在中国香港特别行政区设立分会场,即 Williem C. Vis(East) International Commercial Arbitration Moot(以下简称 Vis Moot East)。[①] 2011 年,第八届 Vis Moot East 限定了名额,共 87 支队伍参加了书状的评选,85 支队伍参加了口头比赛,第十八届 Vis Moot 迎来了近 300 所法学院参加,超过 700 名仲裁员给参赛队伍的表现进行评分和评价,其规模和影响力令人惊叹。

Vis Moot 的组织者和仲裁员都是热心于教学和交流的国际法律人。法学学生要成为国际型法律人才,不仅需要具备完善的法律专业知识和熟练运用法律外语的技能,还应当具备国际交往能力。培养国际型法律人才,就是要培养能够在国际社会中实践法律的应用型人才。Vis Moot 追求教学价值的理念和提供的契机使其成为培养国际型法律人才的重要平台。

一、Vis Moot 的价值追求

事实上,很难用"Vis Moot 是……"这样的句型来对它进行定义,因为 Vis Moot 不仅是个模拟国际商事仲裁庭的辩论赛,其内在

---

① See Louise Barrington, Glenn Haley, Go East, Young Arbitrator, The Vis Book, ed. by Janet Walker, Juris Publishing, Inc. ,2008, p. 91.

意图并不在于竞赛,而是期望成为一个教学项目,[①]鼓励世界各国法学院的学生学习研究国际商事法律,尤其是联合国国际贸易法委员会发布的法律文件,并运用国际商事仲裁这种形式解决国际商事纠纷。通过模拟国际商事仲裁庭的辩论赛形式,使参与者在不同法系背景下解读国际商事法律规定,并在来自不同法系的仲裁员所组成的仲裁庭面前,练习掌握一定的庭辩技巧。[②] 法学学生能够获得对国际商事仲裁近乎真实的体会,锻炼英文写作和表达能力,掌握一定的庭辩技巧,在国际化的环境下,全方面提升自身的法律素养。这样的意图通过 Vis Moot 完善的组织安排得以实现。

(一) Vis Moot 的形式

每届 Vis Moot 的组委会于每年 10 月初发布比赛案件的材料,包括申诉声明、答辩申明和相关证明材料,如双方当事人来往的信件。最近的案件材料还包括当事人与仲裁机构最重要的往来信件。在拿到案件材料后,各参赛队伍就开始准备并于 12 月上旬提交申诉状。在圣诞节前,该队伍会收到某只对阵队伍的申诉状,在来年 2 月提交相应的答辩状。复活节前期,在维也纳和中国香港特别行政区会举行模拟仲裁庭的口头辩论环节。在口头辩论进行之前,各队会收到所有参与抽签对手的书面材料。小组赛需经历 4 场辩论,2 场作为申诉人,2 场作为答辩人。每场辩论赛各队派出 2 名选手参加,

---

① See Pierre A. Karrer, Hew R. Dundas, Lawrence W. Newman, Winning the Moot: What Do Arbitrators Want, The Vis Book, ed. by Janet Walker, Juris Publishing, Inc., 2008, p. 99.

② See Association for the Organisation and Promotion of the Willem C. Vis International Commercial Arbitration Moot, The Rules, p. 1, available at http://www.cisg.law.pace.edu/cisg/moot/rules18.pdf, visited on 15 Mar, 2011.

仲裁员根据各位参赛选手的表现分别打分，小组赛结束后，按照累积分数的高低排名，一定比例的队伍进入淘汰赛。比赛进入淘汰赛阶段后不再计分，而是由每个仲裁员分别选出自己认为获胜的队伍，由仲裁庭做出最终决定。每届比赛将评选出最佳参赛队伍、最佳书状等奖项，最佳申诉人与答辩人的评选仅依据各选手在小组赛阶段获得的分数。

（二）Vis Moot 的价值追求

Vis Moot 从其名称和组织形式的角度考量，将其定义为“竞赛”似乎并不为过。但是，为了澄清性质，Vis Moot 的规则中对其设计价值给出了清晰明确的阐述，即“Vis Moot 被设计成为一项在很多方面表现为竞赛形式的教学项目，而非附带教学价值的竞赛，Vis Moot 的规则和程序都应当按照教学的目的进行解释。”①Vis Moot 的设计者和组织者充分贯彻执行了这一价值追求，使竞赛的形式不阻隔教学目的的实现。而两大教学目的——对国际商事法律和国际商事仲裁知识及庭辩技巧的掌握，体现在 Vis Moot 的安排和发展细节之中。

1. 竞赛制度的开放性

在作为竞赛形式的制度设计方面，Vis Moot 有四方面突出体现了教学目的：

其一，Vis Moot 的参赛资格是开放的。任何国家、地区的法学院都可以组队报名参加，并且参赛人员的国籍和学历没有任何要

---

① See Association for the Organisation and Promotion of the Willem C. Vis International Commercial Arbitration Moot, The Rules, p. 1, available at http://www. cisg. law. pace. edu/cisg/moot/rules18. pdf, visited on 15 Mar, 2011.

求。参赛队伍无须选拔,只要缴纳一定报名费用即可成为每年一次盛会的直接参与者。虽然每场模拟仲裁名方只能上场2位选手,但每支队伍的参赛人数没有限制,参赛次数也没有限制。这体现了Vis Moot期望被广泛参与,进而实现其对教学价值的追求。

其二,Vis Moot不禁止参赛队员获得额外的帮助。大多数模拟辩论赛禁止或至少大大限制了教练或非学生教练的参与,从而在很大程度上限制了这一过程可能实现的教育效益。虽然这些限制可能有助于增加竞争的激烈程度,但对于教学目的,似乎适得其反。教练、学者或其他法律执业者参与到学生准备比赛的过程中有助于帮助参赛学生从不同的角度获得专业知识和庭辩技巧。此外,比赛使用的案件可以运用到课堂教学中,让更多学生参与进来。这无疑扩大了Vis Moot的教学价值。

其三,Vis Moot鼓励和支持参赛队自行组织模拟赛,这是Vis Moot在权衡了教学目的和竞赛目的两种追求之后做出的选择。许多其他模拟赛事禁止参赛队之间在赛前举行模拟训练赛,这是基于保证比赛结果公正性的考虑,部分队伍会因物力、财力、地理位置等限制而无法参加模拟训练赛,各队伍参加的模拟训练赛数量和规模也会有差别。但是,Vis Moot的组织者考虑了模拟训练赛给予队伍知识和技能提高方面的作用,本着推动教学的目的,决定忽略模拟训练赛对最后比赛表现的影响,从而给予参赛队伍自行组织模拟训练赛的自由。

事实上,随着网络技术的普及和发展,越来越多的模拟训练赛得以组织,拥有赛前模拟训练经历的队伍在数量上逐渐递增,在范围上逐渐扩大。得益于模拟训练赛的普及,参赛队伍的整体素质也逐年提高。

其四,在每场比赛结束后,参赛队伍可以要求仲裁员给予改进建议。仲裁员可以对任何问题提出建议和发表自己的看法,甚至可以回答参赛队员提出的关于案件或者法律的问题,不用局限于庭辩技巧。值得注意的是,仲裁员的意见并不一定“正确”,某些仲裁员推荐的庭辩技巧很可能被其他仲裁员所否定,某些仲裁员对法律的理解和解释很可能与其他仲裁员不一致,这种情况因仲裁员来自不同法系而显得尤其突出。这对于比赛来说似乎是个“糟糕”的因素,但这样的安排显然是出于对教学价值的关注。

2. 专注于 CISG 等国际商事法律规则的推广和发展

为了实现推广国际商事法律规则和国际商事仲裁的教学目的,案件总是涉及国际商事合同的争端以及以仲裁作为争端的解决方式。涉案的虚构国家至少有一方是《承认及执行外国仲裁裁决公约》(The New York Convention on the Recognition and Enforcement of Foreign Arbitral Awards,以下简称《纽约公约》)、《联合国国际货物销售公约》(United Nations Convention on Contracts for the International Sale of Goods,CISG)的签署国,仲裁地国家总是适用《联合国国际贸易法委员会示范法》(UNCITRAL Model Law on International Commercial Arbitration,以下简称《示范法》)。这源自 Vis Moot 的原始目的之一—— 宣传 CISG,推广《纽约公约》,在实践发展过程中实现一定程度上的国际共识。此外,案件同样涉及其他国际上普遍采用的其他规则,如国际贸易术语(International Commercial Terms, INCOTERMS)。

仲裁规则因轮流适用赞助赛事的仲裁机构的规则,所以每届采用不同的仲裁规则,2011 年第十八届 Vis Moot 采用的是《米兰仲裁院规则》(Rules of the Chamber of Arbitration of Milan),案件中的仲裁机构是意大利米兰仲裁院(The Chamber of Arbitration of Milan)。而在 2012 年的比赛中,《中国国际经济贸易仲裁委员会仲裁规则》被作为案件的仲裁规则。

要想在比赛中取得好的成绩,参赛学生在掌握国际商事仲裁基本理论的前提下,需要深入研究 CISG 和相关仲裁规则,对相关法律、规则的掌握就不能仅限于法律、规则本身。记录法律制定过程中的相关文件、法律或规则的颁布机构对文件作出的说明、各国法院或不同仲裁庭的裁决、国际法的基本原则与国际商事合同惯例,都是需要深入研究并掌握的材料。对于一些前沿性问题,学者的论述也非常重要。这使法学学生深入认识和掌握国际商事仲裁基本理论、CISG 和相关仲裁规则的运用。

3. 提供国际商事仲裁的真实体验

Vis Moot 虽然是比赛,但其力求复制真实的国际商事仲裁过程,促使参与的学生能获得具有应用价值的实践经验,掌握一定的庭辩技巧。Vis Moot 的组织者为了这一目的,对比赛的组织安排做了细致周详的考虑。

初期 Vis Moot 提供的案件材料比较简单,随着时间的推移,Vis Moot 使用的案件材料越来越完善,最近的案件材料包括当事人与仲裁机构最重要的往来信件。虽然信件并不会改变必须被考虑的核心法律问题,但它切实有效地向学生展示该机构的职权,以及真实的国际商事仲裁进行的程序,这在很大程度上增添了比赛案例的现实性。

在赛事组织方面,任何队伍在小组赛中都不会遭遇来自本国的其他队伍。并且,在小组赛中,尽量安排来自大陆法系的队伍与来自英美法系的队伍配对比赛,每场比赛也尽量选择来自不同法系的仲裁员组合而成的仲裁庭。这些刻意的安排,正是为了充分符合真实的国际商事仲裁的境况。在实际的国际商事仲裁中,双方当事人往往来自不同国家,具有不同的法律文化背景,而仲裁庭的组成也往往充分体现“国际化”。因此,在诸多因素影响下,国际商事仲裁往往给当事人的代理人难以定位和把握的感觉。Vis Moot 隐含的价值取向在于培养未来国际商事纠纷解决的法律领航人,①如此安排则是为法学学生在将来的实践中打下基础。

二、Vis Moot 在国际商法教学中的价值

源自商人习惯的国际商事法律虽然具有悠久的历史,却是一门“年轻”的法学学科,更重要的是,这是一门实践性很强的学科。源于实践,研究和发展自然不能脱离实践。因此,国际商法的教学必须紧跟实践的发展,并将注意力集中于解决实际问题。国际商法在运用过程中,需要处理好国内法与国际法的关系、公法与私法的关系、国际惯例与国内私法的关系、英美法与大陆法的关系。在国际商法的教学中,不仅要覆盖以上各个方面,还需要解决语言、表达和沟通能力的问题。“在国际商法教学中大力发展和推广案例教学法

---

① See Emeritus Eric E. Bergsten, The History and Purpose of the Moot, The Vis Book, ed. by Janet Walker, Juris Publishing, Inc. , 2008, p. 6.

和双语教学法是市场提出的要求。”[①]在国际商法的教学中引入 Vis Moot 不但可以满足前述各种教学要求，而且是一种“寓教于行”的新型国际法教学形式。此处的“行”并不是学生或老师单方的行动，而是一种互动与合作。

（一）变被动接受为主动学习

我国传统的教学方式往往是老师“一言堂”，这种单向的知识“灌输”方式的弊端早已为国际法学教育者所认识。黄进教授曾撰文阐述过 3D 课堂教学模式，即在教学中广泛使用“Discussion”（讨论）、“Dialog”（对话）、“Debate”（辩论）的方式，[②]肖永平教授曾撰文阐述变“教师为中心”为“师生共同探索”的教育理念。[③]通过 Vis Moot 进行教学便可以完全颠覆“一言堂”的状况，因为 Vis Moot 本身的目的便是在实践中实现法学知识的教学和法律执业技能的培养。在 Vis Moot 的过程中，教练的角色类似传统教学方式下的老师，需要带领参赛队员学习国际商法和国际商事仲裁的内容，并训练他们的庭辩技巧。

对于基本的法学知识的学习并不排斥传统的授课方式，但面对情形各异的案例，对于相关法学内容的概略性掌握是无法满足分析案例的需要的。因此，在具备一定基础的前提下，学生们被推动着

---

① 沈四宝：《沟通与实践及其他学科的关系是国际商法发展的力量所在——在“国际商法”教学研讨会上的总结发言》，载《法律的真谛是实践》，法律出版社 2008 年版，第 60 页。

② 参见黄进：《关于国际私法教学的几点思考》，载《武大国际法评论》（第 1 卷），武汉大学出版社 2003 年版，第 311 页。

③ 参见肖永平：《法律的教与学之革命——利用多媒体开展国际私法教学的理念、模式和方法》，载《法学评论》2003 年第 3 期。

进行深入学习和研究。教练此时如同一个舵手,应当引导学生在正确的方向上行进,如教会学生查找和使用相关法律文件在制定过程中的会议记录、对法律文件的补充或说明文件,以及相关法律适用的案例。学生们则需要学习多种途径的资料查找方式,如使用各种法律数据库查找最新的理论发展情况,使用国际商会仲裁院案例数据网站(Case Law on UNCITRAL Texts)等。资料的适用性和关联性,或使用方式,均可以与队员、教练进行讨论。克服了初期面对海量资料的“恐慌”,对资料的收集、掌握甚至可以训练成为一项技能。

这样的资料积累方式有别于日常。首先,它没有限定范围,任何可以合理支持一方观点的材料都可以使用;其次,收集资料的持续时间很长,从案件的发布到最终比赛结束大约是四个月,而资料收集贯彻整个准备期和比赛阶段;最后,资料种类繁多,既包括学说论述,也包括案例法条,甚至与法律不相关但案件事实涉及的问题,如在第十八届 Vis Moot 的案例中涉及国际渔业冰冻货物销售是否存在商业惯例等问题。这是一个学生充分发挥自主积极性,在资料的收集、积累和讨论中主动学习,逐步加深对案件和法律的认识的过程。

(二)提升法律思辨能力

任何诉诸法庭或仲裁庭的争议都有两种立场去分析事实和法律。学生,甚至是律师经常忽略了从另一方的立场去分析问题。这种疏忽常常会导致对一方委托人的诉求过于自信。为了突出在准备阶段应该从双方不同的立场来确认事实和分析法律,Vis Moot 规则要求双方都在书面和口头陈述中分别主张申诉人和答辩人的立场。[①] 每支队伍必须在一定时间限制内提交作为申诉人的申诉状，并在稍迟的阶段针对对手的申诉状提交作为应诉人的答辩状。这个安排一方面，是模拟真实的仲裁；另一方面，如果这两份辩状要求同时提交，那么一支队伍往往被分裂成两边，每一边都只专注于自己一边的论证。而这种做法有悖于这个比赛关于学会从双方不同立场思考问题的教育目的。当然，如果整支队伍要求同时论证双方立场，论证水平有可能会下降。

在口头辩论阶段，短时间内角色的频繁变化对于每支队伍来说都不可避免。小组赛阶段，每支队伍每天扮演的角色不同，而淘汰赛阶段各队伍的角色由抽签决定，很可能在短短 30 分钟内要完全转换思维，站在另一方立场上对利弊进行清楚的论证，这是十分困难的，也是 Vis Moot 成为高水平竞赛的原因之一。

学生们认为，在写作和口头表达的过程中，面对相同的法律、合同和事实做出不同的解释，法律思辨能力因此得到了充分训练，并能够深刻体会到所有争议都有其两面性。

（三）全方位技能锻炼

在全球范围内，如何在教授学生法律知识的同时传递法律执业技能是一个共性问题。[②] 模拟法庭或模拟仲裁庭的教学方式在英美

---

① 在大多数模拟仲裁或模拟法庭里，学生只需准备站在一方立场进行赛前准备，即使是要求双方辩状的模拟比赛也是要求同时提供双方的辩状，如 JESSUP. See The 2007 Philip C. Jessup International Law Moot Court Competition Official Rules (2007), Rule 6. 1, available at: http://www. ilsa. org/jessup/jessup07/rules. htm, visited on 16 March, 2011。

② See Roy T. Stuckey, Preparing Student to Practice Law: A Global Problem in Need of Global Solutions, 载《中美法律教育评论》（第 1 辑），山东人民出版社 2009 年版。

法系国家的教育中比较常见,这在很大程度上取决于英美法系法学基础教育着眼于专业技能培训的特点。美国采取的案例教学方法最为典型。而大陆法系的法学教育在专业技能培训上显然关注不够,大多数学生获得的学位只能证明他们的理论知识层次,而实践技能的培养几乎完全抛给了司法实务界和律师事务所。律师职业需要10项基本技能:(1)解决问题;(2)法律分析;(3)法律研究;(4)事实调查;(5)通讯;(6)咨询;(7)谈判;(8)熟悉比较诉讼程序和替代性争端解决机制;(9)组织和管理法律工作;(10)对道德困境的识别与解决。① 几乎所有模拟辩论赛都会强调这些技能中的一部分,但Vis Moot几乎涵盖了它们的全部。② 如同大多数模拟辩论赛,Vis Moot要求学生解决问题、进行法律分析并针对这一案件所产生的问题,通过法律研究,拟定论点。Vis Moot特别之处在于,要求学生进行详细的事实分析,甚至允许一定程度的事实调查。尤其Vis Moot安排了"要求澄清"的环节,即法学学生在收到案件材料后的一定时间内,如果对案件材料有任何疑问,或者认为存在必须证明事实而又缺乏相关证据的情况,可以向Vis Moot组委会提问,要求组委会进行"澄清",这个环节鼓励了参赛学生在分析案件时有意识地"进行发现"。

---

① MacCrate Report: An Educational Continuum Report of the Task Force on Law Schools and the Profession: Narrowing the Gap, American Bar Association, Section of Legal Education and Admissions to the Bar, available at: http://www.americanbar.org/groups/legal_education/publications/maccrate.html, visited on 20 Feb, 2011.

② Jeff Waincymer, International and Comparative Legal Education Through the Willem C. Vis Moot Program: A Personal Reflection, The Vindobona Journal of International Commercial Law and Arbitration, Vol. 5, No. 2, 2001, p. 260.

在参与 Vis Moot 过程中,学生通常以“队”为单位工作,其中一些队可能包括非常多的学生。对于高效率的写作与高超的庭辩技巧而言,有效沟通同样至关重要。[①] 在人数比较多的队里工作尤其要求团队成员之间能够有效沟通、组织和管理团队中个人的工作。

不得不谈及的是,无论是最初的文书写作还是最终的比赛过程,普遍存在着对时间的要求。尤其在“开庭”过程中,参赛学生要在有限的时间里完成陈述,提出己方的法律主张和法律依据,并针对对方的陈述提出反驳。在有限时间内尽可能地完成目标任务往往会带来不小的压力,而激烈的庭辩或仲裁员过多的提问也会带来更大的压力。学生在参与过程中应对压力的经历无疑是他们最宝贵的经验。

(四)庭辩技巧的“演”与“练”

“庭辩技巧”被定义为:辩解的行为或积极获得法庭对于原因或诉求的支持,[②]通常是在审判机构或仲裁庭前辩解。[③] 所谓“授之以鱼,更授之以渔”。庭辩技巧的传授不仅仅是技巧本身,还有如何训练的方法,这无疑是对教练最具挑战的部分。一方面,庭辩技巧是基于一定实践经验总结出来的,只有在自身掌握的条件下,才有可能传授给他人;另一方面,庭辩技巧无法仅仅依赖书面的传授。因此,在很多情况下,庭辩技巧由教练“演”出来,学生们经由观摩和模仿而习得。

---

① See Friedrich Blase, A Brief SWOT-Analysis of the Willem C. Vis Moot, The Vindobona Journal of International Commercial Law and Arbitration, Vol. 5, 2001, pp. 117 – 118.

② Black's Law Dictionary 60(8th ed,2004).

③ Merriam Webster's Collegiate Dictionary 18(10th ed,1993).

庭辩技巧的练习是参赛选手最辛苦的工作。对于不是以英语作为母语的学生来说，语言是第一个难关。如何能够组织精炼、准确的语言表达自己的观点，是庭辩技巧训练的第一要务。对于己方的论证结构、论据组织、来自仲裁庭的问题、反驳对方观点等问题，都需要参赛选手在长期的庭辩训练中掌握。

经过庭辩技巧训练的学生，均认为受益良多，尤其表现在对英语的运用和对法律及事实的分析表达方式上。并且，在日常教学不曾关注的部分，如仲裁开始前的礼仪等问题，获得了极具价值的经验。

三、Vis Moot 在国际商法教学中的引入

2009 年武汉大学法学院将 Vis Moot 引入国际商法教学。第一支参赛队于 2009 年 9 月第十七届 Vis Moot 的案例公布前经选拔组成，于 2010 年 4 月参加了维也纳第十七届 Vis Moot。第二支参赛队选拔自国际商事仲裁班，于 2011 年中国香港特别行政区第八届 Vis Moot East，获得最佳申诉书状第二名（First Runner-up, for Best Memorandum on Behalf of CLAIMANT），此成绩为亚洲参赛队伍本年度在此项评比中取得的最好成绩。参加 2011 年维也纳第十八届 Vis Moot，在云集世界名校的 260 支队伍中跻身 32 强，创造了中国大陆参赛学校的历史最好成绩和本届比赛包括中国港澳台地区学校在内的中国参赛学校的最好成绩。参赛队获得了国际各方的一致称赞，短短两年间取得如此令人瞩目的成绩，是在教学中恰当引入 Vis Moot 的成果。

（一）Vis Moot 的教学设置

围绕 Vis Moot 来设立课程是不错的选择。很多参赛的法学院

都将传统的法律理论课程与实践技巧相结合，以 Vis Moot 为蓝本开设一门课程。课程的安排大致可以分为两部分，上半部分从理论上概述国际商法与国际商事仲裁，课程的下半部分，以模拟仲裁的案例为基础进行实用技能的训练。上半部分的课程将在当年案件发布前以传统考试的方式结束，下半部分课程则要求学生以组为单位撰写法律文书。课程的结构与开始的时间由各个学校根据学期设置，最后参赛的队员从课程参加人员中选拔。

武汉大学法学院于 2010 年秋季学期第一次进行了这样的安排。对比 2009 ~ 2010 年单纯组建参赛队的情况，从效果来看，一方面，扩大了 Vis Moot 的影响力，使更多的同学能够参与并体验这一新的教学形式，充分调动了同学们的积极性，在“学”“练”结合的基础上获得知识与技能，开阔了视野；另一方面，开设课程为参赛队员的选拔打下了良好的基础，可供选拔的基数扩大，备选人员的综合素质也相对提高，这也是取得成绩突破的因素之一。

对于参赛队伍的组建和训练，不妨借鉴香港大学的模式，即新入队的学生在第一年里学习相关知识、观摩比赛、了解 Vis Moot、帮助队员准备比赛；第二年或第三年再加入比赛队伍，撰写书状、参加比赛。这样的安排可以在一定程度上保证队伍的稳定性和延续性，更加有利于队伍建设。

（二）Vis Moot 带来的契机

Vis Moot 将教学与竞赛相结合。竞争因素对教学的成功起到了至关重要的作用，这与法学院的传统考试或其他计分测评方式对于教学质量的帮助是相同的。虽然考试与分数本身的可信度与价值会遭到质疑，但它们在教学中促进学生努力学习的作用是毋庸置疑的。无论我们对考试喜欢与否，它对于学生努力学习法律理论知识的促进作用是显而易见的。作为一个类似的方式，Vis Moot 的竞争要素无疑为参赛学生的非凡努力提供了催化剂。

在将 Vis Moot 引入教学的过程中，最显著的影响是，国内外的多方资源被整合，众多的交流机会被创造出来。总结武汉大学法学院 2009 年至今参与 Vis Moot 的经历，有以下几个方面：

1. 扩大国际知名度。鉴于 Vis Moot 的参与者囊括了世界顶级法学院，集合了最优秀的法学人才、学者和法律执业者，参与其中是迈出国门、走向世界的绝好时机。自参加 2010 年 4 月在维也纳举行的第十七届 Vis Moot 之后，武汉大学法学院与汉堡大学法学院等建立了良好的关系，汉堡大学的 Susan Wintermuthe 教授因我院参赛队员的出色表现而主动联系，并于 2010 年 11 月来武汉大学法学院访学。

2. 保持“先进性”。这里所说的“先进性”，既指教学方式的先进，也包括教学内容的先进。国际商法和国际商事仲裁处于迅速发展的两个领域中，通过参与 Vis Moot，可以把握国际商法运用的新发展以及国际商事仲裁的新问题，参加 Vis Moot，意味着直接参与到推动国际商法和国际商事仲裁发展的过程中。采纳“寓教于行”的教学方式，也是我国法学教育改革和创新的方向。

3. 扩大交流。准备比赛的过程和参加模拟训练赛，如中国国际经济贸易仲裁委员会举办的“贸仲杯”模拟训练赛，在线与巴塞尔大学、汉堡大学等学校的参赛队进行的单独的模拟训练赛，为武汉大学法学院与其他法学院建立联系和保持良好互动关系提供了契机。比赛期间，Vis Moot 的组织者提供了众多机会供仲裁员与其他参与者交流,各式学术讨论会和社交活动与比赛同时进行。参赛队伍间的交锋和交流也让各方受益良多。

4. 多方参与,活跃氛围。在长达半年的参赛准备过程中,法学院的老师、有参加该项赛事经验的学生、有语言优势的留学生共同参与进来,在模拟训练赛中作为仲裁员,针对队员们的每场模拟训练比赛的表现给出及时的评价和修改建议,如指导修改论点和论证结构、传授庭辩技巧、纠正英语发音和法律用语。为比赛提供支持的同时,大家一同讨论,来自各方的观点和意见相互碰撞,丰富了信息交流,活跃了学院的“教”与“学”的氛围,营造了平等、互动的良好环境。

充分利用 Vis Moot 带来的契机,一方面要积极参与 Vis Moot,设立课程、组建队伍,甚至组建本校的 Vis Moot 校友会,都是将 Vis Moot 价值最大化的途径;另一方面要认识到 Vis Moot 与传统法学教育的异同,妥善将其纳入固有法学教育体系,探索在其他教学方式下借鉴 Vis Moot 的理念。

四、结语

在竞赛的组织形式之下,Vis Moot 本质上是一项实现了“教”“学”互动的活动。对于参与 Vis Moot 的各方来说是一个共赢的局面,仲裁员在指导参赛队员、贡献自己法律观点和执业经验的同时,可以从参赛队员和其他仲裁员那里获得新鲜的视角和信息。教练在训练参赛队员的过程中,一方面接纳新知识、新方法;另一方面不断强化自己的技能,实现了法律素养与参赛队员们共同提高的目标。对于参赛队员来说,语言运用能力的提高、法律知识的积累、研究能力的增强、庭辩技巧的掌握、登上“国际舞台”等,都在参与 Vis Moot 的过程中实现。

培养国际型法律人才不是一朝一夕可以完成的。国际型法律人才要求具备在国际社会中妥善处理法律事务能力,这样的能力是立体的,体现在语言、法律素养、对不同文化的适应性、沟通能力等各个方面,甚至包括个人的仪态、形象。而这些要素在 Vis Moot 中一一体现,参赛队员自然是最大的受益者,即使是其他参与者,参与 Vis Moot 的经历也能够给他们的“国际化水平”带来一定程度上的提高。可以说,坚持长期、有效地参加 Vis Moot 是我国法学院培养国际型法律人才的有效方式之一。

Training International Lawyers through Participation in the Willem C. Vis Moot

It is my pleasure to be here to share with you the experience of Wuhan University in respect of training international lawyers through participation in the Willem C. Vis Moot.

The Willem C. Vis Moot (hereinafter referred to as "the Moot") is a recognized competition around world for its effective role in training international business lawyers. Wuhan University is a leading university in China in making effective use of the Moot to train international business lawyers.

Ⅰ. Achievements

Wuhan University participated in the CIETAC Moot (hosted by China International Economic and Trade Arbitration) in 2002 and won the 3rd place, the 10th Willem C. Vis Moot in Vienna in 2003. That was the first effort to know the Moot, which was however interrupted for various reasons. It was felt that Wuhan University had to be more prepared before next participation. The major problem was felt that students were used to learning the theories, but not familiar with the method to apply the doctrines and rules of law to resolve a actual dispute. To write and talk on the legal issues in English further complicated the task. It was not common at that time to require students to read law books in English. Funding was also a problem.

Renewed efforts on the Moot have to wait until 2009 when a new Moot team was established. Since then the team has become a star team amongst Chinese and international law schools. The accomplishments are impressive, breaking the record of Chinese law Schools.

In the 2010 – 2011 Moot, Wuhan University won the 1st runner up for claimant awards in the East Moot (Hong Kong), a major breakthrough in the record of Mainland China law schools, and honorable mention for team orals in the Vienna Moot (the 32 teams in the final), very rare for Mainland China law schools.

In the 2011 – 2012 Moot, Wuhan University won the award for quarter finalist, best Oralist in the CIETAC Moot, the award for quarter finalists, 1st runner up best Oralist, mention for best Oralist in Moot Shanghai (hosted by Shanghai Arbitration Commission), honorable mention for Respondent Memo in East Moot.

In 2012 – 2013, Wuhan University won the award for the semi

finalists, best Oralist in all rounds in CIETAC moot, mention for best claimant memo in East Moot, honorable mention for best respondent memo, honorable mention for team orals.

In 2013 - 2014, Wuhan University won the 1st runner up, best Oralist in all rounds in the CIETAC moot.

The team members not only have won the honors in the Moot, but also have opened the door to a professional career. Most of them have got offers for further study from top law schools around the world such as Cornell University Law School, Duke University Law School, University of California, Los Angeles School of Law, The University of Texas School of Law, Northwest University Law School, Saarland University Law School, Peking University, Wuhan University. Many of them are working in leading firms in China and around the world, or working as in house counsel for major law firms, such as Dongfeng Motor Corporation, Hogan Lovells Shanghai, UT M. D. Anderson Cancer Center, and Asia Pacific Dispute Resolution Center.

Ⅱ. Training

The Moot team has won amazing honors. Their achievements depend on their personal efforts, as well as the support from the Law School. The support is intellectual, financial, and mental. The Law School has a dedicated coach team. They have developed a whole set of training techniques.

The training takes place in two stages. The first is an International

Commercial Arbitration course for around 20 selected students. The second stage is for the moot team selected out of the students attending the course.

Firstly I would like to talk something about the course. The course is advertised on the Law School website open to students at all levels, undergraduates and postgraduates. Most applicants are undergraduates, in the 3rd or 4th year. Applicants submit a CV in English and attend an oral interview composed of teachers and past team members. Applicants are required to introduce themselves and state their reasons for application. The students will be selected according to the performance at the oral interview and the CV. Most selected students have a good command of English and a good performance in law. Their backgrounds are diverse and impressive. Many have studied abroad in high schools or in colleges. Some have participated in drama performance, in Chinese or even in Shakespeare drama. Some have won university or national debating competitions in Chinese or in English. Some have been leaders in the students union. The background is important. It seems that students totally engaged and good in the routine course study are not competitive in the Moot selection.

Before the course starts, the selected students are required to read the past Moot problems and memos, textbooks on international commercial arbitration, such as Redfern and Hunter on International Arbitration and Gary Born's International Commercial Arbitration.

The course starts in October shortly before the Moot problem is released. Students are required to read the textbooks on international commercial arbitration before class and make a presentation on a specific topic as they choose during the class. The teacher may interrupt and ask questions. This is aimed to provide students with the background information of international commercial arbitration as well as make the students to practice public speech in English. Most students are afraid to read the heavy law textbooks in English, despite the policy to open bilingual courses and all-English-taught courses in the Law School. In this international commercial law course students must read the English texts and express the thoughts in English otherwise they will not be able to win from the selection for the team. Thus there is greater impetus than in other bilingual or all-English-taught courses where the teacher dominates explaining in English and students listen passively.

After the Moot problem is released in October the course has a new subject. In addition to the reading and presentation of basic theories on international commercial arbitration, analysis of the Problem is added. Students read the problem before class. The teacher may give a lecture on a specific issue and invite discussion amongst the students. Students are encouraged to express their thoughts in English. This is not a normal practice in most lectures in the Law School.

CIETAC holds a pre-moot every year since 2000. Wuhan University has participated since 2010. Thus selection of the team members begins around early November. The selection procedure is also in two parts: a writing sample on one of the issues in the problem and an oral hearing. The criteria for writing is comprehensive as follows: arguments are persuasive and reasonable; reasoning is logic and well supported by legislations, cases, and secondary sources; citation is formal and consistent; grammar is correct; writing style is formal. The second part is a formal oral hearing where students act for claimants and respondents. The criteria follow the Moot criteria in four aspects: (1) Organization and preparation: introduce the issues and facts clearly, present the arguments in an effective sequence, present a persuasive and generalized conclusion. (2) Knowledge of the facts and law: know the facts and law thoroughly; related the facts to the law so as to make a strong case for client. (3) Presentation: appropriate pace, no mannerism, loud enough, use inflection, eye contact with arbitrators, balance due deference with a forceful and professional argument; tactful under pressure; convincing and persuasive presentation regardless of the merits of the case. (4) Handling questions: answer questions directly and use the questions to turn in favor of clients.

Only 4 to 8 students will pass the strict selection to be team members. The team members have to be totally devoted to the Moot or risk exit. They continue to attend the Course and study in a group when there is no class. The Law School assigns an administrative office for their exclusive use. The second selection may be made after the CIETAC Moot before March when Moot Shanghai, East Moot, Vienna Moot take place, to keep the team competitive. Who will appear in the oral hearing in the Moot depend on their performance during the practice of oral hearing and routine training.

The team will also have one or two guest coaches from abroad, normally for two weeks with each coach. Guest coaches include Ms Susan Wintermuth, Joshua Karton, and so on. Ms Susan Wintermuth is an expert coach in the Moot. Teams which she coached have won the first prize, best memo and best oralist in the Moot in Vienna. She was impressed by Wuhan University team as arbitrator in the Vienna Moot in 2009 and proposed to coach the team. She has been wuhan twice in 2010 and 2011 and plans to return in 2014.

The experienced international coaches bring the insights of the Moot and new training methods. In particular their common law background is important to teach the case law analysis and the rhetoric questions to Chinese students. They are good at raising questions, and encourage students to seek solutions, rather than teaching the textbook theories.

When no guest coach comes, the home coach team is a group of professors and past team members. The training is rather informal. Unlike giving lectures, coaches guide and help the team to do research, to look for the authority, to organize the memo, to discuss the Problem, and so on. One coach holds a PhD degree from Manchester University Law School. One coach has studied in Stanford University Law School and Vienna University Law School.

The training schedules are also flexible. The team studies together. The coaches come to help from time to time. The team may consult the coach at his or her convenience. The devotion of coaches is enormous. The training is individual that it is a personal training. The team members can raise questions to the coach and get answers. The coaches give responses when they find problems with the team members.

Ⅲ. Thoughts

It has been proved that legal education through the Moot is an innovative and effective way for training international lawyers. Almost all Moot team members are now engaged in cross-border commercial law business or studies, a high percentage compared with students who have not been involved in the Moot. The reasons may be as follows.

First, the Moot provides question which mirrors real international commercial disputes with fact and evidence that are not normally available in textbooks, even case law textbooks. Case law just presents judgments with opinions of the judge, but not evidence or counsel submission put forward by parties. The missing part is however crucial for lawyers. The Moot problems are thus valuable teaching materials for developing the abilities of students to deal with a real case.

Second, the memo writing and oral hearing requires students to do researches by themselves and find doctrines to raise arguments and support their arguments. This stands in contrast with traditional civil law teaching of only doctrines, which are not very helpful for lawyers to dealing with real world cases.

Third, the Moot is an impetus for students to read, think, listen and speak in English. Students have to be buried in the English literature to be able to present their arguments in writing and orally. Such requirement is not found in other courses, which do not have the competition as pressure and impetus.

Fourth, participation in the Moot is a comprehensive training for a successful legal career. Students are required to present their arguments and communicate with arbitrators in a professional way, including professional etiquette and communi-cation. These transferable skills are not in the current curriculum of most Chinese law schools but are crucial for a successful lawyer.

Fifth, the Moot provides a rare opportunity to meet leading lawyers of international commercial arbitration. Networking with leading lawyers may leads to internships in major law firms, which are not easily available otherwise.

In a word, the Moot is an effective way of training international lawyers as proved by the years of practice at Wuhan University Law School. My Law School will promote the Moot education to more students and to foster more international lawyers.

模拟法庭:研究型法学教育对实践理性的回应

一、模拟法庭教学的背景和定义

(一)模拟法庭教学的背景

法学是一门具有悠久历史的学科。其在经历了从“学徒式”教育到系统化的“经院式”教学之后,成为一门独立的社会科学,并一直不断发展和创新。现代法治社会的构建,更加注重法律实践型人才的培养,需要一批具有创新意识、创新精神、创新思维、创新能力并能够取得创新成果的法学人才。法学创新人才既是立足于现实、能够完成具体法律事务的法律职业者,又是能够面向未来、具有公正性和先进法治理念的专业人才。

推进法治社会建设,法学教育起到了关键性作用。美国高等教育研究专家博耶曾说:“现代大学生并不是一群无知的群氓,而是处在形成过程中的青年学者。”这意味着大学阶段对于人才成长的特殊含义。我们说,大学阶段是培养创新型人才的关键阶段,主要在于它是创新型人才从培养到应用的转折点。[①] 由此推知,大学法学教育对于培养未来伟大的法学家和法官、检察官、律师具有重要意义。目前,法学教育的职业化和功能化趋势日益明显,而我国大学传统的教育体制、人才培养模式、课程设置、教学管理制度、教学模式以及教育评估等方面缺乏实用性,顽固地强调书本知识和纯理论的灌输,客观上忽视了或没有充分发挥课堂教学的教育性、创造性、实践性和可操作性,限制了学生独立发展的空间,进而导致创新意识和创新能力的整体缺乏,最终形成了实践能力与社会需求之间的鸿沟。

朗代尔在其名著《合同法案例》前言中说:“被作为科学的法律是由原则和原理构成的。每一条原理都是通过逐步演化才达到现在的地步。换句话说,这是一个漫长的、通过众多案例形成的发展道路。因此,有效地掌握这些原理的最快和最好的(如果不是唯一的)途径就是学习那些包含这些原理的案例。”在英美法系国家的法学教育中,判例就是法律,判例是法学教育的主要内容。法学院主要以培养学生的实际操作能力为基本目标,学生一进校就以具体案例为学习内容,并通过对案例的学习分析逐步形成和加强法律意识,通过对案例的分析完成学生的法律训练。

从20世纪60年代开始,在美国各法学院兴起,近年来在我国也得到积极推广的“诊所式”法学教学法,更是将案例教学法推向了极致。案例教学是对传统教学模式的革新,引入此种教学法打破了旧有的“填鸭式”讲授模式,使高等法学教育不再是培养大量人云亦云的背诵机器,而是培养真正具有独立思考能力、掌握法理精髓的法

---

① 参见钟秉林:《借鉴国外经验推进创新型人才培养》,载《中国教育报》2007年1月17日,第4版。

学人才。与此同时，我国现有的案例教学法仍停留在角色分析阶段，未能真正跨越价值理性与实践理性的鸿沟。因此，我们应该继续拓新，倡导以角色扮演为主要载体的新型法学教学模式——模拟法庭教学法，以此鼓励学生主动参与、主动探索、主动思考、主动实践。

（二）模拟法庭教学的定义

模拟法庭教学法是一种模拟法庭辩论，旨在加强法学院学生的书面和口头辩论能力，训练他们的思维灵敏度和在真实压力下合理组织知识的能力。就像让学生编辑《法学评论》一样，让他们有机会集中于一个典型法律事件进行深度的挖掘和思辨，提高学生的写作和口头辩论能力。此教学模式理论来源于瓦根舍因的“范例教学法”，它是与“课程教学体系”和“新教学体系”并举的具有世界影响的三大现代教学流派之一。该教学法就是以范例方式组织教学，集中学生在校的有限时间，完成有限的内容。教师对教材内容进行必要的精减、加强，突出重点知识内容，通过一定的形式，如模拟法庭与学生共同探讨，完成教学任务。它们是隐含着本质因素、基础因素的典型事例。通过范例，使教学做到少而精，在具有一定的法学理论知识的基础上，以生动的方式深化理解；基于亲自体验和问题研究，激发他们在课外自发学习的积极性。

二、模拟法庭的功能

（一）模拟法庭的功能性特点

1. 教学主体的三向互动：教学相长

（1）老师→学生：讲授式的单向流动

我国大学课堂长期采用的教学方式是讲授式（lecture），教师作为课堂唯一的发言人,将大量的知识和信息以单方讲授的形式灌输给学生,少有互动和反馈,再辅之以巨大的考试压力来确认知识"传授到人"。于是,学生们上课时埋头苦记,少有机会思考;考试之前,上课笔记和指定教材被学生们视若"宝典"疯狂识记,以实现优异的期末成绩;通过期末考试,即告该课程的"圆满完结"。部分法学院的学生们在经历了无数个通宵备考的"熬战"后,随即将本学期所学一切抛之脑后。其理论知识尚不能牢记,更不用说日后自如运用于实践中。在这个过程中,学生完全处于从属和被动地位,知识积累不是实现学习的目的,考试成为检验老师教授效果和学生实现学习价值的主宰。因此,学生往往缺乏主动求知的欲望和能力,导致学习目的的错位。

(2)老师 N. 学生 N. 法官/检察官/律师:模拟法庭的三向互动

模拟法庭教学法在哈佛大学法学院等国际知名法学院早已成为教学方式。在模拟法庭课程中,学生处于主体地位,是整个课程设置的核心目的。由负责课程的老师组织与法学院具有良好关系的法院、检察院、律所作为指导,学生自愿申请参加。

在模拟法庭教学中,教师首先,不是僵化死板地讲授教材,而是根据同学的实际情况,综合考虑法学理论和社会最新热点,选择具有争议性和可辩性的典型案例。其次,引导学生根据不同的角色定位针对案情进行调查、取证、法律文书的撰写等。在这个过程中,除了教师的指导,法学院还充分利用社会资源,如法官、检察官、律师团体等,进行联合指导,实行顾问制。各小组学生在这个环节中自行开展讨论并主动与顾问沟通,由顾问和老师共同指导调查取证的方法、文书写作的技巧等。进入正式的审判程序以后,学院提供与真实审判环境相类似的模拟审判庭，审判长由老师或者顾问担任，同时邀请学院的其他实务经验丰富的老师对原、被告从法律文书的写作到当庭辩论的表现进行评价并打分。最后，各小组的学生共同讨论并撰写总结报告和课程建议，由老师、顾问和小组其他成员共同对各个小组同学的表现打分。成绩评估和相关报告的完成宣告整个模拟法庭课程的结束。

2. 模拟还原现实，在真实压力下冷静处理各种问题

由于我国法学教材内容陈旧，经常孤立于现实，使我国法学课堂讲授内容的实用价值和理论价值都有所减弱；加之在讲授式的课堂中，学生几乎不需要面对压力和竞争，导致法学院的毕业生在初次“对簿公堂”时茫然无措。社会层面对于法学毕业生的能力与学历之间的关联性产生了较多质疑。古语道：“纸上得来终觉浅，绝知此事要躬行”。法学作为一门实践性较强的社会科学，对现实中法律实务的熟练运作和全面了解，无论是对于法学研究还是法律职业培养都具有不可或缺的意义。

与讲授式教学不同，模拟法庭教学的内容不限于法学理论知识，重点强调让学生亲身感受近似真实法庭的氛围，熟悉整个办案流程。尤其是在审判阶段，双方你攻我守、你来我往的控辩转换，面对对方紧逼、当事人重托和法官威严的巨大压力，容不得半点的迟疑和糊涂，必须保持灵活和冷静的头脑并陈述己方观点，随时应对突发状况。具备这些技能都必须经过一定的培训和指导。法学培养强调精英教育，精英要求勤于思、敏于行。模拟法庭教学法正是培养了法学学生在面对真实环境下像精英一样冷静，像精英一样思考的能力。

3. 灵活时变的内容、注重培养学生实务能力

(1) 紧密结合社会发展，通过模拟法庭再现，进行法律、经济等多学科全方位思考。

随着学科交叉性趋势的不断显现，环境法、金融法等与其他学科紧密相关的部门法律开始显现出巨大的社会需求，要求法学学生掌握综合性的知识。随着经济全球化的发展，国际信息的传递使原有法律和规制的界限难以适用，教材也难以赶上瞬息万变的现实。

而模拟法庭教学，通过结合现实中最受关注的典型案例和最新的理论前沿，进行案件全过程的再现。学生的思考、教师的指导加之实务界精英人士的扶正，使每一次模拟法庭的教学成果就像一本很好的教科书，只不过其撰稿人多样化，编写的程序反其道而行之。

(2) 注重学生实务能力，培养学生法律职业素养——像法律人那样思考。

这些包括法律依据的查找和引用，起诉书、委托书等法律文书的撰写，证据材料的收集和整理，庭前证据交换和当庭辩论能力等。法学院的学生经过模拟法庭系统的训练以后，一方面可以树立良好的自信心，另一方面可以在经验丰富的老师或顾问的引导下像法律人那样思考。

(二) 模拟法庭的“教”与“学”之功能

1. 对学生的功能

(1) 专业知识的深化和固化，巩固法律知识的理性认知

我国的法学本科教育普遍采用“大法学”培养方式，14 门专业核心课程将宪法、法理、民法、刑法、行政法、诉讼法、国际法、环境法等一一涵盖，广度上可谓一应俱全，但就深度而言，学生确实难以“运

用自如”。平时,法学院学生是大学校园中比较轻松和潇洒的群体;而考试时,在教室自习的法学院学生的数量和他们携带的复习书籍的厚度可谓惊人。我们在叹服于法学院学生短期记忆力时,不禁质疑这种应试教育的意义和效果。

法学学习需要经历:认识→了解→记忆→深化记忆→运用的过程,课堂的讲授和考试完成了前三步,模拟法庭教学法则将整个过程完整升华。通过真实或者经过处理的典型案件,在学生面前展现一个接近真实的案件,从受理到审判的全过程。用法学知识分析案件中的争点,找到论据,严格依照法律程序,运用法言法语和法律思维,以对己方当事人最有利的方式将案件诉讼程序圆满完结。只有开展模拟法庭教学,通过多种角色,帮助学生完成后两步法学理论知识的运用,才能真正实现培养一名专业基础扎实并初具法律实务能力的合格法律人才的目标。

(2)强调法律程序的重要性,转变“重实体、轻程序”的倾向

我国法学界对于法学教育目标的本源究竟是精英教育,还是职业教育的争论从未中断过,这也是法学教育不断发展的表现。无论是哪种教育,我国法学教育一直强调实体法的学习而忽视了程序法和程序正义精神的培养。这一方面,造成法学学生对于法律程序从无知陌生到轻视忽略,片面强调法学理论,实务能力差,职业水平难以胜任社会实际工作的需要;另一方面,也容易导致法学院学生对律师职业道德的轻视。

模拟法庭教学法将法律程序以写实的形式落实到每一个细节,由具有实务经验的老师或者顾问进行讲解。老师与学生共同认真探究每一个程序所蕴含的价值和历史,通过学生自己亲身演示去体

会法律程序的庄严和神圣，理解自己在将来所要扮演的角色的重要性和严肃性。通过这种方式，可以紧密联系三大诉讼法的内容并以法理学的程序正义贯穿之，以学生为主体树立法律信仰，转变“重实体、轻程序”的观念，将书本中的公平正义理念转变为每一个法学学生的亲身经历。

(3)综合锻炼学生独立思考能力、逻辑思辨能力、书面和口语表达能力

法律人与普通人的最大区别在于他们的语言、知识、思维、技能、伦理等职业资质，而法律技能又是职业资质中最为凸显的资质。[①] 接受法学教育之后，无论是从事法学理论研究工作还是法律实务工作，都必须具备对复杂案件的判断力，即独立思维和逻辑思辨的能力。模拟法庭教学的目的就是通过对真实案件的陈述和再现，使学生学会在众多的事实中找到严格意义上的法律事实，并将其组合为具有说服力的法律意见。不仅要去伪存真，还要合理利用关键事实。

一般讲授式锻炼写作能力的方法就是布置论文或作业，内容或为某个法学理论的论述或为某个学说的看法，写作目的不明确，命题缺乏新意，难以激起学生的写作兴趣，并且与法律文书写作相距甚远。就理论探讨而言，缺乏深度；就实务学习而言，缺乏针对性和实用性。模拟法庭教学中的写作直接锻炼学生的法律文书写作能力，结合特定案例，写作目的明确，生动真实往往能够让学生很快进入角色，学习积极性和写作能力将会大大提高。

---

① 参见房文翠、房绍坤：《当代中国法律家培养的困境与出路》，载《烟台大学学报》2003 年第 2 期。

目前，国际上有较多颇具影响的模拟法庭大赛，如杰赛普国际法模拟法庭比赛、威廉·维斯国际商事仲裁模拟法庭比赛、欧洲法模拟法庭比赛、亚洲杯国际法模拟法庭比赛等。在我国法学教育领域影响较大的是“理律杯”全国高校模拟法庭竞赛，其赛制主要包括书状和言辞辩论两个部分。前一部分对书状的提交期限、份数与交换，书状格式，申请方书状的内容，被申请方书状的内容，书状的修改进行了严格而详细的规定。言辞辩论原则上采取模拟商事仲裁程序或法庭审判程序，它分为陈述、提问答辩、总述三个部分，采取严格计时、逾时受罚原则。比赛规则就限制队员间的沟通、身份保密、录音与录像要求、展示品的使用要求、观赛人员的限制等都作了规定。[①] 由此可见，模拟法庭在教学过程中对于书面和口头能力训练的侧重点和意义，要达到以上比赛的标准，对于程序素养和个人能力都提出了明确的标准。

(4)培养团队和竞争意识，锻炼社交能力

法治秩序建构的核心问题之一就是法律人共同体的形成。法律人共同体形成的基本标志可概括为：以系统的法律学问和专门的思维方式为基础的技能；内部传承的法律职业伦理；自主性或自治性；一定的法律资质。[②]

模拟法庭教学一般分小组并代表不同当事人，小组成员通过分工合作，承担查找资料、撰写法律报告、取证、文书撰写、材料整理以及出庭辩护的任务。各个小组必须学会合理的分工合作，明确各自

---

① 参见清华大学法学院编：《模拟法庭训练：2003 年“理律杯”全国高校模拟法庭比赛实录》，清华大学出版社 2004 年版，第 26 页。

② 参见孙笑侠：《法律家的技能与伦理》，载《法学研究》2001 年第 4 期。

的任务，相互协作、共同完成一个案件。这对于习惯于一人应付老师布置的作业和埋头于图书馆的学生而言，既是一个挑战，也是一次学习的机会，使之有机会锻炼团队合作意识和能力。另外，取证和文书写作不同于论文写作，需要与证人、专家、法院和对方当事人进行充分的交流和沟通，以获取对自己有利的信息。这不仅要求组员需要明确和不同类型的人沟通的目的和方法，利用合法的手段，选择足够自信的方式并实施战略性措施，还需要组员鼓起面对拒绝不气馁、在困难面前不低头的勇气，并树立在法律框架下为实现当事人利益最大化而努力的信念。

2. 对老师的功能

(1)促进师生交流，人性化教学，紧跟学生需求，及时解决问题

我国传统美德认为老师和学生之间是一种长辈和晚辈的关系。而一道讲台、一块黑板无形中阻断了师生之间的平等交流，拉大了师生之间的距离。但在模拟法庭教学中，教师和学生在庭上是律师、法官与旁听者的关系，在庭下是共同协商对策或者讨论案情的合作伙伴。在分成几个小组后，每个小组自行分工行动，老师或作为成员参加小组讨论或作为旁观者给予建议。主导者是学生，老师只起到点拨的作用。同时，还可以积极观察学生在角色扮演过程中的需求，定期进行总结，针对每个学生制订不同的目标和计划，查找国内外相关的法学理论研究和实务技巧给学生进行充电。这一方面，解决了师生之间平时缺乏交流机会，使老师难以“因材施教”而提高课堂质量的问题；另一方面，重视每个学生的不同需求是精英教育的基本要求，它有利于鼓励法学学生的个性化发展。

（2）提升老师自身的实务能力

模拟法庭教学方式的一个显著特点就是实务性。在模拟环境下的法庭审判全过程中培养学生的职业能力，锻炼学生从事法律职业所需的各方面素质，积累处理真实案件的经验。这对于学生而言是全新的体验，对老师来说则是巨大的挑战。虽然部分大学法科教师身兼律师身份，并有从事律师业务的经验，但在我国法学院中这类老师的比例并不高，大多数教师实务经验略显不足，对在现实审判中的最新做法了解相对较少。模拟法庭教学课程充分利用法学院教师和法官、检察官及职业律师之间的良好关系，以顾问的形式邀请实务界人士的参与，能够帮助教师更多地关注实务中的做法并实现与法学理论研究之间的契合，在相互交流中有效提升实务能力。

（3）激发创新教学思维，适应学生和社会的需求

我国在不断摸索和改革中运用模拟法庭教学是法学教育改革尝试的一部分。应该进一步鼓励教师以学生为本，改变观念，在保留传统教育注重理论性、系统性的基础上，进一步结合学生的兴趣，充分了解社会对于法学学生的职业需求，创造出既能激发学生兴趣和潜力，又能培养胜任实现社会公平正义目的的法律人才。

三、模拟法庭教学的价值

（一）强调程序正义的重要性，强化程序正义的价值观

模拟法庭活动场所布置与法院正式审判庭一样，各组学生要求着相应的服装，形成严肃、正规的法庭气氛。开庭审判各阶段的工作，都由学生自己完成，教师不参与、不干涉，即使开庭时遇到了问题或遇到了准备阶段没有注意到的情况，也由学生自己处理，任何

情况下都不能中断开庭程序。在实际参与中,参与人员会有一种真实感、责任感和使命感,认识到自己的一言一行,均是在维护法律的神圣与尊严,维护国家、个人(当事人)的合法利益。实体公正的基石是程序公正,这是一种基本信念。

学生们亲身实践了一个案件从开庭材料的准备到正式开庭,最后总结案卷材料的全过程。这种实践带给他们的刺激和印象远胜于从书本上获知的文字信息,让他们能够更加深刻、更加全面、更加长远地了解到案件审判的模式和过程,尤其是强化了其在程序正义方面的认知和信仰,帮助他们树立牢固的程序正义价值观。正如清华大学的王晨光教授所言:当一个人作为乘客坐车时,他不一定会记住行车路线。但是,当他坐在司机的位置上时,他就必须认路、记路和分析路线。模拟法庭在一定程度上把学生置于司机的位置,成为学习的主体。因此,学生必须主动地去学,①不再是老师台上讲,学生台下记,学生在教师提供的一套固定、简单的事实基础上决定如何适用法律。它对学生潜在而深远的影响远远超出传统法学教育模式的作用,甚至会在其今后一生的法律职业生涯中留下难以磨灭的记忆和许多时常回味的片断。

(二)变革人才培养观念,实现素质教育与职业教育的结合

我国传统的法学教育一直侧重于法学理论的灌输,忽视了学生实践技能的培养,这不可避免地导致教学的抽象、枯燥,并与实践相脱节。② 学生毕业后,往往无法迅速适应法律实际工作的需要。这

---

① 王晨光:《模拟法庭——对传统法学教育模式的挑战》,载《人民法院报》2001 年 7 月 17 日,第 3 版。

② 参见胡玉鸿:《国家司法考试与法学教育模式的转轨》,载《法学论坛》2001 年第 9 期。

就需要转变教育观念：法学教育不仅是知识传授和学术培养，还是一种职业训练。法学教育培养的人才，既要有扎实的理论基础，还要有相关的实践操作能力。长期以来，我们对法学教育的实质和目的认识不清，使法学教育片面地强调知识的灌输，忽略了职业训练，致使学生毕业后大都不能很快地适应实际工作，而把应当由法学教育机构完成的工作留给了法律实践机构来完成。[①] 要改变这种"重理论、轻实践"的做法，就要促进理论知识向实践技能转化，培养和训练学生实践操作技巧和综合能力。

学生在模拟法庭活动中，以一个个真实的案例为蓝本，让学生充当各类诉讼法律关系的主体，通过讨论案情、制作法律文书、主持庭审、在法庭上陈述、举证、质证、辩论、合议、宣判等互动过程，法律实务操作技能可以得到切实提高，同时训练了语言表达能力、应变创新能力、组织协调能力、社会交际能力等综合能力，为他们成为高级应用型法律人才奠定坚实的基础。

总之，法律是一门实践性极强的学科，是一种胸怀百姓、心系天下的大工程、大智慧，实践证明，没有经过法律实践是无法真正学好法律的。尽管我们已经开始进行模拟法庭教学，但很多问题还有待我们继续探索和研究。可以预见，一旦认识到以技能训练为基础或实践性课程的必要性，使研究型法学学习从单一的价值理性回归到实践理性上来，并积极开展模拟法庭教学以及其他形式的实践性法学教育模式，我国的法律教育必将在诸多方面发生根本性变革。

---

① 参见霍宪丹、刘亚：《法律职业与法学教育》，载《中国律师》2001 年第 1 期。

Moot Court: The Response of Research-based Legal Education to Practical Rationality

Ⅰ. The Background and Definition of Moot Court

Ⅰ.1 The Background

As a discipline of long history, legal science's teac-hing experienced a change from apprentice education to the systematic school education. The establishment of modern society ruled of law pays more attention to the training of practical legal talents and requires the legal talents with innovative awareness, spirit, thinking and ability. The innovative legal talents are both law professi-onals dealing with specific legal businesses and specialized experts of fairness and advanced law concepts.

Legal education plays an important role in promoting the establishment of the society ruled of law. Mr. Boyer, an American higher education researcher, once said that the modern university students are not innocent mob, but the young scholars still in growth period. This statement points out the significance of university education to the talent growth. The reason why we consider university period as the key period for innovative talents growth is that it is the turn point for the transition of innovative talents' training to application. ① It is not difficult to see that the legal education at Universities plays a big role in the training of future law scholars, judges, procurators and attorneys, etc. At present, the professionalization and functionality trend of legal education becomes clearer. However, our traditional legal education is not practical in the aspects of education mechanism, talents training pattern, courses design, teaching management system and education evaluation. It only inculcates the theories blindly and ignores the educational nature, creativity, practicality and operability of teaching, which restricts the independent development space for the students and destroys the innovation, and finally makes a huge gap between practical ability and social needs.

As pointed out in the preface of *Cases on Contract Law* by Langdell, The law, which is considered as science, consists of principles and theories. Every principle is formed through gradual development. In another word, it is a long developing road full of many cases. Therefore, the quickest and best method (if it is not the only one) to

① Zhong Binlin, "Promote the Training of Innovative Talents by Borrowing Foreign Experience", *China Education Newspaper*, Jan 17th of 2007.

grasp these principles is to study these cases which include these principles. [①]In the common law countries, case law is the main content of legal education. The Law Schools shall make the training of practical ability as the basic aim for the students and set case-study as the basic method at the time when the students enter the Law Schools. Through the case-study, the students will gradually form and strengthen the law awareness and complete the law training.

The legal clinic education, started in the 1960s in American Law Schools, is also promoted recent years in China. It promotes the case teaching methodology to the climax. The case-study is an innovation to the traditional teaching pattern. It breaks the traditional cramming teaching pattern and makes the higher legal education to train independent thinking legal talents instead of repeating machines. However, the case study methodology at present in China is still at the phase of role-playing and doesn't overcome the huge gap of value rationality and practical rationality. Therefore, we should continue our promotion of the new law teaching pattern—the moot court teaching, which puts the role-play as main method, and encourages students to participate, explore, think and practice actively.

Ⅰ.2 The Definition of Moot Court

The moot court teaching is a kind of imitational court debates, which aim at strengthening the students' written and oral debate abilities,

---

① Lawrence M. Friedman, "American Legal Education Background", http://www.iolaw.org.cn/shownews.asp? id = 74, Nov. 16, 2009.

training their thinking sensitivity and the ability to organize knowledge under real pressure. Just like asking the students to edit *Law Reviews*, it is an opportunity to make students focus on a typical legal issue so that their written and oral debate abilities will be improved. This kind of teaching pattern originates from "exemplary teaching", which is one of the three most influential modern teaching schools, by M. Wagenschein. This teaching methodology is to organize teaching through the way of examples and requires student to complete the limited content within certain time. The teacher makes necessary compaction, intensification, and deepening to focus on the key content, and discuss with the students through the way of moot court for example. The examples that used in teaching are implicated with essential and basic factors. Through the exemplary teaching, the teaching content could be focused and understood in a vivid way. Through personal experience and research, the student's initiatives could be enhanced.

Ⅱ. The Function of Moot Court

Ⅱ.1 The Features of Moot Court

Ⅱ.1.1 Three-way interaction of the teaching subject: teacher v. student v. judge/procurator/lawyer.

The lecture has been used by Chinese universities for a long time. By this traditional method, the teacher imbues a great amount of knowledge and information to the students with seldom interaction and feedback from students. The way to check whether the knowledge is imbued to students is by examination. Therefore, the students just take notes without thinking and crazily learn all the information by heart before the final examination. The pass of examination just means the end of the course. Usually, after spending several sleepless nights before the final examination and pass the exam finally, the students can't apply the legal knowledge to practice. During the whole lecturing process, the students are in a subordinate and passive position. The accumulation of knowledge is not the aim, but examination dominates the result of teaching and learning. Therefore, the students usually lack the desire to learn and their aims of learning becomes wrong.

Moot court teaching has already become a popular teaching method in famous law schools, like Harvard Law School, etc. In the moot court courses, the students are the dominant and the center of the whole course. The responsible teacher organizes the Court, Procurator and Law Firm to guide and the students participate on their own willing.

In the moot court teaching, the teacher does not lecture by the teaching plan, but consider the students' actual situation and choose the classic cases which are social hot topics and debatable. Furthermore, the teacher guides the student to make survey, obtain the evidence and write the law documents based on their roles in the moot court. During this process, besides the teacher's guiding, the Law School also takes full advantages of the social resources, like judges, procurators, lawyer groups, etc. as consultant. In this part, every group of students discuss and communicate with the consultants actively, and the consultants and teachers cooperate on guiding the students to make survey, to obtain evidence and to write law documents, etc. In the official judge process, the school will provide a simulated court, which is similar to the genuine court, and the teachers or consultants will act as chief justice. Moreover, the other experienced teachers will be invited to evaluate the prosecutor and the defendant's from law document writing to the court performance. At the end, the group students make discussions and write the reports and course suggestions, and the teachers, consultants and other members of the group will make a final evaluation of the student. The evaluation and the completion of the report mean the end of the moot court course.

Ⅱ.1.2 The moot court reflects the reality and the students learn to deal with various problems under the genuine pressure.

Because of the out-of-date and separated law teaching materials, both the practical value and the theoretical value are reduced in Chinese legal education for a long time. Besides, the fact that students almost face no pressure and competition during the lecturing class usually makes them feel at lost when they first appear at the court. As a result, the society doubts about the relations between the law graduates' ability and their educational background, just as an old Chinese saying: the knowledge from the books is superficial, while the knowledge from the practice is real. As a social science with strong practicality, to understand and use law in the reality is significant to both law researches and law occupational training.

Different from lecturing teaching method, moot court is not limited within legal knowledge, but focuses on the students' experience of the genuine court atmosphere and the familiarity with the whole process. Especially during the trial period, the debate will be very fierce. Faced with the opposite attack, the litigant's great trust and the judge's seriousness, the students shall be calm enough to deal with any emergent situations. All these skills require great training and guidance. The legal education focuses on the elite education, which requires the legal talents in mind and behavior. The moot court teaching just aims at cultivating the legal talents who could think calmly like the elite in the genuine situation.

Ⅱ. 1. 3 The flexible and timely teaching content is useful to the students' practical ability: thinking like a lawyer.

With the prosperous of overlapped disciplines, there are a great demand of particular fields of law, like environment law, financial law, etc, that closely combined with other disciplines. These laws require student to grasp comprehensive knowledge. With the economic globalization, the international information flow makes the original law and regulation bound inapplicable and the teaching materials outmoded.

Through the combination of the classic cases and the latest theories, the moot court teaching makes the whole case reappeared. With the student's independent thinking, the teacher's guidance, and the professionals' advises, the moot court becomes a very interesting book with various authors.

Therefore, the moot court teaching focuses on the students' practical ability and law occupational quality. These include the search and cite of the law theories, the writing of law documents like proceedings, power of attorney and so on, the collection and sort out of the evidences, and the exchange of evidences and debate in court, etc. After the systematic training in the moot court, the students at law classrooms could establish great confidence and think like a lawyer under the guidance of experienced teachers or consultants.

Ⅱ.2 The function of "teaching" and "learning" under the moot court

Ⅱ.2.1 For the students

(a) To intensify and strengthen the professional knowledge.

Chinese legal education for undergraduates follow the way of "comprehensive law education" which includes 14 core subjects, such as constitution law, theory of law, civil law, criminal law, administrative law, procedural law, international law, and environment law, etc. This kind of courses establishment is very comprehensive but not deep enough for students to grasp well. It seems that the Law School students have more leisure time, but before examinations, both the number of Law School students busily prepare for exams in the library and the depth of their books are surprising. Although we are amazed at the law school students' short memory, we still doubt about the result of this exam-oriented education.

If we look back the law-learning process, we can find the following steps: know → understand → memorize → intensive-memorize → application, the classroom lecturing and exam may finish the former three steps, while the moot court upgrade the whole process. By studying the genuine or processed classic cases, the whole process of an almost genuine case is displayed before the students from the acceptance of a case to the making of a judgment. Students are required to analyze the debatable issues in the case and find the relevant evidences to complete the case in favor of his client by using law languages and thinking. Only by moot court and role-play, can the students realize the application of law theories, and can the aim of cultivating the qualified legal talents be achieved.

(b) To emphasize the importance of the legal procedures and to change the trendence of " focus on substantives but ignore the procedures" in China.

The argument of whether the purpose of legal education is elite education or occupational education in China never stops, which reflects the continuous development of Chinese legal education. No matter which education style it is, the legal education in China always pays attention to the substantive law, but ignores the procedural law and procedural justice spirit. This cause the Law School students to ignore the procedures but only focuses on the law theories, and also makes them to ignore the lawyer's professional ethics.

Moot court brings the procedures into details through an imitational way. The teachers or consultants with practical experiences will lecture.

The teacher and student will study every procedure contained with value and history, through the personal performance, the students will realize the importance and seriousness of their roles. Through this way, the three major procedural laws will be mastered by the students so that the law faith with students as main subject will be established. The traditional trendence of "focus on substantives but ignore the procedures" will be changed.

(c) To train the student's independent thinking, logic speculation ability and written ability and oral ability.

The biggest difference between law professional and common people is their languages, knowledge, thinking, skills and ethics, etc. The law skills are the most prominent qualification among all the professional qualifications. ① After receiving the legal education, whether the student works in the field of law theory or practical law businesses in the future, the student shall have sharp judgment ability for the complicated cases, i. e. the independent and logic thinking ability. The aim of moot court is to help students to find the legal facts from the objective facts and to form reality among many realities and arrange the most persuasive legal opinions through the way of statement and playback of the real cases.

Usually speaking, the lecturing teaching method trains the student's writing ability through assignment or homework focused on certain law

① Fang Wencui, Fang Shaokun, "The dilemma and its solutions of the training to modern Chinese law professionals", *Yantai University Journal* Issue 2, 2003.

theory or law school opinions. This kind of writing has no clear aim and lacks innovation, which can hardly arouse students' interests. From the theoretical view, it lacks in depth, while from the practical view, it lacks target and practicality. The writing exercise of moot court directly trains the students' ability of writing law documents on the basis of analyzing specific cases. This kind of writing training has clear aims and is very vivid, which could greatly improve the students' enthusiasm and writing skills.

At present, there are a lot of influential moot court competitions, like Jessup International Moot Court Competition, William Vis International Commercial Arbitration Moot Court Competition, European Law Moot Court Competition, Asian Cup International Law Moot Court Competition and so on. In China, the "Lilv Cup" University Moot Court Competition, which includes written and oral debates, is the most famous one. In the written part, there are strict and specific restrictions on the delivery period of statement, copies and exchanges, formats, application content of both the claimants and respondents. The verbal debate follows the imitation commercial arbitration procedure or court judge procedure. It consists of statement, question and debate, conclusion. These three parts are strictly timed and any overtime will be punished. The competition has strict rules on members' communication, identity secrecy, record and video requirement, display requirement and audiences, etc.① To achieve the above goals, there are clear standards of procedural quality and personal ability. It is not difficult to see that moot court plays an important role in the written and oral ability training.

(d) To cultivate the teamwork spirit and competition awareness, to improve the social communicate ability.

One of the core questions of building of legal orders is the formation of community of law professionals. The following symbols could stand for the formation of the law professional group: the systematic law knowledge and special thinking way are the basic skills, the inherited law occupational ethics, autonomy, and certain legal qualifications.②

The moot court teaching divides into different groups standing for different parties. Through division of work, the group member research materials, compile law report, obtain evidence, compile documents, sort out materials and debate on the court. The group members shall learn how to distribute the work reasonably and complete their own work by cooperation. For the students who get used to finish the work assigned by teachers, it is both a challenge and opportunity. Besides, the evidence obtaining and law document writing, which requires the communication

---

① Law School of Tsing Hua University, "Moot Court Training: the Record of 2003 Lilv Cup University Moot Court Competition", Tsing Hua University Press, 2004, p. 26.

② Sun Xiaoxia, "Skills and Ethics of Law Professionals", *Journal of Law Research* Issue 4, 2001.

and cooperation among witness, experts, court and the opposite party, are different from other paper writing. It requires not only the member's communication skills with different types of people and abilities of taking strategic measures, but also requires their courage of never give up and efforts to maximize the client's benefit.

Ⅱ.2.2 For the teachers

(a) To promote the communication between teachers and students, to meet the students' needs and to solve problems through student-oriented teaching.

In China, the traditional virtue of "respecting teachers" points out that the relations between students and teachers, elderly and young. However, the traditional lecturing teaching interrupts the equal communication between teachers and students and makes a gap between them. In the moot court, the relationship between teachers and students become the relations among attorneys, judges and audiences. Under this situation, teachers and students are partners who cooperate to discuss the cases together. After being divided into several groups, the teachers participate in the discussion or offer suggestions as audiences. The dominant is the students, while teachers become guides. Through this kind of teaching method, the teacher could observe the student's needs and make conclusions according to different students' aims. Therefore, the teachers could find relevant law theory's researches and practical skills from both China and abroad to help students make improvements. It solves the problem of lacking communication between teachers and students and helps teacher to improve the class quality according to students' needs, and also encourages the student's personality development.

(b) To improve the teacher's practical ability.

An obvious characteristic of moot court teaching is its practicality. In the moot court, the student's professional ability could be cultivated and their experience of dealing with disputes could also be accumulated. This is a new experience for students, and also a huge challenge for teachers. Although some of Law School teachers in China are also lawyers who have practical experiences, the rate of such teachers is not high. The majority of teachers lack practical experience and are not familiar with the latest situations of judicial practice. The moot court takes full advantages of the close relations between Law School teachers and judges, procurators and professional lawyers. By inviting the professionals in the practical field, the teachers could learn to cooperate between theories and practice, to improve their practical skills.

(c) To arouse teacher to innovate teaching methods.

By using moot court teaching in our continuous searches and reforms is one of the parts for our legal education reforms. We should further encourage the teachers to change their old thinking, focus on the students' needs, arouse students' interests and potentialities, cultivate the legal talents who could achieve the social justice and fairness.

Ⅲ. The Value of Moot Court

Ⅲ.1 To emphasize the importance of legal procedures and to strengthen the justice values of the procedures

The moot court's atmosphere is exactly like the genuine court, which requires the student to wear the appropriate costumes. All works shall be completed by students and teachers which shall not be involved. Even there are some problems or unexpected situations, the students are required to deal with by themselves and the whole procedures cannot be interrupted at any situation. In the participation, the participant will have a sense of reality, responsibility and mission. They will realize that their words and behaviors are for the sacredness and dignity of law as well as the legitimate rights of nation and individuals. The procedural justice will set as the basis for substantive justice.

Students experience the whole process starting from preparing documents to official court hearing, till the final conclusion of the files. This kind of practice will bring far more excitement and impression to the students than the information simply got from the book. In this way, they will understand the case trial more comprehensively and deeply, strengthen their understanding or procedural justice, establish the strong procedural justice value. As Professor Wang Chenguang said that when a person takes the bus, he maybe cannot remember the routes; *however if he drives the car, he must understand and analyze the routes.* ①The moot court, to some extent, just puts the students to the position of the driver. Therefore, the students need to learn actively instead of taking notes and following teachers' way without independent thinking. The potential but deep influence of moot court is far beyond the traditional teaching mode, and may leave students unforgettable memory in all his career life.

Ⅲ.2 To reform the legal education and to realize the combination of general education and professional education

The traditional legal education pays too much attention to imbue the law theories and ignores the cultivation of students' practical skills. This will result in the boring of teaching and separation with the practice. ② After graduation, the students cannot get used to the practical working. Therefore, we should change the education idea: the legal education is not only the imbue of knowledge, but also the professional training. The qualified lawyer should not only have strong theoretical basis, but also have relevant practical skills. For a long time, our unclear understanding of nature and aim of the legal education makes it emphasizes on the knowledge imbue and ignores the professional training, which results that the students cannot be

---

① Wang Chenguang, "Moot court: the challenges to the traditional law education pattern", *People's Court Newspaper*, July 12 of 2001.

② Hu Yuhong, "The Changes of Judicial examination and Law Education Pattern in China", *Law Forum*, Issue 9, 2001.

adjusted to the practice work and have to learn in the practical law institutions. [①] To change such situation of paying attention to the theory but ignoring the practice, we have to speed up the transition from theoretical knowledge to practical skills and cultivate students' comprehensive skills.

In the moot court, the genuine cases become the chief resources, and the students become the core to deal with various judicial relations. Through case discussion, preparing the law documents, hosting the court, statement on court, probation, interrogation, panel discussion and judgment, etc, the students could not only improve their practical skills, but also improve their communication skills, innovation, organization and social communication skills, all of these are the bases for an advanced lawyer.

Ⅳ. Conclusion

In conclusion, science of law is a practical discipline which contains great wisdom. Without practice, the students cannot learn law very well. Although we have started the moot court teaching, there are many questions which need to be researched. It is predicted that once we realize the importance of skill training or practical courses, we should guide the research-based legal study from only theoretical value to practical value, and to follow the moot court teaching or other types of

① Huo Xiandan and Liu Ya, "Legal Occupation and Legal Education", *Chinese Lawyers* issue 1, 2001.

practical teaching methods. Only this situation happened, the legal education in China would meet the needs of the globalization and localization of law.

第三编　用　法　规

Declaration of Yongping Xiao

I, Yongping Xiao, born in February 28, 1966, received my bachelor's degree and PhD in law in 1988 and 1993 respectively from Southwest University of Political Science and Law and Wuhan University School of Law. I am now a professor of private international law and PhD supervisor in Wuhan University School of Law, and concurrently serve as the dean and president of Academic Committee of WuhanUniversity School of Law.

I have published over 160 academic articles in journals and magazines issued in PRC, USA, UK, Holland and other jurisdictions, and published more than 20 academic monographs and textbooks on private international law, arbitration law, and international civil litigation, such as *the Principle of Private International Law* (Law Press, first edition, 2003 and second edition, 2007), *the Law of Conflict of Laws from a Jurisprudence Perspective*(Higher Education Publishing House, 2008), *A Textbook on Chinese Arbitration Law* (Wuhan University Press, 1997). One of my articles, "Selected Topics on the Application of the CISG in China" (20 *Pace Int'l L. Rev.* 61, 79 (2008)), has been relied upon by a United States Federal Court, see Innotex Precision Limited v. Horei Image Products(INC., et al., 679 F. Supp. 2d 1356(N. D. Ge. 2009)).

In addition, I also hold the following positions:

- Standing Vice-chairman, China's Society of Private International Law.
- Editor-in-chief, *Chinese Yearbook of Private International Law and Comp-arative Law*, and *Law Review*.
- Vice-chairman, Law Society of Hubei Province.
- Vice-chairman, Wuhan Arbitration Commission.
- Arbitrator, Beijing Arbitration Commission, Wuhan Arbitration Commi-ssion, CIETAC.
- Standing director, China Law Society.
- Member of Advisory Committee, Wuhan Intermediate People's Court, P. R. China.

With the above experience, I have comprehensive knowledge and understanding of the legal system and judicial/arbitral practice in the PRC, and have the capability to provide this opinion as a legal expert to address issues relating to civil claims in PRC courts or arbitration commissions. After reviewing the "State-owned Title Transfer Contract of Wuhan Machine Tool Works" on March 16, 2005, and the "Agreement to Terminate Contract" on July 5, 2008 between Wuhan Industrial State-owned Holding Group Co., Ltd. and Intercontinental Industries Corporation, as well as the First Amended Complaint for Damages by Intercontinental Industries Corporation in United State District Court Central District of California on July 6, 2011, I address the civil and arbitration procedures, and the availability of claims for breach of contract, rescission of contract, and fraud under PRC law below.

I. Civil Procedure Law in PRC

I.1 General remarks on civil procedure law in PRC

The core piece of legislation governing civil procedure in PRC is the Civil Procedure Act. It was adopted in 1982 and recently amended in 2007. Provisions on civil procedures can also be found in other legislation such as the Constitutional Act, Maritime Procedure Act. The Supreme People's Court interpretations and answers regarding the Civil Procedure Act and other relevant acts also serve as guidance for judges in the application of law.

The principles of trial are: (i) the decision shall be made by a panel; (ii) interested judges shall withdraw from the proceeding; (iii) a trial should be open to the public; and (iv) a judgment of second instance is final. ①

In civil litigation parties enjoy equal procedural rights. ② Parties are entitled to present their cases. ③ The Civil Procedure Act is intended to: (i) safeguard the right to a just civil proceeding of the people; and (ii) regulate the court in the administration of civil proceedings. ④

The Civil Procedure Act governs civil litigation over property and personal relations between citizens, legal persons, and other organizations. ⑤ Foreigners, stateless persons, foreign enterprises and organizations enjoy the same rights and obligations as Chinese nationals in civil litigation as plaintiffs and defendants, unless there is a limitation on the rights of Chinese nationals in the foreign court. ⑥

I.2 The court system

There are four levels in the general Chinese court system: basic courts, intermediate courts, higher courts and the Supreme People's Court, at the county, prefecture, province, and national level respectively. Proceedings are of first instance or second instance. Generally basic courts hear cases of first instance. Judgments and rulings of first instance are not final, and are subject to appeal.

---

① Civil Procedure Act art 10.
② Civil Procedure Act art 8.
③ Civil Procedure Act art 12.
④ Civil Procedure Act art 2.
⑤ Civil Procedure Act art 3.
⑥ Civil Procedure Act art 5.

I.3 Appeal

A higher court than the trial court is competent to hear cases of appeal (second instance). [①] After hearing an appellate case, the people's court of second instance shall: (i) dismiss the appeal and sustain the judgment of the trial if the fact finding is clear and the application of law is correct; (ii) amend the judgment if there is error in the application of law; (iii) remand the case for retrial or amend the judgment after trial if there is error or ambiguity or lack of evidence in fact finding; or (iv) set aside the judgment and remand for retrial if there is such violation of law as to affect a just proceeding. Parties may appeal on judgments of remanded cases. [②]

I.4 Jurisdiction

I.4.1 Jurisdiction by level

Basic people's courts have jurisdiction over cases of the first instance. [③] Intermediate people's courts have jurisdiction over cases of the first instance in any of the following circumstances: (i) major cases involving an international factor; (ii) cases with major influence in the district; (iii) other cases designated by the Supreme People's Court. [④] Higher People's Courts have jurisdiction over cases of the first instance with major influence in the district. [⑤] The Supreme People' Court has

---

① Civil Procedure Act art 147.

② Civil Procedure Act art 153.

③ Civil Procedure Act art 18.

④ Civil Procedure Act art 19.

⑤ Civil Procedure Act art 20.

jurisdiction over cases of the first instance of major influence across the country; or cases it considers proper. ①

Major cases involving an international factor are defined as those cases which the disputed money is more than 10 million RBM, or the facts are very complicated, or more than one party is residing abroad. ②

Ⅰ.4.2 Territorial jurisdiction

As a principle, the court of the place of the domicile of the defendant has jurisdiction, or the court of the place of the habitual residence of the defendant has jurisdiction. ③ There are detailed provisions on disputes over insurance, negotiable instruments, transport, tort, traffic accidents, maritime accidents, maritime relief, maritime salvage, etc. ④

In contractual disputes or other proprietary rights disputes, the court of the place of the signature or conclusion of contract, or the place of subject matter, or the place of attachable property of the defendant, or the place of the domicile of the representative of the defendant, has jurisdiction, even if the defendant has no domicile in China. ⑤

Parties to a contract also may agree in writing to the competent court, which can be the court of the place of the domicile of the

---

① Civil Procedure Act art 21.

② Supreme People's Court Opinion on Applying the Civil Procedure Act art 1.

③ Civil Procedure Act art 22.

④ Civil Procedure Act ch 2.

⑤ Civil Procedure Act art 241.

defendant, place of performance, place of conclusion, place of signature, place of domicile of the plaintiff, place of the subject matter, subject to the provisions of the Civil Procedure Act on the level of court and exclusive jurisdiction. [1]

Ⅰ.5 Evidence presented in PRC Courts

Evidence in civil procedure is mainly governed by the Civil Procedure Act, Supreme People's Court Interpretation of Civil Procedure Act, and Provisions of the Supreme People's Court on Evidence in Civil Procedures.

Evidence is classified into: (1) documentary evidence; (2) material evidence; (3) audio-visual material; (4) testimony of witnesses; (5) statements of the parties; (6) expert conclusions; and (7) records of inspection. [2]

Ⅰ.5.1 Burden of proof

It is the duty of a party to an action to provide evidence in support of his allegations.

Ⅰ.5.2 Court collected evidence

A court may collect evidence out of authority if it considers it necessary or on the application of parties. [3] Firstly, when a court may consider it necessary refers to two circumstances: the interests of the state, public interests of society or interests of other people may be

---

① Civil Procedure Act art 25.

② Civil Procedure Act art 63.

③ Civil Procedure Act art 64.

injured; or procedural matters such as adding parties, suspending a proceeding, ending a proceeding, and withdrawal.① Secondly, parties and their agents ad litem may plead a court to investigate upon and collect evidence: (1) The evidence applied for investigation and collection are the archive files kept by state organs and must be accessed by a court; (2) materials that concern state secrets, commercial secrets or personal privacy; (3) other materials that cannot be collected by the parties or their agents ad litem due to objective reasons.② The application of the parties or their agents ad litem to a court for investigating upon and collecting evidence shall be filed no later than seven days prior to the expiration of the term for producing evidence. Reconsideration is allowed if an application is refused. An application for a reconsideration must be filed to the same court within three days after a notice of refusal is served on the parties. A court shall reply to an application for reconsideration within five days of receipt of the application.③ A court shall have the right to make investigation and collect evidence from the relevant entities or individuals; such entities or individuals may not refuse to provide information and evidence. The people's court shall verify the authenticity, examine and determine the validity of the certifying documents provided by the relevant entities or

---

① Provisions of the Supreme People's Court on Evidence in Civil Procedures art 15.
② Provisions of the Supreme People's Court on Evidence in Civil Procedures art 17.
③ Provisions of the Supreme People's Court on Evidence in Civil Procedures art 19.

individuals. ①

With respect to fact to which both parties consent but which concern the interests of the state, the public interests of the society or the lawful rights and interests of other people, may order the parties to produce relevant evidence. ②

Ⅰ.5.3 Authentication

A court may ask an authentication entity designated by law, or failing such legal designation; by the court, to evaluate a technical issue if it considers it necessary. ③ Parties may apply for authentication. ④ Where parties apply for authentication parties may agree on the authentication entity, or failing an agreement, a court may appoint an authentication entity. ⑤ A conclusion of an authentication entity is subject to challenge. ⑥

Ⅰ.5.4 Inspection of physical evidence on site

Inspection of physical evidence on site is allowed with the authority of a court. ⑦

Ⅰ.5.5 Preservation of evidence

Under circumstances where there is a likelihood that evidence may

---

① Civil Procedure Act art 65.
② Provisions of the Supreme People's Court on Evidence in Civil Procedures art 13.
③ Civil Procedure Act art 72.
④ Provisions of the Supreme People's Court on Evidence in Civil Procedures art 25.
⑤ Provisions of the Supreme People's Court on Evidence in Civil Procedures art 26.
⑥ Provisions of the Supreme People's Court on Evidence in Civil Procedures arts 27,28.
⑦ Civil Procedure Act art 73.

be destroyed or lost, or difficult to obtain later, the participants in the proceedings may apply to the people's court for preservation of the evidence. The people's court may also on its own initiative takes measures to preserve such evidence.① The parties shall make the application at no later than seven days prior to the term for producing evidence. Where any party concerned applies for the preservation of evidence, a court may demand the party to provide relevant guarantees. In case there are different provisions in laws or judicial interpretations concerning the prior-litigation preservation of evidence, such provisions shall prevail.②

Ⅰ.5.6 Evidence from abroad

If the evidence submitted by the parties is formed outside the People's Republic of China, the evidence shall be notarized by the country and authenticated by the embassy of the People's Republic of China in the said country, or shall be certified as provided in the relevant treaties between the People's Republic of China and the said country. If the evidence submitted by the parties concerned is formed in Hong Kong, Macao or Taiwan, relevant formalities shall also be gone through.③

Ⅰ.5.7 Term for producing evidence

A court shall service a notice for producing evidence to both

① Civil Procedure Act art 74.

② Provisions of the Supreme People's Court on Evidence in Civil Procedures art 23.

③ Provisions of the Supreme People's Court on Evidence in Civil Procedures art 11.

claimant and defendant, specifying the burden of proof, the circumstances under which the parties may plead the People's court to investigate upon and collect evidence, the term prescribed by the court for producing evidence and the consequences of failure to produce evidence during the prescribed time period. The time period for producing evidence may be agreed upon by the parties concerned and be affirmed by the People's court. A court-designated time period shall be not less 30 days, starting from the next day when the parties concerned receive the notice of producing evidence.① A party which has real difficulty in producing evidence during the prescribed term may apply to a court for extension during the term for producing evidence.②

Ⅰ.5.8 Exchange of evidence

A court may, upon the application of the parties concerned, organize an exchange evidence prior to court hearing. As for the cases with numerous or complicated evidence, a court shall organize an exchange evidence after the expiration of the term for defense but prior to court hearing.③ Parties may agree on a time for exchanging evidence subject to the approval of a people's court, or a court may determine it. The day when evidence is exchanged is the day when the term for producing evidence expires.④ Exchange of evidence shall be organized

---

① Provisions of the Supreme People's Court on Evidence in Civil Procedures art 33.
② Provisions of the Supreme People's Court on Evidence in Civil Procedures art 36.
③ Provisions of the Supreme People's Court on Evidence in Civil Procedures art 37.
④ Provisions of the Supreme People's Court on Evidence in Civil Procedures art 38.

by a judge, who shall record in the case, files the facts and evidence to which the parties have no objection, as well as evidence that need to be proved. Exchange of evidence is intended to identify the issues in dispute. ①

A court may designate a second exchange of evidence if any party submits new evidence after an exchange of evidence. As a general rule, there shall not be more than two sessions of evidence exchange, unless the case is very important, difficult or very complicated in nature and a court believes it necessary. ②

Ⅰ.5.9 Cross-examination

Evidence shall be presented in court and cross-examined by the parties concerned. But evidence that involves State secrets, trade secrets and personal privacy shall be kept confidential. If it needs to be presented in court, such evidence shall not be presented in an open court session. ③

Ⅰ.5.10 Evaluation of evidence

A court shall take legally notarized acts, facts and documents as the basis for ascertaining facts, unless there is evidence to the contrary sufficient to invalidate the notarization. ④

Any document submitted as evidence must be the original. Material

---

① Provisions of the Supreme People's Court on Evidence in Civil Procedures art 39.

② Provisions of the Supreme People's Court on Evidence in Civil Procedures art 40.

③ Civil Procedure Act art 66.

④ Civil Procedure Act art 67.

evidence must also be original. If it is truly difficult to present the original document or thing, then reproductions, photographs, duplicates or extracts of the original may be submitted. If a document in a foreign language is submitted as evidence, a Chinese translation must be appended. ① The people's court shall verify audio-visual materials and determine after their examination in the light of other evidence in the case whether they can be taken as a basis for ascertaining the facts. ②

All entities and individuals who have knowledge of a case shall be under the obligation of giving testimony in court. Responsible heads of the relevant entities shall support the witnesses to give testimony. When it is truly difficult for a witness to appear in court, he may, with the consent of the people's court, submit a written testimony. Any person who is incapable of expressing his will shall not give testimony properly. ③ Parties may apply for the appearance of witness in a hearing ten days before the time period for producing evidences expires subject to the approval of the people's court. ④

The people's court shall examine the statements of the parties concerned in the light of other evidence in the case to determine whether the statements can be taken as a basis for ascertaining the facts. ⑤

---

① Civil Procedure Act art 68; Provisions of the Supreme People's Court on Evidence in Civil Procedures art 12.

② Civil Procedure Act art 69.

③ Civil Procedure Act art 70.

④ Provisions of the Supreme People's Court on Evidence in Civil Procedures art 54.

⑤ Civil Procedure Act art 71.

Ⅰ.6 The practice on foreign-related economic disputes resolution in Hubei Province courts

Ⅰ.6.1 Competent courts

Under the Civil Procedure Act and a Supreme People's Court interpretation, five courts in Hubei Province have jurisdiction over foreign-related cases: Hubei High People's Court, Wuhan Intermediate People's Court, Wuhan Maritime Court, People's Court of Wuhan East Lake New Technology Development Zone, and People's Court of Wuhan Economic and Technology Development Zone. Wuhan Maritime Court has jurisdiction over maritime cases of first instance, People's Court of Wuhan East Lake New Technology Development Zone and People's Court of Wuhan Economic and Technology Development Zone have jurisdiction over foreign-related civil and commercial cases of first instance, Hubei High People's Court, Wuhan Intermediate People's Court have jurisdiction over cases of second instance and few cases of first instance with major influence.

Ⅰ.6.2 Statistics of closed foreign-related cases heard by Hubei Higher People's Court from 2008 to 2011 is as follows:

125 cases were closed, among which, in 25 cases parties withdrew their claims; 13 cases were re-adjudicated; 17 cases were mediated; in 56 cases judgments of first instance were maintained; 4 cases were allocated to a new court for retrial; 2 cases were remanded; in 1 case the trial ruling was dismissed; 3 cases were submitted to the Supreme People's Court for instruction; 3 cases were of first instance; 1 case

involved the enforcement of foreign judgments. Among 63.2% of all these cases foreign parties won. The average time for closing a case is 213 days.

It is noteworthy that the judgment, Hubei Gezhouba Sanlian Indu-Strial Co., Ltd. and Hubei Pinghu Cruise CO., Ltd. vs. Robinson Helicopter Company, Inc. ([2001] EMSCZ No. 1), rendered by Hubei Higher People's Court, was recognized and enforced by the United States District Court Central District Of California on 25 September 2009. (See 2:06 - cv - 01798 - FMC-SSx).

Ⅰ.6.3 Statistics of closed foreign-related cases heard by Wuhan Intermediate People's Court from 2002 to 2012 is as follows:

505 cases were closed, among which, 198 cases were adjudicated, 83 cases were mediated, in 116 cases parties withdrew their claims; 108 cases were closed otherwise (dismissal of claims, recognition and enforcement of foreign arbitral awards and foreign judgments, transfer to another court). In 67.6% of all cases foreign parties won. The average time for closing a case is 273 days.

Ⅱ. Contractual Remedies in PRC

Ⅱ.1 Rescission of contracts

Chinese law allows parties to rescind their contracts by agreements. Chinese law also has remedies for breach of contract.

The parties may rescind a contract if they reach a consensus through consultation. The parties may agree upon conditions under which either party may terminate the contract. Upon satisfaction of the conditions, the party who has the right to terminate may terminate the contract. ① Rescission terminates the indebtedness under a contract. ②

The parties to a contract may rescind the contract under any of the following circumstances: it is rendered impossible to achieve the purpose of contract due to an event of force majeure (frustration); prior to the expiration of the period of performance, the other party expressly states, or indicates through its conduct, that it will not perform its main obligation; the other party's delay in performing its main obligation after request, and failure to perform within a reasonable period; the other party's delay in performing its obligations, or otherwise breaching the contract, rendering it impossible to achieve the purpose of the contract; other circumstance as provided by law. ③

After the rescission of a contract, performance shall cease if the contract has not been performed; if the contract has been performed, a party may, in accordance with the circumstances of performance or the nature of the contract, demand the other party to restore such party to its original state or adopt other remedial measures, and such party shall have the right to demand compensation for damages. ④

---

① Contract Act art 93.

② Contract Act art 91.

③ Contract Act art 94.

④ Contract Act art 97.

Ⅱ.2 Remedies for breach of contract

Ⅱ.2.1 Scope of remedies

If a party fails to perform its obligations under a contract, or its performance fails to satisfy the terms of the contract, it shall bear the liabilities for breach of contract such as to continue to perform its obligations, to take remedial measures, or to compensate for losses. ①

Ⅱ.2.2 Anticipatory breach

Where one party expresses explicitly or indicates by its conduct that it will not perform its obligations under a contract, the other party may demand it to bear the liability for the breach of contract before the expiry of the performance period. ②

Ⅱ.2.3 Breach of monetary obligations

If a party fails to pay the price or remuneration, the other party may request it to make the payment. ③

Ⅱ.2.4 Breach of non-monetary obligations

Where a party fails to perform the non-monetary obligations or its performance of non-monetary obligations fails to satisfy the terms of the contract, the other party may request it to perform it except under any of the following circumstances: it is unable to be performed in law or in fact; the subject matter of the obligation is unfit for compulsory performance or the performance expenses are excessively high; or the

---

① Contract Act art 107.

② Contract Act art 108.

③ Contract Act art 109.

obligee does not require performance within a reasonable time. ①

Ⅱ.2.5 Defective performance

Where the quality fails to satisfy the agreement, the damages for breach shall be borne in the manner as agreed upon by the parties. Where there is no agreement in the contract on the liability for breach of contract or such agreement is unclear, nor can it be determined in accordance with the provisions of Article 61 of this Act, the aggrieved party may, in light of the nature of the subject matter and the degree of loss, reasonably choose to request the other party to bear the liabilities for the breach of contract such as repairing, substituting, reworking, returning the goods, or reducing the price or remuneration. ②

Ⅱ.2.6 The full compensation principle

Where a party fails to perform its obligations under the contract or its performance fails to conform to the agreement, and the other party still suffers from other damages after the performance of the obligations or adoption of remedial measures, such party shall compensate the other party for such damages. ③

Where a party fails to perform its obligations under the contract or its performance fails to conform to the agreement and cause losses to the other party, the amount of compensation for losses shall be equal to the losses caused by the breach of contract, including the interests receivable

---

① Contract Act art 110.

② Contract Act art 111.

③ Contract Act art 112.

after the performance of the contract, subject to the probable losses caused by the breach of contract which has been foreseen or ought to be foreseen when the party in breach concludes the contract. ①

The parties may agree that if one party breaches the contract, it shall pay a certain sum of liquidated damages to the other party in light of the circumstances of the breach, and may also agree on a method for the calculation of the amount of compensation for the damages incurred as a result of the breach. ②

Ⅲ. Remedies for fraud in PRC

Fraud is one of the grounds for avoiding a contract. If a contract is concluded by one party against the other party's true intentions through the use of fraud, coercion, or exploitation of the other party's unfavorable position, the injured party shall have the right to request the people's court or an arbitration institution to modify or avoid it. ③

The right to have a contract avoided shall extinguish if (1) a party having the right to have the contract avoided fails to exercise the right within one year from the day that it knows or ought to know the causes; (2) a party having the right to have the contract avoided explicitly expresses or conducts an act to waive the right after it knows the

---

① Contract Act art 113.

② Contract Act art 114.

③ Contract Act art 54.

avoiding causes. ①

A contract that is avoided shall be void ab initio. ②

The validity of the dispute settlement clause in a contract will not be affected if the contract is avoided. ③

The property acquired as a result of a contract shall be returned after the contract is avoided; where the property can not be returned or the return is unnecessary, it shall be reimbursed at its estimated price. The party at fault shall compensate the other party for losses incurred as a result thereof. If both parties are in fault, each party shall respectively be liable. ④

Ⅳ. Arbitration Law in PRC

Ⅳ.1 General remarks

Arbitration in China is mainly governed by the Arbitration Act and Civil Procedure Act and relevant Supreme People's Court's interpretations. The principles governing arbitration are: (i) arbitration is voluntary, i. e., it is up to both parties to agree to submit their disputes to arbitration and appoint arbitrators;⑤ (ii) arbitration proceedings are independent of intervention by the administrative and judicial system;⑥

---

① Contract Act art 55.

② Contract Act art 56.

③ Contract Act art 57.

④ Contract Act art 58.

⑤ Arbitration Act art 4.

⑥ Arbitration Act art 8.

(iii) arbitration is under the supervision of the courts, which can set aside an arbitral award or refuse to enforce an arbitral award;① and (iv) an arbitral award is final once it is made. ②

Ⅳ.2 Arbitrators

Arbitrators must satisfy one of the following criteria plus a just and fair personality: (i) has worked over eight years in arbitration; (ii) has been a lawyer for over eight years; (iii) has been a judge for over eight years; (iv) a researcher or teacher in law with senior qualification; or (v) a professional in trade with knowledge of law and with senior qualification or the equivalent of senior qualification. ③

Ⅳ.3 Arbitrable matters

Where parties agree in general that the matters submitted to arbitration are contractual disputes, the disputes arising out of formation, effectiveness, modific-ation, assignment, performance, liabilities for breach, interpretation, rescission, etc. the contract may all be ascertained as matters submitted to arbitration. ④

However, the following disputes may not be arbitrated: (1) marital, adoption, guardianship, support and succession disputes; or (2) administrative disputes that shall be handled by administrative organs as prescribed by law. ⑤

---

① Arbitration Act arts 58, 63, 70, 71.

② Arbitration Act art 9.

③ Arbitration Act art 13.

④ Supreme People's Court Interpretation on Applying the Arbitration Act art 2.

⑤ Arbitration Act art 3.

Ⅳ.4 Arbitration agreement

A valid arbitration agreement confers jurisdiction on the arbitration commission and excludes the jurisdiction of the court. Arbitration is voluntary. Parties may agree to submit their disputes to arbitration. An arbitration tribunal shall not accept a case on the application of one party without a valid arbitration agreement. ① A court will not accept a case on the application of one party if there is a valid arbitration agreement between the parties, unless the arbitration agreement is found invalid. ② A court shall ask the applicant to submit to arbitration. ③ In particular for disputes over trade, transport and maritime with a foreign element, parties to a valid arbitration agreement are prohibited from commencing court proceedings. ④

Ⅳ.5 The practice on foreign-related economic disputes resolution in Wuhan Arbitration Commission

Wuhan Arbitration Commission (WAC) was established on 21 January 1997. WAC has been one of the top 5 arbitration commissions in China in terms of the volume of annual casework and the monetary value of the claims for ten years. Therefore, WAC has become the most influential arbitration commission in central China and is capable of dealing with international arbitration.

---

① Arbitration Act art 4.

② Arbitration Act art 5.

③ Civil Procedure Act art 111(2).

④ Civil Procedure Act art 255.

WAC has access to 599 arbitrators among whom 17% are from the US, the UK, South Korea, Hong Kong (China), Taiwan (China). Arbitrators specialize in finance, construction, international investment, real estate, intellectual property and maritime law.

WAC International Court (WACIC) was established on 18 December 2005, to be more international and professional to serve the increased opening-up of Wuhan. WACIC is intended to hear international commercial disputes and promote international exchange and cooperation in international commercial arbitration. Since its establishment, WACIC has dealt with 40 cases in compensation for investment, share transfer, real estate leasing, cooperation agreement, trade in real estate, and construction. Parties are from France, the UK, the US, Canada, the Netherlands, India and Singapore, Hong Kong China, Macau China, and Taiwan China. Among all cases, in over 50% cases the parties reached a consensus after mediation; in cases closed with arbitral awards, in over 50% cases foreign nationals won. Meanwhile, cooperation mechanisms have been established among Singapore International Arbitration Center, Belgian Centre for Arbitration and Mediation, Hong Kong International Arbitration Center, and the Arbitration Association of the Republic of China.

All staff with WACIC hold a master's degree in law, are fluent in oral and written English, familiar with relevant laws, regulations, international conventions and international customs. They can provide professional and efficient adminis-tration of arbitration, policy and legal consultation, as well as translation, to Chinese and international parties.

I declare under penalty of perjury under the laws of the United States of American that the foregoing is true and correct. Executed on August 23, 2012.

The Second Declaration of Yongping Xiao

I, Yongping Xiao, born in February 28, 1966, received my bachelor's degree and PhD in law in 1988 and 1993 respectively from Southwest University of Political Science and Law and Wuhan University School of Law. I am now the dean and Cheung Kong Scholars distinguished professor of School of Law at Wuhan University, and concurrently serve as the president of Academic Commi-ttee of Wuhan University School of Law.

I have published over 170 academic articles in journals and magazines issued in PRC, USA, UK, Holland and other jurisdictions, and published more than 20 academic monographs and textbooks on private international law, arbitration law, and international civil litigation, such as *the Principle of Private International Law* (Law Press, first edition, 2003 and second edition, 2007), the *Law of Conflict of Laws from a Jurisprudence Perspective* (Higher Education Publishing House, 2008), A Textbook on *Chinese Arbitration Law* (Wuhan University Press, 1997), *Sport Disputes Settlement Model* (Higher Education Publishing House, 2015). One of my articles, "*Selected Topics on the Application of the CISG in China*", (20 Pace *Int' l L. Rev*. 61 ,79 (2008)) , has been relied upon by a United States Federal Court, see Innotex Precision Limited v. Horei Image Products, (INC. , et al. ,679 F. Supp. 2d 1356 (N. D. Ga. 2009)).

In addition, I also hold the following positions:

- Standing Vice-chairman, China's Society of Private International Law.
- Editor-in-chief, Chinese Yearbook of Private International Law and Comparative Law.
- Vice-chairman, Law Society of Hubei Province.
- Vice-chairman, Wuhan Arbitration Commission.
- Arbitrator, Beijing Arbitration Commission, Wuhan Arbitration Commission, CIETAC.
- Standing director, China Law Society.
- Member of Advisory Committee, Wuhan Intermediate People's Court, P. R. China.
- Member of International Law Committee, Ministry of Foreign Affair of PRC.
- Member of Advisory Committee, Supreme People's Procuratorate of PRC.

• Member of Advisory Committee, Supreme People's Court of PRC.

With the above experience, I have a comprehensive knowledge and understanding of the legal system and judicial/arbitral practice in the PRC, and have the capability to provide this opinion as a legal expert to address issues relating to supervision and governance of state-invested enterprises, the PRC as a forum for this dispute, and Chinese government regulation of foreign investment. After reviewing the "State-owned Title Transfer Contract of Wuhan Machine Tool Works" on March 16, 2005, and the "Agreement to Terminate Contract" on July 5, 2008 between Wuhan Industrial State-owned Holding Group Co., Ltd. and Intercontinental Industries Corporation, both the First and the Second Amended Complaint for Damages by Intercontinental Industries Corporation in United States District Court Central District of California on July 6, 2011, and November 9, 2015, inquiring the Wuhan Intermediate People's Court, Xinzhou District People's Court, and Commerce Department of Hubei Province, I provide the following opinions regarding PRC law below. I also incorporate by reference my opinions stated in my prior declaration, Declaration of Yongping Xiao in Support of Defendants' Motion to Dismiss Plaintiff's First Amended Complaint, (D. E. 45), which is attached hereto as Exhibit A and reaffirm those opinions, except as updated below.

Ⅰ. Authority and Regulation of State-Invested Enterprises

Ⅰ.1 General Principles

A major economic reform of China since the 1980s is the separation of government and state-invested enterprises. With its completion around the end of the 20th century, state-invested enterprises in China have been separate entities with autonomy to operate, enjoy returns and sustain losses and risks ever since. While governments continue to supervise and regulate state-invested enterprises, and state agencies fulfill certain investor responsibilities to state-invested enterprises, no government entity or government officer is empowered to negotiate or make decisions of business operation on behalf of state-invested enterprises. Rather, the state-invested enterprise must have its own sound corporate governance, described further below.

Ⅰ.1.1 Exercise of ownership on behalf of the state

State ownership and supervision of enterprises with state-owned assets (or state-invested enterprises, including wholly state-invested enterprises such as Wuhan Industrial State-Owned Holdings Group Co., Ltd., and partly state-invested enterprises) is subject to the Interim Regulations on the Supervision and Administration of State-Owned Assets of Enterprises,[①] and specific rules in PRC Company Law.

Ownership of state-owned assets is vested in the State (i.e., the

① Order No. 378 of the State Council 2003 (the year of legislations and regulations refers the year adopted).

Chinese people). The State Council of the People's Republic of China exercises ownership on behalf of the State. The State Council has established a system under which the State Council and local people's governments have rights and duties as capital contributors to enterprises under their respective authority. ① In other words, the State Council and local people's governments have the responsibilities of investors in the state-invested enterprises under their authority. These responsibilities are carried out by the State Assets Supervision and Administration Commission of the State Council and the local state assets supervision and administration agency that has authority over the enterprise. ② In this case, Wuhan Industrial State-Owned Holdings Group Co. Ltd., is subject to the authority of the Wuhan Municipal State-Owned Asset Management Committee. ③

Ⅰ.1.2 Principles governing exercise of ownership Responsibilities

In carrying out their responsibilities as capital contributors, or investors, to state-invested enterprises, these agencies are guided by several principles: separation of government functions from enterprise management; separation of public administrative functions and responsibilities from those as capital contributors to state-invested

---

① Interim Regulations on the Supervision and Administration of State-Owned Assets of Enterprises Article 4.

② Interim Regulations on the Supervision and Administration of State-Owned Assets of Enterprises Articles 5,6.

③ Articles of Association of Article Wuhan Industrial State-Owned Holdings Group Co. Ltd. Article 2.

enterprises; and no interference in enterprises' independent operation under the law (in other words, separation of ownership from management). ① State assets supervision and administration agencies are prohibited from intervening in the enterprises' business operation activities except when performing capital contributor's duties and responsibilities in accordance with the law. ② Staff of state assets supervision and administration agencies who decide major matters of state-invested enterprises beyond legal authority and against the law, causing loss of state assets, are liable for penalties. ③ The governing laws confirm that state-invested enterprises have rights of independent operation under applicable laws. ④

As described below, under laws and regulations, in the exercise of their regulatory authority, governments are required to approve certain major matters of key state-invested enterprises and certain transfers of state-owned assets. ⑤ However, these laws and regulations continue to recognize the separation and autonomy of the state-invested enterprise

---

① Interim Regulations on the Supervision and Administration of State-Owned Assets of Enterprises Articles 7, 10.

② Interim Regulations on the Supervision and Administration of State-Owned Assets of Enterprises Article 10.

③ Interim Regulations on the Supervision and Administration of State-Owned Assets of Enterprises Article 38.

④ Interim Regulations on the Supervision and Administration of State-Owned Assets of Enterprises Article 10.

⑤ Interim Regulations on the Supervision and Administration of State-Owned Assets of Enterprises Articles 21, 23.

from the government.[①] Moreover, to the extent a state-invested company's matters must be addressed by government, governing law requires that state-invested company communicates through the state assets supervision and administration agency, not directly with the government body.[②]

Ⅰ.2 Corporate Governance under Chinese Law

Ⅰ.2.1 Corporate governance generally

The following discussion provides background on corporate governance requirements for Chinese companies. There are two forms of companies in China, limited liability companies and joint stock limited companies. Both are required to have modern corporate structures such as a "shareholders' meeting", a board of directors, and a board of supervision or supervisors. These requirements apply to state-invested companies, with certain differences, as explained below.

Under PRC Company Law, the shareholders' meeting of a company exercises the following functions and powers: deciding the company's operation guidelines and investment plans; electing and replacing the directors and their remunerations, and supervisors who are representatives of the staff and their remunerations; reviewing and approving reports of the board of directors, the board of superlision or of

---

① Interim Regulations on the Supervision and Administration of State-Owned Assets of Enterprises Article 10.

② Interim Regulations on the Supervision and Administration of State-Owned Assets of Enterprises Article 7.

supervisors; reviewing and approving the annual financial budget plans and final accounts of the company; reviewing and approving the profit distribution plans and loss recovery plans of the company; making resolutions on the increase or decrease of the company's registered capital; making resolutions on the issuance of corporate bonds; making resolutions on the transfer of contributions to non-shareholders; making resolutions on the merger, division, dissolution or liquidation of the company or restructuring; and modifying the company's articles of association. ①

The board of directors of a company is accountable to the shareholders' meeting and exercises the following powers: convening the shareholders' meetings and reporting to the shareholders' meeting; implementing resolutions of the shareholders' meeting; deciding the operation plans and investment plans of the company; formulating the annual financial budget plans and final accounts of the company; formulating the profit distribution plans and loss recovery plans of the company; formulating the plans on the increase or reduction of the registered capital of the company; formulating the plans on the merger, division, conversion of the company, or dissolution; deciding the set-up of the internal management bodies of the company; deciding the employment or dismissal of the manager, vice managers of the company, and chief financial staff and remuneration; and formulating

---

① Companies Law (2004) Articles 37, 38.

the fundamental management systems of the company. [1]

A company shall have a manager, appointed or dismissed by the board of directors. The manager is responsible to the board of directors and exercises the following functions and powers: in charge of the production, operation and management of the company, organizing the implementation of the resolutions of the board of directors, and the annual business plans and investment plans of the company; making plans on the establishment of the internal management of the company; setting up the basic management system of the company; formulating specific rules and regulations of the company; recommending the appointment or dismissal of the deputy manager(s) and chief financial staff of the company, and management personnel other than those to be appointed or dismissed by the board of directors; and other functions and powers granted by the articles of association of the company and the board of directors. [2]

The board of supervision or, in the case of companies without a board of supervision, the supervisors, exercise the following powers: inspecting the finance of the company; supervising the performance of duties by the directors and senior management personnel against their violation of laws or administrative regulations, the company's articles of association; requiring the directors or managers to correct their conducts that prejudice the interests of the company; proposing to convene

---

① Companies Law Article 46.

② Companies Law Article 50.

interim shareholders' meetings; and exercising other powers specified in the company's articles of association. ①

Ⅰ.2.2 Corporate governance of wholly state-invested companies

The corporate governance requirements described above apply generally to state-invested companies. However, unlike a private company or a partially state-invested company, a wholly state-invested company has no shareholders' meeting. Rather, the relevant state-owned assets supervision and administration agency authorize the board of directors to perform some of the powers of shareholder's meeting, and decide the matter of merger, separation, dissolution, increase and decrease of capital, and issuance of corporate bonds by itself. ②

A wholly state-invested company, like Wuhan Industrial State-Owned Holdings Group Co. Ltd., shall have a board of directors, ③ and a manager appointed or dismissed by the board of directors. ④ A wholly state-invested company, like Wuhan Industrial State-Owned Holdings Group Co. Ltd., shall have a board of directors composed of representatives of the staff of the company and members appointed by the relevant State-owned assets supervision and administration agency. ⑤

---

① Companies Law Article 54.

② Companies Law Article 66.

③ Companies Law Article 68.

④ Companies Law Article 69; Wuhan Industrial State-Owned Holdings Group Co. Ltd. Articles of Association Chapter 5.

⑤ Companies Law Article 68; Wuhan Industrial State-Owned Holdings Group Co. Ltd. Articles of Association Chapter 4.

The state-owned assets supervision and administration agency may authorize the board of directors of a wholly state-invested company to exercise part of the powers that otherwise would be exercised by the shareholders' meeting, and to make decisions on major matters of the company. The Articles of Association of Wuhan Industrial State-Owned Holdings Group Co. Ltd. describe the powers to be exercised by the company's board of directors, including the power "to make decisions on ... the transfer of property (shareholding) rights in its invested enterprises." ①

However, certain major decisions shall be subject to the decision of the state-owned supervision and administration agency, including merger, division, increase or decrease of the registered capital, issuance of bonds, distribution of profits, dissolution and petition for bankruptcy. ②

In addition, government approval is required of certain decisions by state assets supervision and administration agencies regarding the enterprises under their authority. Government approval is required for the transfer of state-owned property in enterprises which will cause loss of control of state capital. ③ Where the people's government must

① Wuhan Industrial State-Owned Holdings Group Co. Ltd. Articles of Association Article 18(7).

② Interim Regulations on the Supervision and Administration of State-Owned Assets of Enterprises Article 21; Companies Law Article 66.

③ Interim Regulations on the Supervision and Administration of State-Owned Assets of Enterprises Article 23.

approve a matter of a state-invested enterprise, PRC law nonetheless continues to recognize the separateness of the state-invested enterprise. In other words, the government does not become the agent of the enterprise merely because the government must approve a transfer under PRC law. ① Thus, the approval or rejection of a transfer of state-owned assets by the People's Government of Hubei Province, for example, is a governmental act separated from the act of the state-invested enterprise in agreeing to the transfer.

In a transaction involving the sale of certain state-invested company assets (like the "Factory" at issue here), the state assets supervision and administration agency, consistent with the guiding principles of separation, would decide whether to approve the terms negotiated by company management. Similarly, the role of the local people's government, if any, would be limited to providing final approval of negotiated agreement. ② State-owned assets supervision and administration authority shall report to the people's government at the same level for approval of a transfer of whole or part of the state-owned equity which may result in the loss of holding position of the state in the invested enterprises before making a decision to transfer. ③ The board of

---

① Interim Regulations on the Supervision and Administration of State-Owned Assets of Enterprises Articles 7, 10.

② Interim Regulations on the Supervision and Administration of State-Owned Assets of Enterprises Article 23.

③ Interim Regulations on the Supervision and Administration of State-Owned Assets of Enterprises Article 23.

directors and company manager would be responsible under governing law and the company's articles of association to identify and select appropriate buyers, and to negotiate and finalize the terms of the agreement. This belongs to the power of the board of directors to decide the operation plans and investment plans of the company[①] and the manager's power in charge of the production, operation and management of the company.[②] Officials of local governments, including mayors, are not authorized to negotiate on behalf of state-owned enterprises, nor are governors of provincial governments authorized to direct mayors to conduct such negotiations.[③]

I.3 Lack of Authority of the Mayor of a City in China Over Operations and Decisions of State-Invested Enterprises or to Bind a Superior Government

Consistent with the principles of separation of government functions from enterprise management, separation of public administrative functions and responsibilities from those as capital contributors to state-invested enterprises, and no interference in enterprises' independent operation under the law, municipal mayors are not entitled to participate in commercial negotiations on behalf of state-invested businesses, and they do not make decisions on behalf of state-invested enterprises. Mayors

---

① Companies Law Article 46.

② Companies Law Article 50.

③ Interim Regulations on the Supervision and Administration of State-Owned Assets of Enterprises Article 7.

and government officials may attend activities to attract foreign investors by promising policy favors, such as providing infrastructure and tax favors. However, as described below, it is expressly reiterated in laws and policies that governments are separating from businesses in attracting foreign investment or making investment decisions relating to state-invested enterprises.

Governments are responsible for the macro-economy and not the operation of individual enterprises. Local governments over the county level exercise the following powers: implementing resolutions of local people's congress and its standing committee, superior governments' decisions, and issuing decisions; guiding the work of its agencies and lower governments; changing or avoiding improper orders of its agencies and lower governments; staff administration; implementing national economy and social development plans; protecting property rights and human rights of citizens; protecting rights of economic entities; protecting ethnic minority; other matters given by superior governments.① Wuhan Municipal People's Government, a lower government than Hubei Province, is responsible for economic control, market regulation, social management and public service within its area.② Economic control and market regulation are administrative, means to guide the macro economy, and create a favorable environment

① Constitutional Law of Local People's Congresses and Local People's Governments (2004) Article 59.

② Working Rules of Wuhan Municipal People's Government (2004) Article 11.

for enterprises.[1] Under these authorities, the Mayor of Wuhan City would not have authority to negotiate contracts or make business decisions on behalf of Wuhan Industrial State-Owned Holdings Group Co., Ltd. This is the same with Hubei Provincial Government and then-Governor Luo Qingquan of the Hubei Provincial Government. Moreover, the Mayor of Wuhan is not an official of the Hubei Provincial Government and does not exercise the authority of the superior government.

Ⅰ.4 Conclusion

In sum, as explained above, state-invested enterprises make independent operation decisions. State assets supervision and administration agencies decide or approve certain important matters of state-invested businesses, and the applicable people's governments approve certain major decisions of state assets supervision and administration agencies, including specific kinds of transfer of state-owned assets in enterprises. A municipal mayor, however, has no authority over operations or decisions of state-invested businesses, nor does a municipal mayor exercise authority of a superior government.

Ⅱ. China as A Forum for This Dispute

In my prior declaration, I provided opinions on the PRC court system, Civil Procedure Law, remedies for various claims, and PRC

---

① Working Rules of Wuhan Municipal People's Government(2004) Article 12.

Arbitration Law, among other issues, which I incorporate and reaffirm here. The following discussion supplements and updates those opinions due to the passage of time and the allegations in the Second Amended Complaint.

Ⅱ.1 Amenability of The State-invested Enterprises to Process

According to Chinese law, individuals, legal persons and other organizations are equal subjects. Litigation therefore may be commenced on disputes on property and personal relations between citizens, legal persons or other organizations and between the three of them. ① The state-invested enterprises, like Wuhan Industrial State-Owned Holdings Group Co., Ltd., thus are parties with civil law capacity to sue and be sued. Governments, to the extent not acting as administrative law subjects, but acting in civil law capacities in civil transactions, are within the meaning of other organizations and are amenable to service of civil proceedings. ②

Ⅱ.2 Court Competency

I have made a sample inquiry on the civil cases rendered by the Intellectual Property Right (IPR) Division of Wuhan Intermediate People's Court from 2013 to 2014. In at least three cases in which a

---

① Civil Procedure Law (2007) Article 3.

② For example, Hainan Xiangjiang Defu Hotel, Hainan Xiangjiang Real Estate Liquidation Committee v. Haikou Land Resources Administration, Supreme People's Court, (2015) MYZZ No 83. [海南香江德福大酒楼、海南香江实业有限公司清算组与海口市国土资源局建设用地使用权出让合同纠纷案，最高人民法院，(2015)民一终字第 83 号。]

Chinese state-invested enterprise was sued by a foreign company or a domestic private company, the Chinese state-invested enterprises—including state-invested enterprises domiciled in Wuhan—lost the litigation. These cases involve allegations of copyright or trademark infringement. In each case, the court concluded that the state-invested enterprise had infringed on the relevant intellectual property rights and ordered the state-invested enterprise stop infringement and pay damages. The three cases are listed below.

(1) Louis Vuitton Malletier (domiciled in France) v. Hubei Wuhan Binhu Mansion Hotel and People's Bank Wuhan Branch Training Center (both domiciled in Wuhan), Case No. 01539 (2014) [路易威登马利蒂诉湖北武汉滨湖大厦酒店有限公司、中国人民银行武汉分行培训中心,(2014)鄂武汉中知初字第01539号];

(2) Animation International Ltd. (Shanghai) (domiciled in Shanghai) v. Zhongnan Commercial Group (domiciled in Wuhan) and others (domiciled in Wuhan), Case No. 01535 (2014) [艾影(上海)商贸有限公司(住所地上海)诉武汉中商集团股份有限公司、武汉中商百货连锁有限责任公司、被告武汉创联凯尔咨询顾问有限公司(住所地武汉),(2014)鄂武汉中知初字第01535号];

(3) Rhino Software (domiciled in the US) v. China Energy Engineering Group (domiciled in Wuhan), Case. No. 00288 (2013) [磊若软件公司诉中能源建设集团有限公司,(2013)鄂武汉中知初字第00288号].

Since 2014, the judiciary has also undergone an extensive reform to make the judicial process even more transparent and open, and to provide equal protection to all kinds of parties. Based on my survey of other divisions of Wuhan Intermediate People's Court, it is not uncommon for private entities (both domestic and foreign) to prevail against state-invested companies. For example, in Hubei Dagong Shiye Co. Ltd. (a private company) v. Wuhan Metro Group, a case involving rent disputes, Wuhan Intermediate People's Court ordered Wuhan Metro Group, a state-owned enterprise, to pay plaintiff the performance bond plus interests and pay damages for economic loss. In Park Kyounghoon (Republic of Korea national) v. Industrial and Commercial Bank of China Ltd., Wuhan Xibeihu Branch (a state-owned bank), Wuhan Intermediate People's Court ordered the bank to pay plaintiff the stolen deposit plus interests totaling RMB 307,000.

Ⅱ.3 The Function of the Enforcement Units

The Second Amended Complaint in this case, the plaintiff alleges that a "$21 million 'debt' that the Factory allegedly owed" was withdrawn from the Factory's bank account, that the Factory's "accounts were frozen by the Wuhan Municipal Government" and that "Wuhan's XinZou District court's director of enforcement Mr. Zhou threatened IIC's President that if he did not abide, IIC's President would be border controlled and never allowed to leave China." ① The following discussion provides relevant context under PRC law for these

---

① Second Amended Complaint paragraphs 24, 26.

allegations, explains that such acts, if they took place, were governmental acts, and provides my opinion that Mr. J. C. Chou would be able to safely travel to China to prosecute IIC's case in a Chinese court.

Ⅱ.3.1 Enforcement sanctions

In the PRC, the People's Court system includes Enforcement Units that are responsible for enforcing final court judgments and have the power to issue sanctions as part of the enforcement process. Enforcement Units of People's Courts have no power to issue sanctions before judgments are rendered.

If a person subjected to enforcement fails to fulfill the obligations specified in a judgment against him on notice of execution, he shall submit a report of his assets and any transfer of assets during the year before the receipt of the notification. If he fails to do so, the People's Court may impose a fine or detention on him, or his legal representative, or the principal leading person of the unit concerned or the person directly responsible. ①

The People's Court has the power to ascertain the debtor's savings with banks or other deposit entities, and may freeze or debit his savings within the amount of judgment obligations; ② to withhold or withdraw part of the income of the person, reserving for him the necessary living

① Civil Procedure Law Article 217.

② Civil Procedure Law Article 218.

expenses for the person and his dependant family members;[①] to seal up, attach, freeze, sell by public auction, or sell off part of the property of the person, reserving for him the necessary living expenses for the person and his dependant family members.[②]

The People's Court has the power to issue a search warrant and search a person subject to enforcement, if he conceals property, and his domicile or the place where the property may be concealed;[③] to order delivery of specific property;[④] to compel eviction from a building or a plot of land;[⑤] or to require government entities to complete formalities for the transfer of certificates of property right.[⑥]

Ⅱ.3.2 Exit ban

An exit ban may only be imposed under limited conditions and with precaution, and must be terminated when the conditions are no longer present. An exit ban may be imposed on a party of foreign nationality to pending civil proceedings,[⑦] or a judgment debtor of foreign nationality by a court on application by a judgment creditor or

① Civil Procedure Law Article 219.

② Civil Procedure Law Article 220.

③ Civil Procedure Law Article 224.

④ Civil Procedure Law Article 225.

⑤ Civil Procedure Law Article 226.

⑥ Civil Procedure Law Article 227.

⑦ Law on the Administration of Entry and Exit of Aliens (1985) Article 23(2); Notice of the Supreme People's Court, the Supreme People's Procuratorate, the Ministry of Public Security and the Ministry of National Safety on Issuing the Rules on Imposing Exit Ban on Foreigners and Chinese Citizens According to Law ([1987] Gong Fa No. 16) Article 2(4).

on decision of the court. ① Enforcement of an exit ban may be with the assistance of other competent authority. ② Duration of an exit ban is 30 days'subject to renewal. ③ An exit ban should be terminated by a court where a judgment debtor satisfies the judgment, or provide sufficient and valid security, or with consent of the judgment creditor. ④

Ⅱ.3.3 Opinion on J. C. Chou's ability to travel to China

I am aware from court records that a judgment was issued in 2007, in the case Wuhan Economy Development Investment Group and Wuhan Yantze River Asset Management Corporation v. Omikron Machine Tool Works (Wuhan) Ltd. (2007) Xin Min Shang Chu Zi No. 13[武汉经济发展投资(集团)有限公司、武汉长江资产经营管理有限公司诉欧迈克机床(武汉)有限公司,(2007)新民商初字第13号]. As explained above, the People's Court's enforcement unit, of which Mr. Zhou is alleged to be the director, would have exercised its enforcement powers—to the extent necessary—in a manner consistent with the governing rules described above to bring about compliance with

① Civil Procedure Law Article 231.

② Civil Procedure Law Article 231.

③ Notice of the Supreme People's Court, the Supreme People's Procuratorate, the Ministry of Public Security and the Ministry of National Safety on Issuing the Rules on Imposing Exit Ban on Foreigners and Chinese Citizens According to Law ([1987] Gong Fa No. 16) Appendix.

④ Interpretations of the Supreme People's Court on Certain Issues Concerning Application of Enforcement Procedure of the Civil Procedure Law Article 38; Notice of the Supreme People's Court, the Supreme People's Procuratorate, the Ministry of Public Security and the Ministry of National Safety on Issuing the Rules on Imposing Exit Ban on Foreigners and Chinese Citizens According to Law Article 3(2).

a court judgment such as this judgment against Omikron Machine Tool Works. I also am aware from court records that the judgment of the (2007) Xin Min Shang Chu Zi No. 13 has been closed by settlement agreement on November 20, 2008.

Considering these facts and Chinese law on exit ban, if this case by IIC were to be heard in a Chinese court, it is my opinion that Mr. J. C. Chou would absolutely be able to travel safely to China for his lawsuit between IIC and Wuhan Industrial State-Owned Holdings Co., Ltd.

II. 4 Remedies for Fraud, Cancellation of Contract, Intentional Interference with Contract, and Breach of Contract under Chinese law

II. 4. 1 Remedies for fraud, cancellation of contract, and breach of contract

I incorporate by reference and reaffirm my discussion relating to the available remedies for fraud, cancellation of contract, and breach of contract under Chinese law in Sections II and II of my September 17, 2012 declaration (D. E. 45).

II. 4. 2 Remedies for intentional interference with contract performance

Parties have the freedom to conclude contracts but must be subject to mandatory rules of law and regulations.[1] For example, parties must follow the law on the special requirement for certain contracts, for

---

① Contract Law (1999) Article 7.

example the formation to be in writing,[①] the validity subject to government approval,[②] and the amendment or termination to be in writing and subject to government approval.[③]

The Second Amended Complaint contains a new claim, for intentional interference with contract performance. Under Chinese law, tort liability shall be imposed for interference with civil rights and interests, for example, personal and property rights, including, inter alia, the right to life, right to health, right of name, right of reputation, right of honor, right to image, right to privacy, autonomy in marriage, guardianship, ownership, usufruct, security interest in property, copyright, patent, right to exclusive use of trademarks, right of discovery, equity interest and right of inheritance.[④] Contractual right is a kind of civil right. Interference with contract gives rise to tort liabilities, in the form of cessation of the interference; removal of obstacle; elimination of danger; restitution of property; restoration to the original state; compensation for loss; formal apology; and elimination of adverse impact and the restoration of reputation.[⑤] The foregoing is consistent with the provisions contained in the General Principles of Civil Law of the PRC.[⑥]

---

① Contract Law Article 10.

② Contract Law Articles 44, 52.

③ Contract Law Articles 77, 96.

④ Tort Liability Law (2009) Article 2.

⑤ Tort Liability Law Article 15.

⑥ General Principles of Civil Law (1986) Article 134.

Ⅱ.5 Update on Case Closure Statistics

I incorporate by reference Section 1.6 of my September 17, 2012 declaration (D. E. 45). Additionally, I have conducted a supplemental review of cases heard by the Wuhan Intermediate People's Court in 2014, and found that the average time for case closure is 80 days for cases of first instance, and 40 days for cases of second instance. The figure is roughly the same for foreign-related cases except the time for service.

Ⅱ.6 Choice of Law and Choice of Court

Under PRC law, an equity or asset purchase agreement in connection with the acquisition of a domestic enterprise by a foreign investor, as well as any additional agreement related to the principal agreement's performance and termination, must be governed by PRC law.① Thus, in my opinion, the inclusion of the PRC choice of law clauses in the 2005 Contract and the 2008 Termination Agreement is consistent with, and required by, governing law.

In addition, although PRC law permits contracting parties to select arbitration or another forum for their disputes, the Civil Procedure Law② permits parties to choose a court in any of the following locations:

- the place where the defendant is domiciled;
- the place where the contract was signed or performed;

---

① Interim Provisions on Acquisition of Domestic Enterprises by Foreign Investors (2003) Article 13, 16.

② Civil Procedure Law Articles 25, 242.

- the place where the plaintiff is domiciled;
- the place where the subject matter of the transaction is located;
- any other place actually connected to the dispute.

Most of these factors under PRC law favor, and they are heavily weighted toward, a Chinese forum for disputes relating to the 2005 Contract and the 2008 Termination Agreement. Thus, in my opinion, the inclusion of a China forum selection clause in the 2005 Contract and a China arbitration clause in the 2008 Termination Agreement was reasonable and entirely consistent with governing law.

Ⅲ. Chinese Government Regulation of Foreign Investment

The Second Amended Complaint alleges that "HUBEI approved the contracts and permits necessary for the operation of the new factory" and that "Luo, then Chinese Community [sic] Party Secretary of Hubei Province, Li, and HUBEI demanded that IIC invest an additional $10 million in the Factory to fulfill a purported 'requirement' of Hubei Province that had not been previously disclosed by either HOLDINGS or HUBEI." ① The Second Amended Complaint also alleges that the payment under the 2008 Termination Agreement to IIC by wire transfer to the United States "would have required approval from HUBEI due to Chinese currency control." ② The following discussion provides contexts under PRC law for these allegations and

① Second Amended Complaint paragraphs 20, 23.

② Second Amended Complaint paragraph 33.

my opinion that when a Chinese provincial government engages in the conduct alleged, it does so pursuant to provisions of Chinese law.

Ⅲ.1 Regulations on Foreign Investment under Chinese Law

Foreign direct investment in China is subject to approval and regulation of Chinese law and Chinese authorities, as well as legal protection for the investors. [①] The basic law is Wholly Foreign-Invested Enterprise Law (2000). Areas of foreign direct investment in China (foreign-invested businesses) must benefit the Chinese economy outside the banned or restricted areas. [②] Subject to investment areas, [③] public interests of China, [④] investments and returns are under legal protection free from expropriation which can only be imposed for public interests with compensation. [⑤] Application for establishment, [⑥] registration, [⑦] contribution of investment, [⑧] duration, [⑨] division, separation, and other major matters, [⑩] and termination of registration [⑪] are subject to the approval of competent authorities. Contents of employment contracts are

---

① Foreign-Invested Enterprise Law (2000) Article 4.
② Foreign-Invested Enterprise Law Article 3.
③ Foreign-Invested Enterprise Law Article 3.
④ Foreign-Invested Enterprise Law Article 4.
⑤ Foreign-Invested Enterprise Law Article 5.
⑥ Foreign-Invested Enterprise Law Article 6.
⑦ Foreign-Invested Enterprise Law Article 7.
⑧ Foreign-Invested Enterprise Law Article 9.
⑨ Foreign-Invested Enterprise Law Article 20.
⑩ Foreign-Invested Enterprise Law Article 10.
⑪ Foreign-Invested Enterprise Law Article 22.

specified in law. [1] Financial accounting, [2] purchase of materials, [3] and purchase of insurance[4] are regulated. Matters of foreign exchange, [5] remit of returns or salaries outside China are regulated under foreign exchange authorities. [6]

Foreign investors should invest with freely exchangeable foreign currencies or after government approval, with RMB profits from investments in China. [7] Thus as a principle foreign investment must be foreign currencies from overseas outside of China. This is also the basis of Article 6 of the 2005 Title Transfer Contract.

Ⅲ.2 Regulations Relating to the Alleged Acts of Hubei Province

Various provisions of Chinese law correspond to each of the acts of Hubei Province alleged in the Second Amended Complaint.

For example, the complaint alleges that "HUBEI approved the contracts and permits necessary for the operation of the new factory." A provincial government approves contracts regarding state-owned assets and issues permits for manufacturing activity within the province pursuant to several sets of laws, including that state-owned assets

---

① Foreign-Invested Enterprise Law Article 12.
② Foreign-Invested Enterprise Law Article 14.
③ Foreign-Invested Enterprise Law Article 15.
④ Foreign-Invested Enterprise Law Article 16.
⑤ Foreign-Invested Enterprise Law Article 18.
⑥ Foreign-Invested Enterprise Law Article 19.
⑦ Detailed Implementing Rules for the Wholly Foreign-Invested Enterprise Law (State Council 2001) Article 25; Interim Provisions on Acquisition of Domestic Enterprises by Foreign Investors Article 9.

supervision and administration authority shall report to the people's government at the same level for approval of a transfer of whole or part of the state-owned equity which may result in the loss of holding position of the state in the invested enterprises before making decision to transfer. ①

The Second Amended Complaint also alleges that the payment under the 2008 Termination Agreement to IIC by wire transfer to the United States "would have required approval from HUBEI due to Chinese currency control." ② When a provincial government approves a wire transfer to the U. S. involving a state-owned enterprise, it exercises its authority pursuant to contract law, state-owned assets administration law, and foreign investment regulation. ③

The allegation that Hubei required that IIC "invest an additional $10 million in the Factory" is entirely consistent with the requirement that the funds for foreign investment come wholly from outside of China. The 2005 Title Transfer Contract required that IIC establishes a wholly foreign invested company with the registered capital of no less than USD 10 million and makes a total investment of USD 19 million. ④

---

① Interim Regulations on the Supervision and Administration of State-Owned Assets of Enterprises Article 23.

② Second Amended Complaint paragraph 33.

③ Contract Law Articles 7, 10, 44, 52, 77, 96, Interim Regulations on the Supervision and Administration of State-Owned Assets of Enterprises Article 23, Interim Provisions on Acquisition of Domestic Enterprises by Foreign Investors Articles 5, 6.

④ Exhibit A to the Second Amended Complaint, Article VI.

The registered capital of a wholly-foreign owned enterprise refers to the total capital registered with the relevant administrative authority for industry and commerce for the purpose of establishing the wholly-foreign owned enterprise, which means the total amount of contribution paid up by the foreign investors. The registered capital of a wholly-foreign owned enterprise shall accommodate its operation scale, and the proportional ratio of the registered capital to the total investment shall comply with the relevant provisions of China. ① The 2005 Contract, however, contemplated that a portion of the capital would come from the sale of Factory land, ② which is inconsistent with the above requirements.

Under Chinese law, foreign invested enterprises should not reduce registered capital, unless the total investment and operation indeed require reduction and is approved by the government. ③ Foreign investors shall pay the contribution before the deadline as registered with the government. Otherwise the approval or license shall expire. ④ Foreign investors may pay contribution with freely exchange foreign currencies or equipments, intellectual property rights, exclusive

---

① Detailed Implementing Rules for the Wholly Foreign-Owned Enterprise Law Article 20.

② Exhibit A to the Second Amended Complaint.

③ Detailed Implementing Rules for the Wholly Foreign-Owned Enterprise Law Article 21.

④ Detailed Implementing Rules for the Wholly Foreign-Owned Enterprise Law Article 30.

technologies, or, if approved by the government, profits in RMB from investment in China. ①

Consistent with the Chinese law, ② I understand that the 2005 Contract was submitted to the Department of Commerce of Hubei Province for approval. I have reviewed The Letter of Approval of the Department of Commerce of Hubei Province on the Articles of Association of Omikron Machine Works (Wuhan) Co., Ltd., [E Shang Zi (2005) No. 84, 鄂商资〔2005〕84号], dated June 17, 2005, which I attach hereto as Exhibit B for the convenience of the parties and the Court.

It is specified in that Letter that: IIC is approved to purchase the assets of Wuhan Machine Tool Factory and establish Omikron Machine Tool Works (Wuhan) Ltd. with the purchased assets and USD cash investment; the total investment in Omikron is USD 19 million, and registered capital is USD 10 million, and the total purchase price and other investment shall be contributed within 12 months since the day business license of Omikron is issued; and the Title Transfer Contract between IIC and Wuhan State-Owned Industries State Holding Co. Ltd. shall be revised and filed to the Department of Commerce of Hubei Province for approval. The requirement of the Department of Commerce

① Detailed Implementing Rules for the Wholly Foreign-Owned Enterprise Law Article 25.

② Interim Provisions on Acquisition of Domestic Enterprises by Foreign Investors Articles 12(4), 15(4).

of Hubei Province that the 2005 Title Transfer Contract be revised is entirely consistent with the provisions of the Interim Provisions on Acquisition of Domestic Enterprises by Foreign Investors,① and Detailed Implementing Rules for the Wholly Foreign-Owned Enterprise Law,② which in principle requires that foreign investment come wholly from outside of China unless otherwise approved. When a provincial government requires that a contract be reformed to comply with Chinese law, it does so pursuant to its authority under contract law, state-owned assets administration law, and foreign investment regulation. Under general contract law, certain contracts are subject to government approval.③ Government approval also is required for the transfer of state-owned property in enterprises which will cause loss of control of state capital.④ Acquisition of domestic Chinese enterprises by foreign investors is subject to the approval of the Chinese government, in respect of the ration of foreign capital contribution.⑤ Foreign investors shall submit to the government for, inter alia, the acquisition agreement between foreign investor and domestic Chinese enterprise.⑥

---

① Articles 1,9.

② Article 25.

③ Contract Law Articles 7,10,44,52,77,96.

④ Interim Regulations on the Supervision and Administration of State-Owned Assets of Enterprises Article 23.

⑤ Interim Provisions on Acquisition of Domestic Enterprises by Foreign Investors Articles 5,6.

⑥ Interim Provisions on Acquisition of Domestic Enterprises by Foreign Investors Articles 12(4),15(4).

Accordingly, these acts of Hubei as alleged in the Second Amended Complaint correspond to provisions of Chinese law requiring or authorizing government action.

I declare under penalty of perjury under the laws of the United States of America that the foregoing is true and correct. Executed on January 12, 2016.

The Third Declaration of Yongping Xiao

I, Yongping Xiao, born in February 28, 1966, received my bachelor's degree and PhD in law in 1988 and 1993 respectively from Southwest University of Political Science and Law and Wuhan University School of Law. I am now the dean and Cheung Kong Scholars distinguished professor of School of Law at Wuhan University, and concurrently serve as the director of Wuhan University Institute of International Law, one of the key think-tanks in the People's Republic of China(PRC).

I have published over 170 academic articles in journals and magazines issued in PRC, USA, UK, Holland and other jurisdictions, and published more than 20 academic monographs and textbooks on private international law, arbitration law, and international civil litigation, such as *the Principle of Private International Law* (Law

Press, first edition, 2003 and second edition, 2007), *the Law of Conflict of Laws from a Jurisprudence Perspective*(Higher Education Publishing House, 2008), *A Textbook on Chinese Arbitration Law* (Wuhan University Press, 1997), *Sport Disputes Settlement Model* (Higher Education Publishing House, 2015). One of my articles, *Selected Topics on the Application of the CISG in China*, (20 Pace *Int' l L. Rev*. 61, 79 (2008)), has been relied upon by a United States Federal Court, see Innotex Precision Limited v. Horei Image Products, (INC., et al., 679 F. Supp. 2d 1356(N. D. Ga. 2009)).

In addition, I also hold the following positions:

- Standing Vice-chairman, China's Society of Private International Law.
- Editor-in-chief, Chinese Yearbook of Private International Law and Compa-rative Law.
- Vice-chairman, Law Society of Hubei Province.
- Vice-chairman, Wuhan Arbitration Commission.
- Arbitrator, Beijing Arbitration Commission, Wuhan Arbitration Commi-ssion, CIETAC.
- Standing director, China Law Society.
- Member of Advisory Committee, Wuhan Intermediate People's Court, P. R. China.
- Member of International Law Committee, Ministry of Foreign Affair of PRC.
- Member of Advisory Committee, Supreme People's Procuratorate

of PRC.

- Member of Advisory Committee, Supreme People's Court of PRC.

With the above experience, I have a comprehensive knowledge and understanding of the legal system and judicial/arbitral practice in the PRC, and have the capability to provide this opinion as a legal expert to address issues relating to supervision and governance of state-invested enterprises and Chinese government regulation of foreign investment. I provided opinions regarding PRC law in two prior declarations: (1) Declaration of Yongping Xiao in Support of Defendants' Motion to Dismiss Plaintiff's First Amended Complaint ("First Declaration"), (D. E. 45); and (2) Second Declaration of Yongping Xiao in Support of Defendants' Motion to Dismiss Plaintiff's Second Amended Complaint ("Second Declaration"), (D. E. 129), which is attached hereto as Exhibit B. This declaration reaffirms those same opinions, which I incorporate by reference, with respect to additional documents produced by Wuhan Industrial Holding Group Co., Ltd. Familiarity with my prior declarations, in particular my Second Declaration, generally is assumed.

I. Regulation of State-Invested Enterprises and Foreign Investment

I.1 General Principles

As outlined in my Second Declaration, while governments continue to supervise and regulate state-invested enterprises, and State agencies fulfill certain investors' responsibilities to state-invested enterprises, no government entity or government officer is empowered to negotiate or make decisions of business operation on behalf of state-invested enterprises. Rather, government approval by a province, such as Hubei, is required only for certain decisions by state assets supervision and administration agencies, such as the Wuhan Municipal State-Owned Asset Management Committee,[①] regarding the enterprises under their authority, which here includes Wuhan Industrial Holding Group Co., Ltd.[②]

Under laws and regulations, in the exercise of their regulatory authority, governments are required to approve certain major matters of key state-invested enterprises and certain transfer of state-owned assets.[③] More specifically, government approval is required for the transfer of state-owned property in enterprises which will cause loss of control of state capital.[④] However, these laws and regulations continue to recognize the separation and autonomy of the state-invested enterprise

---

① Articles of Association of Wuhan Industrial State-Owned Holdings Group Co. Ltd. Article 2.

② Interim Regulations on the Supervision and Administration of State-Owned Assets of Enterprises Articles 5, 6.

③ Interim Regulations on the Supervision and Administration of State-Owned Assets of Enterprises Articles 21, 23.

④ Interim Regulations on the Supervision and Administration of State-Owned Assets of Enterprises Article 23.

from the government.[①] In other words, a government, like Hubei, does not become the agent of the enterprise, and the enterprise does not become the agent of the government, merely because the government must approve a transfer under PRC law.[②] Thus, the approval or rejection of a transfer of state-owned assets by the People's Government of Hubei Province is a governmental act, separate from the act of the state-invested enterprise in agreeing to the transfer.

In a transaction involving the sale of certain state-invested company assets (like the "Factory" at issue here), the state assets supervision and administration agency, consistent with the guiding principles of separation, would decide whether to approve the terms negotiated by company management. The board of directors and company manager would be responsible under governing law and the company's articles of association to identify and select appropriate buyers, and to negotiate and finalize the terms of the agreement. This belongs to the power of the board of directors to decide the operation plans and investment plans of the company[③] and the manager's power in charge of the production, operation and management of the company.[④] This is consistent with the Interim Regulations on the

---

① Interim Regulations on the Supervision and Administration of State-Owned Assets of Enterprises Article 10.

② Interim Regulations on the Supervision and Administration of State-Owned Assets of Enterprises Articles 7, 10.

③ Companies Law Article 46.

④ Companies Law Article 50.

Supervision and Administration of State-Owned Assets of Enterprises,[①] and specific rules in PRC Company Law.

However, the role of the local people's government (e. g. Hubei), if any, would be limited to providing final approval of negotiated agreement.[②] This is consistent with the Wholly Foreign-Invested Enterprise Law (2000), which provides that foreign direct investment in China is subject to approval and regulation of Chinese law and Chinese authorities, as well as legal protection for the investors.[③] The state-owned assets supervision and administration authority shall report to the people's government at the same level for approval of a transfer of whole or part of the state-owned equity which may result in the loss of holding position of the state in the invested enterprises before making decision to transfer.[④]

Ⅰ.2 Regulations Relating to the Alleged Acts of Hubei Province

In my Second Declaration, I explained that various provisions of Chinese law correspond to each of the acts of Hubei Province alleged in the Second Amended Complaint. Similarly, the documents produced by Wuhan Industrial Holding Group Co., Ltd. to Intercontinental Industries

---

① Order No. 378 of the State Council 2003 (the year of legislations and regulations refers the year adopted).

② Interim Regulations on the Supervision and Administration of State-Owned Assets of Enterprises Article 23.

③ Foreign-Invested Enterprise Law (2000) Article 4.

④ Interim Regulations on the Supervision and Administration of State-Owned Assets of Enterprises Article 23.

Corporation illustrate how these Chinese law provisions operate, and demonstrate the regulatory approval or rejection of a transfer of state-owned assets by the People's Government of Hubei Province, which is a governmental act separate from the act of the state-invested enterprise in agreeing to the transfer.

In June 2005, the Department of Commerce of Hubei Province Government (the "Department of Commerce") granted approval to IIC for its acquisition of the assets of Wuhan Machine Tool Works (the "Factory") with payment of US dollars, and for IIC's establishment of Omikron Machine Works (Wuhan) Co., Ltd. ("Omikron") with the acquired assets and a certain amount of investment of funds from the U. S. *See* WSOIHC000010 – 11 (The Letter of Approval of the Department of Commerce of Hubei Province on the Articles of Association of Omikron Machine Works (Wuhan) Co., Ltd., [E Shang Zi (2005) No. 84, 鄂商资[2005]84 号], dated June 17, 2005, which was attached as Exhibit B to my Second Declaration).

Under Chinese law then in effect, the Department of Commerce of Hubei Province was the competent approval authority for IIC's acquisition of the Factory's assets and IIC's establishment of Omikron. The *Interim Provisions on Acquisition of Domestic Enterprises by Foreign Investors* (the "Interim Provisions"), jointly promulgated by several Chinese government authorities, namely, the Ministry of Foreign Trade and Economic Cooperation, the State Taxation Administration, the State Administration for Industry and Commerce, and the State

Administration of Foreign Exchange (being effective from April, 12, 2003 to September 8, 2006), are applicable to a transaction where a foreign investor acquires the assets of a Chinese domestic enterprise by agreement, and invests such assets in the establishment of a foreign-invested enterprise that operates such assets (the "Asset Acquisition"). ① Additionally, being pursuant to Articles 6 and 15 of the Interim Provisions, the competent approval authority in respect of Asset Acquisitions was the Ministry of Foreign Trade and Economic Cooperation (renamed as the Ministry of Commerce after 2003) or its provincial counterpart (renamed as provincial department of commerce after 2003). While certain very large transactions (i. e., transactions exceeding US $ 100 million or exceeding US $ 50 million within certain restricted categories) required approval of the Ministry of Commerce, any other foreign investment project, such as the acquisition of the Factory at issue here, generally was subject to the approval of the local provincial government in accordance with applicable regulations. ② The Hubei Department of Commerce's approval of IIC's acquisition of the Factory and establishment of Omikron as a foreign invested enterprise, thus was consistent with the regulatory requirements under PRC law.

Moreover, as explained in my Second Declaration, the approval

---

① Interim Provisions on Acquisition of Domestic Enterprises by Foreign Investors, Article 2.

② Catalogue of Investment Projects Requiring Government Approval (2004 version), Section 12.

Letter from the Department of Commerce specifies that the Title Transfer Contract between IIC and Wuhan Industrial Holding Group Co. ,Ltd. shall be revised and filed to the Department of Commerce of Hubei Province for approval. The requirement of the Department of Commerce of Hubei Province that the 2005 Title Transfer Contract be revised is entirely consistent with the provisions of the Interim Provisions on Acquisition of Domestic Enterprises by Foreign Investors,[①] and Detailed Implementing Rules for the Wholly Foreign-Owned Enterprise Law,[②] which in principle requires that foreign investment come wholly from outside of China unless otherwise approved. When a provincial government requires that a contract be reformed to comply with Chinese law, it does so pursuant to its authority under contract law, state-owned assets administration law, and foreign investment regulation. Acquisition of domestic Chinese enterprises by foreign investors is subject to the approval of the Chinese government, in respect of the ration of foreign capital contribution.[③] Foreign investors shall submit to the government for, inter alia, the acquisition agreement between foreign investor and domestic Chinese enterprise.[④]

---

① Articles 1,9.

② Article 25.

③ Interim Provisions on Acquisition of Domestic Enterprises by Foreign Investors Articles 5,6.

④ Interim Provisions on Acquisition of Domestic Enterprises by Foreign Investors Articles 12(4),15(4).

The Department of Commerce of Hubei Province likewise was the competent approval authority for IIC's withdrawal from the Factory pursuant to the 2008 Termination Agreement. In the event, a foreign investor elects to withdraw from a foreign invested enterprise, as IIC did here, the provincial Department of Commerce must approve the withdrawal. Pursuant to Articles 2 and 7 of the *Several Provisions Governing Changes in Equity Interest of Investors in Foreign Invested Enterprises*, jointly promulgated by the Ministry of Foreign Trade and Economic Cooperation and the State Administration for Industry and Commerce (effective as of May 28, 1997); in the event, any investor in a foreign invested enterprise fails to fulfill its obligations under the enterprise's contract or articles of association to pay its investment contributions, thus resulting in any change of the investor or transfer of equity interest, the proper approving authority shall be the original approving authority for the establishment of such foreign invested enterprise—in this case, the Department of Commerce of Hubei Province. The documents produced reflect this approval by the Hubei Department of Commerce after IIC failed to revise the 2005 Contract and pay its full investment with foreign funds. (*See* WSOIHC000067 - 68; WSOIHC000069 - 71; WSOIHC000072 - 73).

The produced documents reflect application to the Hubei Provincial Branch of State Administration of Foreign Exchange for payment under the 2008 Termination Agreement to IIC by wire transfer to the United

States. (*See* WSOIHC000072 - 73; WSOIHC000074; WSOIHC000075 - 76). [1] When a provincial government approves a wire transfer to the U.S. involving a state-owned enterprise, it exercises its authority pursuant to contract law, state-owned assets administration law, and foreign investment regulation. [2]

Ⅰ.3 Government Approval Limited for Sales Contracts

While government approval is required for the transfer of state-owned property in enterprises which will cause loss of control of state capital, [3] government approval is not required for day-to-day business sales contracts between a state-invested enterprise, like Wuhan Industrial Holding Group Co., Ltd., or a foreign-invested company (like Omikron) and a foreign company. [4] Even within state-invested enterprises, such contracts generally would not be considered the sort of major decision that would be subject to the decision of the state-owned supervision and administration agency (e.g., including merger, division, increase or decrease of the registered capital, issuance of bonds, distribution of profits, dissolution and petition for bankruptcy),

---

① See also Second Amended Complaint, paragraph 33.

② Contract Law Articles 7, 10, 44, 52, 77, 96; Interim Regulations on the Supervision and Administration of State-Owned Assets of Enterprises Article 23; Interim Provisions on Acquisition of Domestic Enterprises by Foreign Investors Articles 5, 6.

③ Interim Regulations on the Supervision and Administration of State-Owned Assets of Enterprises Article 23.

④ Interim Regulations on the Supervision and Administration of State-Owned Assets of Enterprises Articles 7, 10, 21, 23; Detailed Implementing Rules for the Wholly Foreign-Owned Enterprise Law Articles 42, 43, 44.

let alone the approval of the provincial government. ①

Ⅰ.4 Conclusion

In sum, as explained above, state-invested enterprises make independent operation decisions. State assets supervision and administration agencies decide or approve certain important matters of state-invested businesses, and the applicable People's governments approve certain major decisions of state assets supervision and administration agencies, including specific kinds of transfer of state-owned assets in enterprises. Day-to-day business sales contracts between a state-invested enterprise or foreign-invested enterprise and a foreign entity, however, do not fall into these categories of "certain important matters" or "certain major decisions."②

Ⅱ. Demanding a Non-Party to Produce Documents or Evidence

In my First Declaration, I explained in Section 1.5.2 that PRC Civil Procedure Law provides that courts may help parties involved in litigation obtain evidence from a third party. ③ However, these provisions do not apply to cases outside of China. ④ Therefore, PRC

---

① Interim Regulations on the Supervision and Administration of State-Owned Assets of Enterprises Article 21; Companies Law Article 66.

② Interim Regulations on the Supervision and Administration of State-Owned Assets of Enterprises Articles 7, 10, 21, 23; Detailed Implementing Rules for the Wholly Foreign-Owned Enterprise Law Articles 42, 43, 44.

③ Civil Procedure Law (2007) Article 65.

④ Civil Procedure Law Article 4.

Civil Procedure Law does not permit a party in the suit relating to IIC's Second Amended Complaint, which is in the United States District Court for the Central District of California, to subpoena or demand that a non-party to the suit produce any documents or evidence. More specifically, Wuhan Industrial Holding Group Co., Ltd., which is a party to such suit, cannot subpoena or demand documents or evidence from the Wuhan City Government or Wuhan Municipal State-Owned Asset Management Committee, because both are non-parties to such suit, and neither is subject to the control of a state-invested enterprise such as Holdings Group.

I declare under penalty of perjury under the laws of the United States of America that the foregoing is true and correct. Executed on June 2, 2016.

The Fourth Declaration of Yongping Xiao

I, Yongping Xiao, born in February 28, 1966, received my bachelor's degree and PhD in law in 1988 and 1993 respectively from Southwest University of Political Science and Law and Wuhan University School of Law. I am now the dean and Cheung Kong Scholars distinguished professor of School of Law at Wuhan University, and concurrently serve as the director of Wuhan University Institute of International Law, one of the key think-tanks in the People's Republic of China ("PRC").

I have published over 170 academic articles in journals and magazines issued in PRC, USA, UK, Holland and other jurisdictions, and published more than 20 academic monographs and textbooks on private international law, arbitration law, and international civil litigation, such as *the Principle of Private International Law* (Law

Press, first edition, 2003 and second edition, 2007), *the Law of Conflict of Laws from a Jurisprudence Perspective* (Higher Education Publishing House, 2008), *A Textbook on Chinese Arbitration Law* (Wuhan University Press, 1997), *Sport Disputes Settlement Model* (Higher Education Publishing House, 2015). One of my articles, *Selected Topics on the Application of the CISG in China*, [20 Pace Int'l L. Rev. 61, 79 (2008)], has been relied upon by a United States Federal Court, see Innotex Precision Limited v. Horei Image Products, [INC., et al., 679 F. Supp. 2d 1356 (N. D. Ga. 2009)].

In addition, I also hold the following positions:

- Standing Vice-chairman, China's Society of Private International Law.
- Editor-in-chief, Chinese Yearbook of Private International Law and Compar-ative Law.
- Vice-chairman, Law Society of Hubei Province.
- Vice-chairman, Wuhan Arbitration Commission.
- Arbitrator, Beijing Arbitration Commission, Wuhan Arbitration Commis-sion, CIETAC.
- Standing director, China Law Society.
- Member of Advisory Committee, Wuhan Intermediate People's Court, P. R. China.
- Member of International Law Committee, Ministry of Foreign Affair of PRC.
- Member of Advisory Committee, Supreme People's Procuratorate

of PRC.

- Member of Advisory Committee, Supreme People's Court of PRC.

With the above experience, I have a comprehensive knowledge and understanding of the legal system and judicial/arbitral practice in the PRC, and have the capability to provide this opinion as a legal expert to address issues relating to supervision and governance of state-invested enterprises and Chinese government regulation of foreign investment. I provided opinions regarding PRC law in three prior declarations: (1) Declaration of Yongping Xiao in Support of Defendants' Motion to Dismiss Plaintiff's First Amended Complaint ("First Declaration"), (D. E. 45); (2) Second Declaration of Yongping Xiao in Support of Defendants' Motion to Dismiss Plaintiff's Second Amended Complaint ("Second Declaration"), (D. E. 129); and (3) Third Declaration of Yongping Xiao in Support of Defendant Wuhan Industrial Holding Group Co., Ltd.'s Supplemental Responses ("Third Declaration"), (D. E. 167-6). This declaration reaffirms those same opinions, which I incorporate by reference. Familiarity with my prior declarations, in particular my Second and Third Declarations, generally is assumed.

I have reviewed Plaintiff Intercontinental Industries Corporation's Opposition to Hubei and Holdings' Motion to Dismiss and the supporting materials. In that Opposition, Plaintiff asserts that Hubei has "day-to-day, routine involvement" in controlling Wuhan, Mayor Li, and Holdings. (Opp. at pg. 12). Plaintiff cites various allegations in its

Second Amended Complaint, as well as Holdings' Articles of Association (or "Constitution", as IIC calls it) and the Ordinances for the Supervision and Administration of State-owned Assets of Enterprises in Hubei Province. Plaintiff's assertions, and the allegations on which it relies, are inconsistent with Chinese law.

I. Land Ownership

Plaintiff asserts that Hubei "had oversight and control over Mayor Li (of Wuhan), and Holdings" because the Factory at issue allegedly "was on Hubei owned and controlled land." (Opp. at 12). Plaintiff is incorrect, on both points. Urban land, like that on which the Factory was located, in China is owned by the state. Thus all urban land on which state-owned companies and their assets, or privately-owned companies and their assets, operate in the PRC is owned by the PRC through the State Council, China's highest administrative authority. Land ownership by the State Council is thus prescribed by the ownership structure in the PRC, and does not mean that the State Council or any political subdivisions can exercise any level of control or supervision over any entity or enterprise on such land. ①

Parties may acquire the right to use land through contracts entered into between the user and the land administrative authority of the

① Land Administration Law (2004) Articles 2, 8.

People's government at the municipal or county level.[1] For urban land located within a municipality, such as Wuhan, the municipal land administrative authority (such as Wuhan Municipal Real Property Administration Bureau in 1989) would issue the land use certificate.[2] Thus, the Wuhan municipal land administrative authority, not Hubei, shall be responsible for supervising and administering the matters relating to the use of the urban land within Wuhan's borders, including the land on which the factory at issue in this litigation was sited, pursuant to the *Rules on Land Exchange Administration of Wuhan City* (promulgated in 2002).

Ⅱ. Authority and Regulation of State-Invested Enterprises and Foreign Investment

Plaintiff also asserts Hubei exercised day-to-day control of Wuhan, Mayor Li and Holdings because allegedly "Hubei owned and controlled Holdings, which operated the Factory" (owned in turn by Wuhan) (Opp. at 12), and Holdings' Articles of Association (or "Constitution") and the Ordinances for the Supervision and Administration of State-owned Assets of Enterprises in Hubei Province reflect Hubei's control, as does Hubei's approval of the 2005 Contract and wire transfers (Opp. at 12 n. 12). Plaintiff is incorrect as a matter

---

① Regulations for the Implementation of the Land Administration Law (1998) Article 22.

② Regulations for the Implementation of the Land Administration Law Article 5.

of Chinese law.

Ⅱ.1 Government Approval of Certain Transactions Does Not Reflect Day-to-Day Control of the State-Owned Enterprise

As outlined in my Second and Third Declarations, while governments continue to supervise and regulate state-invested enterprises, and State agencies fulfill certain investor responsibilities to state-invested enterprises, no government entity or government officer is empowered to negotiate or make decisions of business operation on behalf of state-invested enterprises. Rather, government approval by a province, such as Hubei, is required only for certain decisions by state assets supervision and administration agencies, such as the Wuhan Municipal State-Owned Asset Management Committee,① regarding the enterprises under their authority, which here includes Wuhan Industrial Holding Group Co., Ltd.②

Under laws and regulations, in the exercise of their regulatory authority, governments are required to approve certain major matters of key state-invested enterprises and certain transfers of state-owned assets.③ More specifically, government approval is required for the transfer of state-owned property in enterprises which will cause loss of

---

① Articles of Association of Wuhan Industrial State-Owned Holdings Group Co. Ltd. Article 2.

② Interim Regulations on the Supervision and Administration of State-Owned Assets of Enterprises Articles 5, 6.

③ Interim Regulations on the Supervision and Administration of State-Owned Assets of Enterprises Articles 21, 23.

control of state capital.[1] However, these laws and regulations continue to recognize the separation and autonomy of the state-invested enterprise from the government.[2] In other words, a government, like Hubei, does not become the agent of the enterprise, and the enterprise does not become the agent of the government, merely because the government must approve a transfer under PRC law.[3] Thus, the approval or rejection of a transfer of state-owned assets by the People's Government of Hubei Province is a governmental act, separate from the act of the state-invested enterprise in agreeing to the transfer.

In a transaction involving the sale of certain state-invested company assets (like the Factory at issue here), the state assets supervision and administration agency (or "SASAC"), consistent with the guiding principles of separation, would decide whether to approve the terms negotiated by company management. The board of directors and company manager would be responsible under governing law and the company's articles of association to identify and select appropriate buyers, and to negotiate and finalize the terms of the agreement. It belongs to the power of the board of directors to decide the operation

---

① Interim Regulations on the Supervision and Administration of State-Owned Assets of Enterprises Article 23.

② Interim Regulations on the Supervision and Administration of State-Owned Assets of Enterprises Article 10.

③ Interim Regulations on the Supervision and Administration of State-Owned Assets of Enterprises Articles 7, 10.

plans and investment plans of the company[①] and the manager's power in charge of the production, operation and management of the company.[②] This is consistent with the Interim Regulations on the Supervision and Administration of State-Owned Assets of Enterprises,[③] and specific rules in PRC Company Law.

However, the role of the local people's government (e. g. Hubei), if any, would be limited to providing final approval of a negotiated agreement.[④] This is consistent with the Wholly Foreign-Invested Enterprise Law (2000), which provides that foreign direct investment in China is subject to approval and regulation of Chinese law and Chinese authorities, as well as legal protection for the investors.[⑤] The decision whether to approve a contract for foreign direct investment thus is a regulatory act consistent with Chinese law, not an assertion of day-to-day control of the subject of the investment.

II. 2 The Role of Wuhan SASAC as Holdings' Investor Is Not an Indication of Day-to-Day Control By Hubei

Plaintiff asserts that under Holdings' Articles of Association (or "Constitution"), Wuhan SASAC (or "SOAMC" in plaintiff's

---

① Companies Law Article 46.

② Companies Law Article 50.

③ Order No. 378 of the State Council 2003 (the year of legislations and regulations refers the year adopted).

④ Interim Regulations on the Supervision and Administration of State-Owned Assets of Enterprises Article 23.

⑤ Foreign-Invested Enterprise Law (2000) Article 4.

Opposition) controls Holdings, and Hubei, in turn, controls Wuhan SASAC pursuant to Hubei's regulations, so that Holdings cannot sell its assets without Hubei's approval. Plaintiff again is incorrect as a matter of Chinese Law.

First, I have reviewed the Articles of Association (or "Constitution") of Holdings, produced at WSOIHC000002 - 09. That document confirms that Holdings was established with the approval of the SASAC of Wuhan City, not Hubei,① and that Holdings is directed to carry out the strategy of economic development of the Wuhan municipal government, not Hubei.② Wuhan SASAC, not Hubei, fulfills the investor (or shareholder) responsibilities for Holdings.③ Thus, although Wuhan SASAC may have certain authority with respect to Holdings, it exercises that authority for the benefit of Wuhan, not Hubei.

Second, Plaintiff's assertion that Hubei "directly controls, directs, and supervises" the Wuhan SASAC under the Ordinances for the Supervision and Administration of State-owned Assets of Enterprises in Hubei Province, and thus Holdings in turn, is also incorrect. The regulations Plaintiff cited were enacted, for the first time, on May 26, 2011, and thus were not in effect at the time of the events at issue in

① WSOIHC000002 (D. E. 167 - 8), Article 2.

② WSOIHC000002 (D. E. 167 - 8), Article 3.

③ WSOIHC000003 - 04 (D. E. 167 - 8), Articles 13 - 15.

plaintiff's lawsuit. [1]

Even if they were in effect at the relevant time, the regulations confirm the autonomy of state-invested enterprises as described in my Second Declaration. For example, Article 4 confirms that "People's Government at each level shall strictly follow the state-owned assets supervision and administration laws and regulations, and shall maintain the separation of government public administration capabilities from the capabilities of an investor of state-owned assets. It shall also maintain a separation of government functions from enterprise management, and keep ownership and operations apart." The regulations also confirm that the "main duties of institutions performing the responsibilities of the investor[i. e., the SASAC]... to respect and protect the autonomy of such enterprises in operations."

Importantly, the regulations require that "State-funded enterprises, in accordance with the law, enjoy corporate property rights, autonomy in operations, and other rights and interests which are protected under the law. The institution performing the duties of the investor[i. e., SASAC] must ensure that its investment will be fully contributed and shall not interfere at all with the daily operation and management activities of the enterprises." Article 11 (emphasis added); *see also*

---

① Plaintiff provided a copy of these regulations at D. E. 171 – 24, and previously did so at D. E. 164 – 2 without a translation. Defendants subsequently provided a translation at D. E. 167 – 54. Attached hereto as a Exhibit 1 is a true and correct copy of these regulations, along with the certified translation provided by Defendants. The description and quotations herein are from the translation at Exhibit 1.

Article 12 ("State-funded enterprises may make independent decisions regarding their operation and management activities in accordance with their articles of association, and may organize and implement their operation plans, make decisions regarding their internal corporate structure and hiring of personnel, and formulate their basic management system."). These regulations thus do not suggest that Wuhan SASAC exercises day-to-day control of Holdings, let alone that Hubei Province Government exercises day-to-day control of Holdings through the Wuhan SASAC; to the contrary, they confirm the autonomy of Holdings under PRC law.

Moreover, as explained in my Second Declaration, under Chinese law, a state-invested company, including Holdings, has a board of directors that exercises the powers assigned under the company's Articles of Association (or "Constitution"), which in the case of Holdings, includes the power "to make decisions on... the transfer of property (shareholding) rights in its invested enterprises."① Only certain major decisions require the decision of the SASAC, and only certain decisions of the SASAC require the approval of government agencies.② The fact that Hubei approved the 2005 Contract between plaintiff and Holdings thus does not suggest that Hubei exercised day-to-day control of the Wuhan SASAC or Holdings.

---

① WSOIHC000005 (D. E. 167-8), Article 18(7).

② Second Declaration of Yongping Xiao at 8.

Ⅱ.3 Regulations Relating to the Alleged Acts of Hubei Province

In my Second Declaration, I explained that various provisions of Chinese law correspond to each of the acts of Hubei Province alleged in the Second Amended Complaint. Similarly, I explained in my Third Declaration how the documents produced by Wuhan Industrial Holding Group Co., Ltd. to plaintiff Intercontinental Industries Corporation, illustrate how these Chinese law provisions operate, and demonstrate the regulatory approval or rejection of a transfer of state-owned assets by the People's Government of Hubei Province, which is a governmental act separated from the act of the state-invested enterprise in agreeing to the transfer. Such regulatory approval also does not reflect day-to-day control of the state-invested enterprise by the provincial government. For the convenience of the reader, I recount the relevant portions of my Third Declaration here, supplemented in light of plaintiff's Opposition.

In June 2005, the Department of Commerce of Hubei Province Government (the "Department of Commerce") granted approval to IIC for its acquisition of the assets of Wuhan Machine Tool Works (the "Factory") with payment of US dollars, and for IIC's establishment of Omikron Machine Works (Wuhan) Co., Ltd. ("Omikron") with the acquired assets and a certain amount of investment of funds from the U.S. *See* WSOIHC000010 - 11 (The Letter of Approval of the Department of Commerce of Hubei Province on the Articles of Association of Omikron Machine Works (Wuhan) Co., Ltd., [E

Shang Zi (2005) No. 84, 鄂商资[2005]84号], dated June 17, 2005, which was attached as Exhibit B to my Second Declaration).

Under Chinese law then in effect, the Department of Commerce was the competent approval authority for IIC's acquisition of the Factory's assets and IIC's establishment of Omikron. The *Interim Provisions on Acquisition of Domestic Enterprises by Foreign Investors* (the "Interim Provisions"), jointly promulgated by several Chinese government authorities, namely, the Ministry of Foreign Trade and Economic Cooperation, the State Taxation Administration, the State Administration for Industry and Commerce, and the State Administration of Foreign Exchange (being effective from April 12, 2003 to September 8, 2006), are applicable to a transaction where a foreign investor acquires the assets of a Chinese domestic enterprise by agreement, and invests such assets in the establishment of a foreign-invested enterprise that operates such assets (the "Asset Acquisition").① Additionally, pursuant to Articles 6 and 15 of the Interim Provisions, the competent approval authority in respect of Asset Acquisitions was the Ministry of Foreign Trade and Economic Cooperation (renamed as the Ministry of Commerce after 2003) or its provincial counterpart (renamed as Provincial Department of Commerce after 2003). While certain very large transactions (i. e., transactions exceeding US $ 100 million or exceeding US $ 50 million within certain

---

① Interim Provisions on Acquisition of Domestic Enterprises by Foreign Investors, Article 2.

restricted categories) required approval of the Ministry of Commerce, any other foreign investment project, such as the acquisition of the Factory at issue here, generally was subject to the approval of the local provincial government in accordance with applicable regulations.① The Department of Commerce's approval of IIC's acquisition of the Factory and approval of the establishment of Omikron as a foreign invested enterprise which was consistent with the regulatory requirements under PRC law.

Moreover, as explained in my Second Declaration, the approval letter from the Department of Commerce specifies that the Title Transfer Contract between IIC and Wuhan Industrial Holding Group Co., Ltd. shall be revised and filed to the Department of Commerce for approval. The requirement of the Department of Commerce that the 2005 Title Transfer Contract be revised is entirely consistent with the provisions of the Interim Provisions on Acquisition of Domestic Enterprises by Foreign Investors,② and Detailed Implementing Rules for the Wholly Foreign-Owned Enterprise Law,③ which in principle require that foreign investment come wholly from outside of China unless otherwise approved. When a provincial government requires that a contract be reformed to comply with Chinese law, it does so pursuant to its

① Catalogue of Investment Projects Requiring Government Approval (2004 version), Section 12.

② Articles 1, 9.

③ Article 25.

authority under contract law, state-owned assets administration law, and foreign investment regulation. Acquisition of domestic Chinese enterprises by foreign investors is subject to the approval of a competent approval authority of the Chinese government, in respect of the ration of foreign capital contribution.[1] Foreign investors shall submit to the government for, inter alia, the acquisition agreement between foreign investor and domestic Chinese enterprise.[2]

The Department of Commerce of Hubei Province likewise was the competent approval authority for IIC's withdrawal from the Factory pursuant to the 2008 Termination Agreement. In the event a foreign investor elects to withdraw from a foreign invested enterprise, as IIC did here, the provincial Department of Commerce must approve the withdrawal. Pursuant to Articles 2 and 7 of the *Several Provisions Governing Changes in Equity Interest of Investors in Foreign Invested Enterprises*, jointly promulgated by the Ministry of Foreign Trade and Economic Cooperation and the State Administration for Industry and Commerce (effective as of May 28, 1997), in the event that any investor in a foreign invested enterprise fails to fulfill its obligations under the enterprise's contract or articles of association to pay its investment contributions, thus resulting in any change of the investor or

---

① Interim Provisions on Acquisition of Domestic Enterprises by Foreign Investors Articles 5, 6.

② Interim Provisions on Acquisition of Domestic Enterprises by Foreign Investors Articles 12(4), 15(4).

transfer of equity interest, the proper approving authority shall be the original approving authority for the establishment of such foreign invested enterprise—in this case, the Department of Commerce of Hubei Province. The documents produced reflect this approval by the Department of Commerce after IIC failed to revise the 2005 Contract and pay its full investment with foreign funds. (See WSOIHC000067 - 68; WSOIHC000069 - 71; WSOIHC000072 - 73).

The produced documents reflect application to the Hubei Provincial Branch of State Administration of Foreign Exchange for payment under the 2008 Termination Agreement to IIC by wire transfer to the United States. (See WSOIHC000072 - 73; WSOIHC000074; WSOIHC000075 - 76.)① The Hubei Branch of State Administration of Foreign Exchange is not a department of Hubei Province Government—it is a branch location of the State Administration of Foreign Exchange—but in any event, when a government approves a wire transfer to the U. S. involving a state-owned enterprise, it exercises its authority pursuant to contract law, state-owned assets administration law, and foreign investment regulation. ②

In my Second Declaration I also discussed plaintiff's allegation in the Second Amended Complaint that a " $21 million 'debt' that the

---

① See also Second Amended Complaint, paragraph 33.

② Contract Law Articles 7, 10, 44, 52, 77, 96; Interim Regulations on the Supervision and Administration of State-Owned Assets of Enterprises Article 23; Interim Provisions on Acquisition of Domestic Enterprises by Foreign Investors Articles 5, 6.

Factory allegedly owed" was withdrawn from the Factory's bank account by order of Hubei, and that the Factory's "accounts were frozen by the Wuhan Municipal Government."① In paragraphs 22 of the Declaration of Ji Ci Chou ("Chou Decl") in Support of Plaintiff's Opposition to the Motion to Dismiss, Mr. Chou claimed that the Factory's account was frozen and withdrawals were made, but did not specify who took such actions. At most, Mr. Chou implied that Hubei took these actions because, he claimed, Hubei is the "ultimate decision-maker" for Holdings and the creditor entity, Wuhan Economy Development Investment Group. Such acts, if they took place, were acts of courts; only a court can order the seizure of assets from a private party for payment of a debt owed to a third party.②

Ⅱ.4 Government Approval Limited for Sales Contracts

While government approval is required for the transfer of state-owned property in enterprises which will cause loss of control of state capital,③ government approval is not required for day-to-day business sales contracts between a state-invested enterprise, like Wuhan Industrial Holding Group Co., Ltd., or a foreign-invested company

---

① Second Amended Complaint paragraphs 24, 26.

② Civil Procedure Law (2007) Article 218.

③ Interim Regulations on the Supervision and Administration of State-Owned Assets of Enterprises Article 23.

(like "Omikron") and another company. [1] Even within state-invested enterprises, such contracts generally would not be considered the sort of major decision that would be subject to the decision of the state-owned supervision and administration agency, or SASAC (e. g., including merger, division, increase or decrease of the registered capital, issuance of bonds, distribution of profits, dissolution and petition for bankruptcy), let alone the approval of the provincial government. [2] Hubei thus would have no role in the day-to-day business of the Factory, let alone its owner Holdings.

Ⅱ.5 Lack of Authority of the Mayor of a City in China Over Operations and Decisions of State-Invested Enterprises or to Bind a Superior Government

While governments continue to supervise and regulate state-invested enterprises, and State agencies fulfill certain investor responsibilities to state-invested enterprises, no government entity or government officer is empowered to negotiate or make decisions of business operation on behalf of state-invested enterprises. Rather, as explained in my Second Declaration, consistent with the principles of separation of government functions from enterprise management, municipal Mayors are not entitled to participate in commercial negotiations on behalf of state-invested

---

① Interim Regulations on the Supervision and Administration of State-Owned Assets of Enterprises Articles 7, 10, 21, 23; Detailed Implementing Rules for the Wholly Foreign-Owned Enterprise Law Articles 42, 43, 44.

② Interim Regulations on the Supervision and Administration of State-Owned Assets of Enterprises Article 21; Companies Law Article 66.

businesses, and they do not make decisions on behalf of state-invested enterprises. As described in section 2. 2, it is the state-invested enterprise's board of directors and company manager who would be responsible under governing law and the company's articles of association to participate in commercial negotiations. The fact that the provincial government must provide final approval of a negotiated agreement with a foreign investor does not provide an official of a political subdivision (e. g., a municipal official) of that provincial government with the authority to approve or participate in the negotiations of such agreement.① Moreover, under PRC law, a pending or expected appointment as a provincial government official after being a municipal government official does not give that municipal official authority to speak on behalf of the provincial government.②

Municipal officials may embark on trade delegations to other countries to promote PRC or their specific regional commerce. While the delegation may discuss specific projects, my understanding is that the overarching goal of such delegations is general promotion of commerce or trade with the PRC or the applicable region therein. Prior to conducting an overseas trip in 2003, a city delegation was required to receive provincial government approval for the overseas travel. The provincial government,

① Interim Regulations on the Supervision and Administration of State-Owned Assets of Enterprises Article 7; Organization Law of Local People's Congresses and Local People's Governments (2004) Articles 59 and 62.

② Organization Law of Local People's Congresses and Local People's Governments (2004) Articles 59 and 62.

however, would not be involved in developing or prescribing the itinerary; it would approve the overseas travel. Such approval is what is reflected in the documents produced at PGHP000010 – 23. Whether the head of a trade delegation abroad exercised discretion to attend additional events and meetings outside of the approved itinerary in furtherance of the goal of promotion of commerce, such additional meetings likely would not be specifically approved by the provincial government.

Moreover, even within the approved itinerary, a municipal official would not have actual authority to act on behalf of or bind a superior government.[①] This is particularly the case where the promise the municipal official purports to make is one that would be contrary to law (e. g., approve a contract that is contrary to Chinese law). It should be self-evident that government officials do not have authority to act outside of the scope of authority afforded them by laws and regulations.

Ⅲ. China as a Forum for This Dispute

In paragraphs 24 and 25 of the Declaration of Ji Ci Chou ("Chou Decl") in Support of Plaintiff's Opposition to the Motion to Dismiss, Mr. Chou claimed that he received two threats from Mr. Huang Jiang, a director of the Wuhan Municipal Government. Mr. Chou daimed Mr. Jiang told him that (1) plaintiff would surely lose any litigation against Holdings because Holdings is a state-owned enterprise, and (2) an exit

① Organization Law of Local People's Congresses and Local People's Governments (2004) Articles 59 and 62.

ban would be imposed on plaintiff's American management team. Plaintiff's Opposition to the Motion to Dismiss also claims, and cites a U. S. Department of State report to support the claim, that the Chinese court system is improperly influenced by executive officials and biased to state-invested enterprises. None of these assertions undermine the competency of Chinese courts to address this dispute.

Ⅲ.1 Court Competency

As I stated in my Second Declaration, the judiciary has undergone extensive reforms to make the judicial process even more transparent and open, and to provide equal protection to all kinds of parties. These reforms, similar to the ones made with regards to the relationship between the government and management of state-invested enterprises, emphasize separation between the government and the court system. ① The emphasis on separation applies to all levels of Chinese courts, and is intended to enhance the independence of judges in deciding various types of disputes. ②

Based on my survey of other divisions of Wuhan Intermediate People's Court, it is not uncommon for private entities (both domestic and foreign) to prevail against state-invested companies. I discussed

① Organization Law of People's Courts (2006) Article 4; Supreme People's Court Opinion on the Comprehensive Furthering of People's Court Reform (No. 3(2015)) Part 3(7).

② Organization Law of People's Courts (2006) Article 4; Supreme People's Court Opinion on the Comprehensive Furthering of People's Court Reform (No. 3(2015)) Part 3(7).

five recent cases in my Second Declaration in which a Chinese state-invested enterprise was sued by a foreign entity or a domestic private company, and the Chinese state-invested enterprises—including state-invested enterprises domiciled in Wuhan—lost the litigation. I do not restate the names of those cases here, but they involved complex commercial disputes, including allegations of copyright or trademark infringement, rent disputes, and stolen deposits.

In my First Declaration, I discussed how courts in Hubei Province commonly resolve cases with a foreign aspect and are equipped with the talents and facilities to deal with international cases. In fact, there is a special division for international cases with personnel who hold a postgraduate degree in law and are fluent in communicating in written and oral English. Two of the five courts with jurisdiction over foreign-related cases include the Hubei High People's Court and the Wuhan Intermediate People's Court. As explained in my First Declaration, from 2008 to 2011, the Hubei High People's Court closed 125 foreign-related cases, of which 63.2% of the foreign parties won. From 2002 to 2012, the Wuhan Intermediate People's Court, closed 505 cases, of which 67.6% of foreign parties won. The average time for closing cases in both courts was less than 275 days. The judgments in these cases are enforceable under Chinese law,① and recent reforms have enhanced the enforceability of judgments by Chinese courts. To the

① Civil Procedure Law (2007) Article 201.

extent, the U. S. State Department report plaintiff cites suggests that "enforcement of judgments continues to be a problem" (*see* Opp. at 34), it is unclear whether the report refers to enforcement of judgments of Chinese courts or foreign courts. China may not recognize all foreign judgments and foreign arbitration awards under PRC law or bilateral judicial assistance treaties with other countries. ①

Ⅲ.2 Opinion on J. C. Chou's ability to travel to China

In my Second Declaration, I concluded that based on the allegations in the Second Amended Complaint, the facts regarding a judgment issued against Omikron Machine Tool Works in 2007, and Chinese law on exit bans, Mr. J. C. Chou would absolutely be able to travel safely to China for his lawsuit between IIC and Wuhan Industrial Holding Co., Ltd. I reaffirm that opinion herein, for the reasons stated in my Second Declaration.

I declare under penalty of perjury under the laws of the United States of America that the foregoing is true and correct. Executed on August 10, 2016.

---

① Civil Procedure Law (2007) Article 266, 267.

Legal Opinions Submitted to Hiac

IN THE MATTER OF AN ARBITRATION

UNDER THE 2013 HONG KONG INTERNATIONAL ARBITRATION CENTER

ADMINISTERED ARBITRATION RULES

BETWEEN

STANDARD CHARTERED PRIVATE EQUITY LIMITED

1st Claimant

GS DIRECT GD LIMITED 2nd Claimant

AND

(1) LI CHANGJIE, (2) ZHOU YONGLI, (3) FENG FANG, (4) JI XUEFENG, (5) XU MING, (6) LI JIANPING, (7) WANG SHIZHONG,

(8) ZHANG HAIYING, (9) ZHANG JINLI, (10) ZHAO LI, (11) HU XINSHENG, (12) DONG ZHIQIANG, (13) QU SHAOJIE, (14) CAO XIANGJIE, (15) GUAN XINMING, (16) LI XUZHONG, (17) LIU JIANZHONG, (18) MA YULIANG, (19) REN QIANG, (20) WANG ZHIBIN, (21) YU CHAOHUI, (22) ZHAO HONGSHENG, (23) ZHU XUEHAI, (24) JIA QIUYUE, (25) SANG XIQIAN, (26) XIAO PING, (27) XIONG SHUANGKUI, (28) WANG LIN, (29) ZHANG JIANJUN, (30) HAO YUNYU, (31) ZHANG PUMEI, (32) GUO WENZHENG, (33) ZHANG XIGANG, (34) LIU BIN, (35) WANG YONGWANG, (36) LI XINGQI, (37) SUN XINCHUN, (38) DONG SHUNDE, (39) WANG XIANGDONG, (40) ZHANG XUHUI, (41) ZHAO LIANG, (42) ZHANG HUI, (43) ZHANG YUFEN, (44) WANG WEIFANG, (45) HUANG CHUANLIANG, (46) SUN CHANGKE

1st – 46th Respondents

GOLDEN DRAGON PRECISE COPPER TUBE GROUP INC.

47th Respondent

GOLDEN DRAGON HOLDING (HONG KONG) INTERNATIONAL LTD.

48th Respondent

Legal Opinion

In preparing this legal opinion, I have been shown the Claimant's

Notice of Arbitration, the Claimants' Exhibits to Notice of Arbitration, the Claimants' Application for Emergency Relief, the Respondents' Submissions in response to Application for Emergency Relief and the Emergency Award. I have been requested by the Respondents to issue a legal opinion on the applicable law to the substance of this case, and on the Valuation Adjustment Mechanisms ("VAM") and related arrangements. These issues are addressed as follows:

Ⅰ. Applicable Law

1. In the present case, the 2007 Capital Subscription Agreement and the 2007 Shareholders' Agreement for Golden Dragon Precise Copper Tube Group Inc. ("Shareholders' Agreement") are clearly governed by the law of the Peoples' Republic of China ("PRC law").

2. The 2007 Supplemental Agreement to the Capital Subscription Agreement, the 2011 Special Agreement Relating to Investors' Shares Agreement ("2011 Agreement"), the 2015 Supplemental Agreement to the Special Agreement relating to Investors' Shares Agreement ("2015 Agreement"), and the 2016 Undertaking Agreement ("2016 Agreement"), are stated to be governed by Hong Kong law. Assuming that the parties' choice of Hong Kong law is considered to be valid by the Arbitral Tribunal, their choice of law is nevertheless subject to limitations including, among others, mandatory rules of PRC law.

3. As pointed out in Redfern and Hunter on International Arbitration, 6th edition, 2015, at para. 3.128:

4. "Although it is generally recognised that parties to an international commercial agreement are free to choose for themselves the law (or legal rules), being applicable to that agreement, there are limits to this freedom. Mandatory rules have been defined as those that 'cannot be derogated from by way of contract', and may feature in the determination of a contractual dispute in addition to the governing law selected by the parties."

5. Mandatory law as a limitation to the parties' choice of law is not only widely accepted in the practice of international arbitration, but also enshrined into the conflict-of-laws rules of PRC and Hong Kong, respectively. Article 4 of the Act of the People's Republic of China on Application of Law in Foreign-related Civil Relations 2010 ("PRC Choice-of-Law Act") provides: "If the law of the People's Republic of China contains a mandatory provision concerning a foreign-related civil relationship, that mandatory provision applies directly."

6. Article 4 of the PRC Choice-of-Law Act authorizes the immediate application of overriding mandatory provisions of PRC law, irrespective of the law otherwise applicable. Accordingly, where the parties have chosen a law other than PRC law, mandatory provisions of the PRC should nevertheless override the chosen law on particular issues.

7. In the instant case, and insofar as the VAM and related arrangements are concerned, the overriding mandatory provisions of PRC law are those embodied in the PRC law on company and foreign exchange control. Examples of these mandatory provisions, including

the mandatory provisions of the Company Law of the People's Republic of China (Company Law), the Law of the People's Republic of China on Sino-Foreign Equity Joint Ventures ("EJV Law"), and other related legislation.

8. The content and substantive legal effect of these provisions will be dealt with below, in the analysis the validity of VAM and related arrangements. For present purposes, it suffices to mention that the application of these provisions is significant to the Chinese economic system. Therefore, as a matter of conflict of laws, these provisions demand immediate application to issues within their scope, regardless of the otherwise applicable law.

9. It is worth mentioning that the 47th Respondent, Golden Dragon Precise Copper Tube Inc. Group ("Golden Dragon"), being a joint stock company, is subject to the EJV Law. In previous proceedings, the Claimants have relied upon Article 4 (1) of the EJV Law to object to its applicability. Article 4 (1) provides that:

"Joint ventures shall be established as limited liability companies."

10. It is submitted that this provision does not exclude Golden Dragon from the reach of the EJV Law. Rather, Golden Dragon falls within the scope of the EJV Law via Article 3 of the Provisional Regulations on Several Issues Regarding the Establishment of a Stock Limited Company with Foreign Investment (SLC Regulation) which states that: "A [Stock Limited] Company is a type of foreign-invested

companies governed by relevant Chinese laws and regulations on foreign-invested companies."

11. Here, the EJV Law belongs to the category of "relevant Chinese laws and regulations on foreign-invested companies". The historical background to such an interpretation is that the EJV Law was enacted in 1979, at the start of "China's Reform and Opening-up", and at a time when China was preservative towards foreign investment. In 1995, the SLC Regulation was promulgated to meet the needs of cross-border transactions by providing more diverse vehicles for foreign investment. Article 3 of the SLC Regulation was designed to introduce the relevant laws and regulations including the EJV Law.

12. In fact, in the recitals to the Shareholders Agreement it is expressly agreed that Golden Dragon is formed pursuant to the Company Law, the EJV Law and its implementing statute, and the SLC Regulation. The parties' reasonable expectations that Golden Dragon is subject to the EJV Law must be respected.

13. The need for applying and/or considering overriding mandatory provisions also finds support in Hong Kong's conflict-of-laws rules, albeit with some qualifications. The authorities in point are already cited in the Emergency Award, at para. 133. Nevertheless, to the extent that Hong Kong's conflict-of-laws rules are considered by the Arbitral Tribunal, the Chinese conflict-of-laws rules are also to be taken into account.

14. Last but not least, public policy considerations mandate the

application of mandatory PRC laws. According to Article 7(5) of the Arrangement Concerning Mutual Enforcement of Arbitral Awards between the Mainland and the Hong Kong Special Administrative Region 1996, "the enforcement of the award may be refused if the court of the Mainland holds the enforcement of the arbitral award in Mainland would be contrary to public interest of the Mainland".

15. In previous proceedings, the Claimants have quoted the case of Fujian Zongheng High Speed Information Technology Co Ltd. v. China High Speed Media Holdings Co Ltd. [(2014) Rongzhijianzi No. 51] ("Zongheng High Speed") in which the Fujian Intermediate People's Court, relying upon a decision of the Supreme People's Court, held that "violation of administrative regulations and departmental rules does not necessarily constitute a violation of the public policies of the PRC".

16. As far as the present case is concerned, the persuasive value of Zongheng High Speed is doubted, as the fact patterns and the regulatory interests involved in these two cases are arguably distinct. In terms of the hierarchy of laws, the legal forces of the PRC mandatory rules disputed in Zongheng High Speed are inferior to the relevant PRC mandatory rules in the instant case. Further, the target company in Zongheng High Speed was listed in the United States. It is doubtful that the transactions in Zongheng High Speed were as closely connected to Mainland China as those in the case at hand.

Ⅱ. VAM and Related Agreements

17. So far, the validity of VAM has not been affirmed in Chinese

legislation. It is left to the Chinese courts to decide on the issue in individual cases. My opinions below are focused on the effect and/or validity of the arrangements related to the VAM under Chinese law in this case.

18. First, the effect of the 2016 Undertaking Agreement is doubtful. Article 10 of the Several Provisions on the Alteration of Investors' Equities in Foreign Investment Enterprises 1997 ("Equity Alteration Regulation") defines agreements on equity transfer as agreements that include the following contents:

"1. Names and residential addresses of transferors and transferees and the names, posts and nationalities of legal representatives;

2. Quantity and price of the equities to be transferred;

3. Time limit and method for the delivery of transferred equities;

4. Rights to be enjoyed and responsibilities to be borne by the transferee according to enterprise contracts and articles of association;

5. Responsibility for breach of contract;

6. Governing Law and settlement of disputes;

7. Validation and termination of agreements; and

8. Time when and the venue where the agreements are reached."

19. Since the 2016 Undertaking Agreement contains most, if not all, of the contents described above, it may be characterised as an (incomplete) agreement on equity transfer under the Equity Alteration Regulation. According to Article 9 of the Equity Alteration Regulation, prior approval is required for an agreement on equity transfer. Pursuant to Article 1 of the Provisions of the Supreme People's Court on Various Issues Concerning the Trial of Cases involving Disputes Relating to Foreign-invested Enterprises (I) 2010, failing such prior approval, the agreement is not effective. Accordingly, to the extent that the 2016 Undertaking Agreement is characterised as an (incomplete) agreement on equity transfer, it has not come into effect due to lack of prior approval.

20. It is noteworthy that under the Interim Administrative Measures for the Record-filing of the Incorporation and Change of Foreign-invested Enterprises 2016 ("Interim Measures"), prior approval is not required for agreements on equity transfer. However, the Interim Measures came into effect on 8 October, 2016, after the 2016 Undertaking Agreement was concluded. The Interim Measures are silent on whether they apply to the agreements concluded before 8 October, 2016. Absent guidance to the contrary, the Interim Measures do not have retrospective effect on the 2016 Undertaking Agreement.

21. Moreover, the 2016 Undertaking Agreement is invalid insofar as the guarantee offered by Golden Dragon is concerned, as it circumvents the mandatory provisions of the Company Law and those of the EJV Law.

22. According to Article 20 of the Company Law, the shareholders of a company shall abide by the laws, administrative regulations and bylaws. They may not harm the interests of the company, the other shareholders, or any creditors of the company by abusing the independent status of legal person or the shareholder's limited liabilities.

23. Under the 2016 Undertaking Agreement, Golden Dragon takes joint and several liabilities for the payment obligations under a share transfer between Standard Chartered Private Equity Limited ("SCPE"), GS Direct GD Limited ("GS"), and the original shareholders. Accordingly, upon trigger events occurring, the company may have to fulfill its obligations under the guarantee by making payments to the transferring shareholders.

24. Such an arrangement circumvents the stipulations in Company Law and the EJV Law on distribution of dividends, capital reduction and liquidation. It would result in the reduction of the company's assets, and harm the interests of the company and those of its creditors. Therefore, it is invalid under Chinese law.

25. In Suzhou Haifu Co. v Gansu Shiheng Co., Hong Kong BYD Co. [2012 Mintizi No. 11], the Supreme People's Court relied upon Article 20 of the Company Law and Article 8 of the EJV (on the distribution of profits) in holding that a VAM clause was null and void. The underlying rationale of the Supreme People's Court's ruling also applies to the case at hand insofar as circumvention of mandatory law is concerned. Indeed, in Liu Haiyan and Kunshan Beiruikang

Biotechnology Co., Ltd. v. Changzhou Lihehuafu Venture Capital Co., Ltd. [(2015) Sushangzhongzi No. 135], a guarantee of this type was held by Jiangsu Province High Court as null and void.

26. Finally, as far as Golden Dragon's guarantee is concerned, the validity of the 2016 Undertaking Agreement is also invalid due to lack of approval. Pursuant to Article 19 of the Administrative Regulations of the People's Republic of China on Foreign Exchange (as revised in 2008), in case of a foreign-related guarantee, "an application shall be submitted to the relevant foreign exchange administrative authority which shall, in light of the assets, liabilities and other circumstances of the applicant, make a decision to approve or decline the application". According to Article 6(1) of the Judicial Interpretation of the Supreme People's Court on Certain Issues Regarding the Application of the Security Law of the People's Republic of China 2000, Golden Dragon's guarantee is invalid as it is "provided without the approval of or registration by the relevant competent authority". Indeed, this approach has been employed in similar cases. In Zhang Ruifang and Shenzhen Yidian Industrial Inc. v Wangda Paper Group Inc. and Lin Bingshi [(2014) Yuegaofa Minsi Zhongzi No. 12], the Guangdong High People's Court held that a guarantee contract was invalid due to lack of prior approval.

27. I declare under penalty of perjury under the laws of Hong Kong that the foregoing is true and correct. Executed on March 6, 2017.

Yongping Xiao

Date:

I, Yongping Xiao, born in February 28, 1966, received my bachelor's degree and PhD in law in 1988 and 1993 from Southwest University of Political Science and Law and Wuhan University School of Law, respectively. I am now a professor of private international law and PhD supervisor in Wuhan University School of Law, and concurrently serve as director of the International Law Institute at Wuhan University, a key national Think Tank of China.

I have published over 180 academic articles in journals and magazines issued in PRC, USA, UK, the Netherlands and other jurisdictions, and published more than 20 academic monographs and textbooks on private international law, arbitration law, and international civil litigation. These include *Textbook on Chinese Arbitration Law* (Wuhan University Press, 1997), *the Principle of Private International Law* (Law Press, first edition, 2003 and second edition, 2007), *the Law of Conflict of Laws from a Jurisprudence Perspective* (Higher Education Publishing House, 2008), and *Conflict of Laws in the People's Republic of China* (Edward Elgar Publishing Limited, 2016). One of my articles, *Selected Topics on the Application of the CISG in China*, [20 *Pace Int'l L. Rev.* 61, 79(2008)], has been relied upon by a United States Federal Court[Innotex Precision Limited v. Horei

Image Products, INC., (et al., 679 F. Supp. 2d 1356)(N. D. Ge. 2009)].

In addition, I also hold the following positions:

- Standing Vice-chairman, China's Society of Private International Law.
- Editor-in-chief, Chinese Yearbook of Private International Law and Comparative Law, and Law Review.
- Vice-chairman, Law Society of Hubei Province.
- Vice-chairman, Wuhan Arbitration Commission.
- Arbitrator, Beijing Arbitration Commission, Wuhan Arbitration Commission, CIETAC, and other arbitration Commission.
- Standing director, China Law Society.
- Member of Advisory Committee, Wuhan Intermediate People's Court, P. R. China.
- Member of International Law Committee, Ministry of Foreign Affair of PR.
- Member of Advisory Committee, Supreme People's Procuratorate of PRC.
- Member of Advisory Committee, Supreme People's Court of PRC.

关于某中国运动员能否依据《国际奥委会关于女性雄性激素过多症的条例》参加伦敦奥运会的法律意见书

国家体育总局：

我们是武汉大学社会弱者权益保护中心的志愿者，致力于对社会弱者，特别是妇女、儿童提供法律援助，主要在武汉大学法学院从事国际法和体育法的教学和研究工作。近两年，我们非常关注某著名运动员的情况，非常希望她在伦敦奥运会上为国增光。但最近我们在网络上得知一些对她不利的言论，就到湖北省体育局了解她的真实情况，并对《国际奥委会关于女性雄性激素过多症的条例》（以下简称《条例》）进行了深入仔细的研究。下面根据我们了解的情况和研究《条例》及相关国际体育法律规则的结果，特提出以下法律意见，供体育总局领导决策参考。

一、《条例》的基本宗旨和目的

平等参与和反歧视是奥林匹克运动的基本精神。《奥林匹克宪章》第44条明确规定，在确定参赛名单问题上，有关体育组织必须确保任何人都不会因任何形式的歧视而被排除在外。《条例》在导言中明确表明其对《奥林匹克宪章》第44条的遵守，其对"女运动员雄性激素"检测规定的严格程序，实质上体现了对特殊体质人群平等参赛资格的保护。

在奥运会的历史上，对女运动员的性别鉴定方法几经发展变迁，从最初的第二性征外科检查到染色体及DNA检测方法，这些性别鉴定方法因其启动的随意性和程序的不完善备受诟病，尤其是缺乏对被鉴定者的相关程序权利的保障，屡屡造成对被鉴定运动员心理和参赛资格的严重侵害。因此，从1996年开始，国际奥委会废止了长达30年之久的女运动员性别鉴定制度，只有在有充分或明显证据证明极个别运动员性别存疑的情况下，才可以进行干预和评价。

和以往的性别鉴定相比，《条例》采用的"女性雄性激素"检测最突出的贡献，是通过《条例》对被鉴定者的程序权利保障作了严格要求。《条例》第1条将其"宗旨"定位为"规范女性雄性激素的标准化检测程序"。《条例》的主要内容只涉及严格的程序化规定，这种严格的程序设计避免了性别鉴定启动的随意性，保证了鉴定程序的透明公正。不难看出，在以"雄性激素检测"为依据来判断被鉴定运动员的参赛资格时，《条例》的制定者采取了非常谨慎的态度，其目的是最大限度地保障被鉴定运动员平等参赛的权利。

二、《条例》的适用对象是医学上的两性人，而不是所有的“雄性激素水平过高者”

传统的有关性别争议的案例，全部都是针对两性人（染色体异常）而启动性别鉴定程序。如 2006 年多哈奥运会上印度籍运动员桑德拉東就是因为其染色体异常而被认定为存在“性别欺诈”。《条例》在导言中将适用对象明确界定为“两性人女运动员”。有相当一部分女性可能存在“雄性激素水平过高”的情况，但并不是所有“雄性激素水平过高者”都是两性人。“两性人”在医学上有专门的判定标准。而且即便是两性人，根据惯例，也可依据其法定性别分别分到男子组或者女子组。某运动员经过多次医学检查，根据其性征与染色体等综合判断，均为女性，其一直以来的自我认知及法定身份也是女性，因此不属于《条例》所适用的对象。

三、“雄性激素水平高”不等同于《条例》规定的“雄性激素水平过多症”

《条例》第 5 条规定：“一个专家小组将被任命用来诊断该症状……专家组成员将由一名妇科医师、一名遗传学专家和一名内分泌医师组成，额外专家组成员则可以另外任命一个专家小组”。专家小组的组成结构决定了其对“雄性激素过多症状”的判断应该是一个综合性诊断。相应地，《条例》第 8 条第 B 款规定：“……被调查的运动员或其队医应该提供其所有的相关资料（如病史、性激素水平、诊断、治疗、目前的检查结果等）……”这同样表明该“症状”的诊断并不是仅仅依据一个单独片面的雄性激素水平检测，而是一个综合判断的结论。

由此可以看出,“雄性激素水平高”并不等同于“雄性激素过多症”。前者在医学上是基于单独的“内分泌检验”所得出的结论,后者至少要综合妇科临床检查、染色体或 DNA 检测、内分泌检验等各项检测以及被检测者已有的各项检查结果才能得出的综合诊断结论。从某运动员的情况来看,她在 2005 年、2007 年、2010 年及近日的妇科检查和染色体检查中,其结果均明显为“女性”。

四、“雄性激素水平过多症”并不必然导致取消参赛资格

根据《条例》第 7 条第 F 款的规定,专家小组不仅要调查被鉴定者是否存在“雄性激素水平过多症”,还应该证明该症状将作用于该运动员的竞技能力并产生相应的竞争优势。另外,根据该条第 J 款第 II 项的规定,被认定为“雄性激素水平过多症”并不必然导致取消参赛资格,还需要证明该症状能产生竞争优势。从医学上看,雄性激素水平过多只是有可能增强运动员的竞技表现,但与运动员竞技水平的提高并没有必然联系。只有存在确切证据表明当“雄性激素水平过多症”实质上影响并提升了竞技能力时,才能以此为依据取消被鉴定者的参赛资格。

根据 2012 年 6 月 29 日北京协和医院的医学检验证明,某运动员体内血清睾酮含量较高系体内 21 – 羟化酶缺乏症所致,这种症状是因某运动员自身的特殊体质所致。目前,没有任何证据能证明某运动员体内雄性激素水平过高能产生竞争优势。

五、国家奥委会对运动员性别调查的义务

《条例》第 3 条明确规定,每个国家奥委会都应该确保本国代表

队的运动员符合国际奥委会实体规则中的选拔规定。每个国家奥委会还应当在本国运动员注册之前,对性别特征有偏差的运动员适当地、主动地进行调查,完整保存相关的证据材料,并且应该适用运动员居所地法律的规定。该条规定表明,每个国家奥委会对还未注册的运动员的性别有权主动调查,同时负有以下义务:(1)被相关运动员的法定住所国家的国内法所允许,同时符合国际奥委会的实体规则、相对应的国际体育单项联合会的规则;(2)国家奥委会必须规定适当的调查程序,如果国内法没有程序性质的规定,应该适用《条例》的调查程序。

根据《奥林匹克宪章》的规定,国家奥委会在奥运会中应当享有充分的自治权。参赛资格是自治权的重要体现,国家奥委会有权选拔、推荐运动员参加比赛。性别鉴定作为确定参赛资格的途径之一,国家奥委会在性别鉴定的程序中也要充分体现其自治性。因此,该条从实体到程序上,要求国家奥委会在运动员性别调查中履行义务。此外,国家奥委会的首要职能是在本国范围内发展、促进和维护奥林匹克运动,实现奥林匹克的基本原则和基本价值,应该采取一切行动反对体育运动中的任何歧视和暴力。性别鉴定曾经被认为是奥运会"性别歧视"的一种体现。但在性别丑闻、性别欺诈愈演愈烈的奥运会比赛中,通过性别鉴定以实现公平竞争的奥林匹克精神成为重要的考虑因素。因此,《条例》就是在寻求公平竞赛与性别歧视的平衡中制定出来的。

正是出于以上考虑,《条例》要求国家奥委会在开展性别调查时,必须根据运动员法定住所地的法律,采取适当的方式,并遵守国际奥委会的相关规则和条例。根据上述规定,我国在考虑某运动员的伦敦奥运会参赛资格时,由于某运动员是中国湖北籍运动员,居所地在中国,对其性别调查的实体规则和程序规则都应当适用中国的法律。当中国法律没有相关规定时,应该参照国际奥委会和国际单项体育联合会中有关性别调查的实体规则和程序规则。因为参赛资格作为运动员的一项基本权利,不经过法定程序不得被剥夺。但是,由于《条例》只是程序性规定,没有提供实质性的判断标准,我国只能根据国际奥委会确认的最新案例,即"塞门娅"案例确定的实体标准来判断。

而根据"塞门娅"案,我们知道,她属于两性人,其雄性激素过多,在2008年和2009年女子田径项目上屡获奖牌,不断刷新了世界纪录,但之后由于奥委会对其睾酮水平过高的问题进行调查而被禁赛。后国际田联对塞门娅进行性别检验时,专家一致认为:尽管塞门娅体内雄性激素高于一般正常女性,但这并没有受到外源性因素的影响,也没有因此具有竞争优势。而且,以前对其的调查没有履行适当的程序。塞门娅因此取得了伦敦奥运会参赛资格。对比某运动员的情况,她不是两性人,也没有证据证明其体内的雄性激素来自外源性因素的影响,如果不经过《条例》规定的程序就使某运动员失去了伦敦奥运会的参赛资格,显然是不合适的。

六、有权请求启动性别调查程序的主体要求

《条例》第6条规定:A."有权请求启动性别调查程序主体":出现"女性雄性激素过多症"症状的运动员个人、国家奥委会的首席医疗官、国际奥委会医学委员会的成员或奥组委医疗官、国际奥委会医学委员会主席;B.请求启动性别调查必须向主席提交关于运动员

资格审查的书面材料,包括:提起该程序请求的理由和依据、任何有关"女性雄性激素过多症"的证据材料、有关的国际体育单项联合会的参赛资格规定、申请人的个人信息。第7条规定了"启动调查程序请求的拒绝或不予受理情况":不符合以上第6条要求的申请要求或者缺乏事实证据时,该申请不予受理;如果国际奥委会执行委员认为启动调查存在申请人的恶意,提起申请人可能会因此遭受处罚,但在处罚之前应该给予其申辩的机会。

1936年奥运会第一次性别检测发生在女子百米比赛中,卫冕冠军的波兰选手斯坦尼斯洛娃·瓦洛斯维奇意外地输给了美国人海伦·斯蒂芬。瓦洛斯维奇愤然指责斯蒂芬是男性,要求国际奥委会对她进行性别检测。从1968年起,国际奥委会对所有参加奥运会的女运动员主动进行性别检测,直到1998年,女性运动员强制性别检测才被有条件地打破。由此可以看出,提请启动性别调查程序的主体从对性别有异议的个体运动员缩小到了国际奥委会,《条例》又进一步把提请主体限制在除了被检测运动员自己以外,只能是奥运会中具有医学背景的专业人士。

此外,《条例》对提出申请的主体明确规定了两项义务:(1)书面申请的形式要求。对于某运动员,如果要启动性别调查,申请人只能是中国国际奥委会的首席医疗官和某运动员自己,并且还要提供相关的书面材料。如果申请人没有出具任何有效的书面证据材料,该申请不应该受理。提交申请的书面证据材料不仅是展开进一步专家组调查的前提条件,也是随后上诉到国际体育仲裁院(Court of Arbitration for Sport,CAS)救济程序的重要依据。(2)提出启动性别调查程序的申请人主观上必须是善意的,如果申请人恶意申请启动程序，将会因此受到处罚，"善意"申请才能体现奥林匹克主义公平竞争。

七、某运动员参加伦敦奥运会对我国可能造成的影响

允许某运动员参加伦敦奥运会，根据《条例》不外乎两种结果：第一，国际奥委会执行委员会不对她启动调查。我们认为，根据《条例》的规定和"赛门娅"案所表现出来的倾向，几乎可以肯定国际奥委会执行委员会不会对某运动员启动性别调查程序。由于某运动员这两年成绩稳定、突出，对我国在这个项目上争取金牌和国家已花了巨大成本培养的某运动员均大有好处，没有理由不选拔某运动员参加伦敦奥运会。第二，国际奥委会执行委员会决定对她启动性别调查。我们判断，只要不能证明某运动员体内的雄性激素系外源性因素所引起，根据《条例》几乎不可能临时取消或取消她的参赛资格，原因如上述分析。事实上，我们研究发现，国际上绝大多数学者基于人权保护的需要反对任何形式的性别鉴定，因为隐私权和免受歧视权相对于公平竞赛权来说，是基本权利，是第一位的。这也是《条例》没有对性别鉴定提供明确标准，只是规定了严格程序要求的原因。

退一万步讲，要证明某运动员存在"女性雄性激素过多症"并产生了竞争优势，必须同时符合两个要件：其一，雄性激素有功能；其二，雄性激素水平在男性范围内。只有在这种情形下，才可能被取消参赛资格。而根据国际体育仲裁院在北京奥运会前所作出的判例，此类竞争优势的界定必须有权威的科学结论。在北京奥运会开幕前，南非籍残疾运动员奥斯卡·皮斯托瑞斯（Oscar Pistorius）希望

参加健全人的比赛，国际田联认定其假肢给其带来了不公平的竞争优势，拒绝其参赛，而国际体育仲裁院支持了运动员的诉求，允许其参赛。其核心理由为：在没有最终的权威科学结论时，不能认定奥斯卡的假肢为其带来了不公平的竞争优势，应该允许其参加健全人的比赛。据此，我们判断，只要不能证明某运动员体内的雄性激素系外源性因素所引起，根据《条例》临时取消或取消其参赛资格的可能性不大。

从另外一个角度来看，允许某运动员参加伦敦奥运会，有助于中国在尊重和保护人权方面树立良好的国际形象。

第一，假设不允许某运动员参加伦敦奥运会，但又没有寻找到合适的途径让她能够在平等的条件下与同类人同场竞技，剥夺了某运动员根据《奥林匹克宪章》所享有的平等参与权。如果某运动员因为“女性雄性激素过多”而仍然成为中国代表团的成员，将进一步彰显中国对待少数群体的宽容，切实维护他们的合法权益。

第二，如前所述，即使某运动员存在“女性雄性激素过多症”，允许其参赛，体现出我国对程序性权利的充分保障，包括：(1)在其因为“女性雄性激素过多症”面临启动或不启动调查程序的可能性时，给予其充分申辩和参与的机会；(2)特别是在没有权威的科学结论界定“女性雄性激素过多症”必然会给运动员带来竞争优势时，按照无罪推定原则，应先推定其无罪，允许其参赛。

第三，允许某运动员参赛将避免其产生身份识别混乱，其生理性别(sex)和社会性别(gender)将保持一致；如果不允许她以一名女运动员身份参赛，其生理性别和社会性别将产生错位，并给以后有类似情形的运动员产生巨大的心理压力。

因此，综合考虑这些因素，我们的看法为：即使启动对某运动员的“雄性激素水平过多症”的调查，也不会对中国代表团和中国国家形象产生不良影响；相反，有助于中国在尊重和保护人权及开放、宽容方面树立良好的国际形象。就像南非总统支持赛门娅参加奥运会一样，获得良好国际形象。

八、结论

通过以上的分析，我们认为：

第一，《条例》只是规定了启动性别调查的严格程序，其目的是最大限度地保护特殊体质运动员的奥运会参赛资格。但《条例》并没有规定构成“女性雄性激素过多症”的实体判断标准。

第二，《条例》的适用对象只是“两性人”，也就是说，只有在医学标准上是“两性人”，并且其“雄性激素过多”导致其具备竞争优势时，才可能被国际奥委会执行委员会取消参赛资格。而某运动员的3次性别检查均证明她是女性。因此，《条例》没有适用于某运动员的法定前提。

第三，假设《条例》适用于某运动员，根据《条例》第3条第B款的规定，由于各国奥委会应当保证其运动员的选拔符合国际奥委会的规则和条例，各国奥委会有权在运动员注册之前，对性别特征异常的运动员开展调查。但这种调查必须符合3个条件：(1)被相关运动员法定住所地的国内法所允许；(2)必须采取适当的方式；(3)必须符合国际奥委会的相关规则和条例。但据我们所知，我国法律和国际奥委会的相关规则和条例，都没有关于“女性雄性激素过多症”的实体法标准。因此，我们认为，我国开展性别调查的程序应该参照《条例》的规定，而实体判断标准应该按照医学标准和国际奥委会所确认的最新判例（“塞门娅”案）确定的标准。

第四，如果国家体育总局不按照《条例》规定的程序要求，采取简单的行政手段不让某运动员参加伦敦奥运会，某运动员有权向国际奥委会执行委员会申诉，直至向国际体育仲裁院提起仲裁。

第五，按照现行的医学标准和“塞门娅”案确定的标准，某运动员完全有权参加伦敦奥运会女子项目的比赛。

第六，假设某运动员在参加伦敦奥运会期间，国际奥委会执行委员会对她开展“女性雄性激素过多症”的调查，我们判断，只要不能证明某运动员体内的雄性激素系外源性因素所引起，根据《条例》临时取消或取消她的参赛资格的可能性不大。这种情况对中国代表团和中国国家形象不会产生不良影响。相反，有助于中国在尊重和保护人权方面树立良好的国际形象。

一份科学运用分割方法解决涉港案件法律适用问题的优秀判决书

——评最高人民法院(2015)民四终字第9号民事判决书

最高人民法院第一巡回法庭于2015年6月29日做出的(2015)民四终字第9号民事判决书,涉及中国内地自然人与中国香港特别行政区公司之间的股权转让和股东贷款权益转让纠纷。当事人在上诉中对内地法院是否具有管辖权、内地自然人是否是本案适格原告、违约责任的承担、原告是否根据《备忘录》支付了2000万元人民币诚意金的事实认定、股权转让的目标公司(宝宜公司)是否应该与转让合同当事人承担连带责任,以及本案是否超过诉讼时效等问题存在争议。综观该案判决书,法官在准确识别的基础上,合法解决了内地法院的管辖权问题,科学运用分割方法解决了本案复杂的法律适用问题,值得我国法院在审理涉外民商事案件中学习和借鉴。

第一,关于案件的定性和识别。该判决首先根据最高人民法院《关于适用〈中华人民共和国涉外民事关系法律适用法〉若干问题的解释(一)》第19条以及《中华人民共和国涉外民事关系法律适用法》第8条的规定,适用法院地法(内地法)作为定性的标准;然后根据最高人民法院《关于印发修改后的〈民事案件案由规定〉的通知》(法〔2011〕42号)的要求及其所附《民事案件案由规定》,结合本案既涉及周大福公司、亨满公司将持有的宝宜公司全部股权转让给黄冠芳,又涉及周大福公司、亨满公司将其对宝宜公司的股东贷款权益转让给黄冠芳的事实,将该案定性为合同纠纷。从而裁判"一审法院仅将本案定性为股权转让纠纷欠妥,应予纠正"。这种解决定性标准的思路是完全正确的。

第二,关于内地法院的管辖权问题。该判决主要根据最高人民法院关于本案管辖权问题的终审民事裁定效力和管辖恒定原则论述其行使管辖权的合法性,这当然是正确的。笔者看来,该判决书如果首先将管辖权问题定性为程序问题,必须适用《中华人民共和国民事诉讼法》(以下简称《民事诉讼法》)的有关规定;然后,根据该案当事人在《买卖股权协议》中选择香港特别行政区法院为非排他性管辖法院的事实,分析我国法院行使管辖权的合法性;并进一步分析最高人民法院司法解释关于适用不方便法院原则的条件,以论证内地法院行使本案管辖权的合理性,可能更有针对性和说服力。

第三,关于法律适用问题。由于当事人在《买卖股权协议》中一致选择适用香港特别行政区法律,该案又被定性为合同纠纷。因此,本案的争诉问题,即哪些适用当事人选择的香港特别行政区法律,哪些适用争诉问题本身的准据法,需要科学运用分割方法才能恰当解决,该案判决书很好地解决了这个问题。

例如,关于黄某某、苏某某是否为本案适格原告问题,该判决首先把它识别为程序法问题,根据程序法问题适用法院地法的规则,决定适用我国《民事诉讼法》第119条的规定;然后再决定黄某某、苏某某是否"与本案有直接利害关系"时,把它们作为先决问题,分别根据《中华人民共和国涉外民事关系法律适用法》(以下简称《法律适用法》)关于法定继承的冲突规范(第31条)和关于夫妻财产关系的冲突规范(第24条)选择适用内地相应实体法确认黄某某是合法继承人、苏某某夫妻财产共有权人,最后确认他们是本案适格的原告。这种思路和论证过程准确而富有说服力。

又如,关于《备忘录》项下2000万元人民币诚意金是否已经支付的问题,显然是一个事实问题,法官应该根据法院地法的证据法规则判断主张者提供的证据是否达到高度可能性的证明标准。该判决书说明"黄某某、苏某某并未举出充分的证据证明黄某某实际向周大福公司、亨满公司支付了该笔款项,其仅仅是根据《备忘录》关于诚意金的约定以及《买卖股权协议》确定价款等情节,推定黄某某已经支付2000万元诚意金,无法使法官形成内心确信。因此,一审法院未予认定黄某某支付2000万元诚意金这一事实并无不妥"。这种分析完全合法,有一定说服力。

再如,关于违约责任的承担和宝宜公司是否应该与转让合同当事人承担连带责任问题,毫无疑问属于合同准据法的适用范围。该判决书首先根据《中华人民共和国民法通则》第145条的规定,肯定当事人选择适用中国香港特别行政区法律的有效性;然后根据香港特别行政区合同法的有关规定认定《买卖股权协议》及其 4 份补充协议有效；最后根据《买卖股权协议》的约定和中国香港特别行政区法律的有关规定决定违约责任的承担和宝宜公司是否应该承担连带责任问题。这种思路和逻辑是完全正确的。值得注意的一个小问题是：该案第一步到底应该引用《中华人民共和国民法通则》第 145 条、《中华人民共和国合同法》第 136 条，还是《法律适用法》第 41 条，或者同时引用这 3 条，需要从理论上和司法实践中进一步明确和统一。

第四，关于诉讼时效问题。该案判决书并不是简单将诉讼时效识别为程序法问题而适用法院地法（内地法），而是根据《法律适用法》第 7 条的规定："诉讼时效，适用相关涉外民事关系应当适用的法律"，决定适用中国香港特别行政区《时效条例》第 4(1)(a)条的规定，确定诉讼时效为 6 年，并根据案件的实际情况认定诉讼时效期间的起算点。这完全符合《法律适用法》第 7 条的立法目的。

总而言之，该判决书介绍当事人的主张全面、公允，认定事实客观、有据，适用法律合法、准确，说理充分、透彻，是一份难得一见的优秀裁判文书。

第四编　促　法　治

The Situation and Future of Legal Education and Research in China

I . The Current Situation of Legal Education in China

I . 1 The Categories of Legal Education in China

Legal education in China can be classified into higher education, professional education and education of law for the public. Legal education in higher education institutions is undertaken by law schools or law departments in comprehensive universities or specialized universities of law and political science. Law schools or law departments in comprehensive universities are the pillars of legal education in higher education institutions, such as Law School of Wuhan University, Law School of Peking University, Law School of Renmin University, Law School of Tshinghua University. Specialized law schools concentrated on the education of law such as China

University of Political Science and Law, Southwest University of Political Science and Law, East China University of Political Science and Law, Northwest University of Political Science and Law, as well as the Universities affiliated with the Ministry of Public Security.

Professional legal education in China is the training of judges, prosecutors and attorneys who are already in the legal profession, mainly in the National Judges College of D. R. C. and National Prosecutors College of D. R. C. There has been a change in the professional legal education to the training of professionals regarding the newly adopted or revised laws. Attorney training has been offered by colleges for Attorneys organized by some universities.

Education of law for the public is intended to inform the general public and civil servants of the common sense knowledge of law as an important measure of China to build a socialist country following the rule of law. Since 1985 the Standing Committee of the National People's Congress has adopted six "Five Year Plan of Publicizing the Law" which has played an important role in informing the citizens and civil servants in particular of the law, and enhancing the citizens'awareness of protecting their rights by legal means.

Ⅰ.2 The Scale of Legal Education in China

There are over 2600 higher education institutions in China, amongst which 111 are affiliated with the central government and ministries thereof, 2500 with the provincial government and departments thereof. Currently 65 legal higher education institutions are affiliated with the Ministry of Education, 25 with ministries of the central government, and over 500 affiliated with provinces.

There has been a rapid development of the legal higher education with the number of law graduates rising from 19,000 in 1998 to 150,000 in 2008.

By the end of 2011, there are 63, 289 teachers in the legal education, amongst which 6696 are professors, 17,517 are associate professors.

I.3 Law Schools in Chinese Universities and Colleges

Law Schools of universities and colleges provide law degrees at the bachelor, master and PhD level, as well as double bachelors. Law schools are either in specialized universities of law and political science or comprehensive universities, or other universities.

Specialized universities of law and political science have law schools of detailed majors. Law schools in comprehensive universities are established as separate law schools. Law schools in other universities refer to those universities of technologies, economics, and normal universities, which are intended to train lawyers tailored to specific professions. Furthermore, there are Juristic Master Centers within universities or as an independent entity which mainly train legal professionals.

I.4 Judge Colleges, Prosecutor Colleges, Police Colleges

Judge colleges, prosecutor colleges, police colleges are established to train specialized legal professionals.

Ⅰ.4.1 The judges college is the National Judges College established in 1997 as a successor to the China Senior Judges Training Center established in 1988. Its purpose is to train presidents, deputy presidents of higher and intermediate courts, senior judges of courts of all levels and backup talents regarding the qualification for judges in China. The State Judges College plays the key role in training judges, with 23 branches across the nation.

Ⅰ.4.2 The National Prosecutors College trains prosecutors. It was established in 1991 as Central Prosecutors Management College and changed to the current name in 1998. The State Prosecutors College is the highest institution in prosecutor training directly affiliated with the Supreme People's Procuratorate. It concentrates on training presidents of prosecutoriats of all levels, grand prosecutors, senior prosecutors and junior prosecutors, prosecutors in Tibet, Xinjiang and ethnic minority areas in west China, teachers for local prosecutoriats. It has 16 branches across the country.

Ⅰ.4.3 The National Police University for Criminal Justice is intended to train senior talents and leaders in the police, prison, rehabilitation system. Its origin can be traced to 1956 before being officially established in April 2002. Its purpose is to train highly qualified police who understand politics, law, professional knowledge, and are dedicated to work and society. There are about ten local police colleges in China.

Ⅰ.5 Law Degrees in China

Under the Degree Regulations (adopted in 1980 and revised in

2004), law degrees in China are bachelor, master and PhD. In addition, juristic masters are catered for the legal profession. Senior middle school students pass the university entrance exams to study bachelor in law and get the degree after four years, a master takes 2 or 3 years, and a PhD takes 3 years or more.

Ⅰ.5.1 Bachelors

According to the Degree Regulations, a standard full time bachelor program takes four years which allows flexibility. Students are those who pass the national college entrance exams.

A bachelor program may take shorter or longer than four years from three years to six years, except those who join the army meanwhile.

Students who get the required credits will be eligible for graduation. Students who reach the criteria will be eligible for a law bachelor.

The purpose is to establish a system to train open and diverse legal talents who know the situation of China, persistent in their beliefs, with high moral standard and professional knowledge and capacity, under the guidance of a scientific and legal education ideology with Chinese characteristics. The core task of Chinese legal education in higher education is to enhance the quality of training.

Ⅰ.5.2 Masters

A master of law program takes three years which allows flexibility from 2 to 4 years.

Students are required to complete some mandatory courses for all majors, for all law students and for their specialized major and some optional courses in the first year.

The second year is scheduled for preparing the thesis by reading and writing literature review under the supervision of supervisors. The third year is scheduled for completing the thesis and defense.

It is required to get over 30 credits among which over 20 are from lectures.

Pedagogy combines the tutorial of supervisors and all faculties in the major, as well as tutorial and independent research.

Students who get the required credits and reach the criteria will be awarded the qualification of master, and who then pass the thesis defense will be awarded the master of law degree.

Before the introduction of Juris masters in China, the aim of master of law is to train students in legal theories, one foreign language, and capacities to undertake independent research, teaching, and working in the judiciary and governments and law firms.

After the introduction of Juris masters, the aim of master of law is shifted to training academic legal professionals for the legal teaching and research. In China, masters of law are for those who plan to do legal research and teaching.

Ⅰ.5.3 PhDs in law

PhDs in law started from 1980 in China but has developed to be of a large scale. In 2010, 26 more universities and institutions are approved to award PhDs in law by the State Council Committee of Degrees.① The number of enrolment, students and graduates grow year by year.② Only 178 were awarded a PhD in law from 1982 to 1992. In 2000, 322 were awarded a PhD in law. In 2005, 1191. In 2010, 2414.

The aim of PhD programs is to train academics for legal teaching and research, as well practitioners of high qualification.

Ⅰ.5.4 Juris masters

The State Council Committee of Degrees adopted the Report on Establishing Juris Masters on 30 May 1995 in order to train highly qualified legal talents for the legislature, judiciary, administrative enforcement institutions of law, legal service, legal supervision, economic management and social management entities. Pilot projects were started in eight key universities, such as China Renming University, Peking University and Wuhan University. Juris masters mark the progress in training practice-oriented legal talents and the shift from academic to practical and mixed legal professionals.

The Juris master was established in the Interims Measures on Degree Approval since June 6, 1996. Juris masters have been the focus of Chinese legal education since then. Programs are offered in 80 institutions in 2008, and 116 in 2011 (1/10 of the total universities).

---

① Law PhD and Master Programs Authorized in 2010, in Legal Education Research Vol. 2, 2011.

② See www. moe. gov. cn, 2010 Education Statistics-Number of Postgraduates in Individual Disciplines.

Ⅰ.5.4.1 Aims of Juris masters

Juris masters have a distinct focus from masters of law. Holders of Juris masters are expected to qualify for intermediate professional and administrative positions in the judiciary and legal service, with a high moral and professional standard, sound knowledge of law and practice of law, able to undertake legal practice and administration independently.

Ⅰ.5.4.2 Curriculum and pedagogical methods

The curriculum of Juris masters cover the theory and practice of the major departments of domestic and international law, i. e., jurisprudence, constitutional law, civil law, commercial law, administrative law, civil procedural law, criminal procedural law, economic law. Training plans are tailored for students with different backgrounds and professional aims.

Classroom teaching is the major methods with a focus on case law. Legal practice is enhanced alongside teaching and research.

Ⅰ.5.4.3 Thesis and degree

Thesis of Juris master students shall focus on the use of the theory in practice, in the form of report, case law and analysis. Students who pass the curriculum and thesis defense will be awarded the Juris master degree.

Ⅰ.6 Curriculum of Legal Education in China

Ⅰ.6.1 Curriculum

The curriculum of legal education in China covers the general courses in humanities (such as philosophy, economics, politics, history) and computer, physical education, arts and foreign languages; and mandatory law courses (jurisprudence, Chinese legal history, constitution Law, administrative and administrative procedure law, criminal law, civil law, commercial law, intellectual property rights law, social and labour law, economic law, environmental and resource protection law, civil procedure law, criminal procedure law, international law, private international law, and international economic law); and optional law courses (comparative law, legislation, legal sociology, legal methods, property law, contract law, marriage and family law, succession law, enterprise law, and company law).

Ⅰ.6.2 Textbooks

Law textbooks refer to texts, materials and cases. Textbooks are either authored by one scholar or several scholars.

Ⅰ.6.3 Teaching methods

Teaching can be classroom teaching and practice training. Classroom teaching is mainly lecture, supplemented by case law and clinic education. In classroom teaching, teachers lecture on the conceptions, rules and norms of law. Case law is used as secondary to enhance the understanding of the legal concepts and rules and application of the theories in practice. Legal clinic education is to let law students to provide legal consultation to people, seeking legal aid under the supervisions of qualified lawyers and give remedies. Practice education is to send senior bachelor students to be interns in courts, prosecutoriats, police or law firms (from weeks to a semester).

Ⅰ.7 Legal Education and Professional Education

Legal education in higher education institutions combines humanities and fundamental science which is the foundation for professional legal education. Bachelors in law have to pass the national judicial exam to be eligible for judges, prosecutors and attorneys.

A huge number of law students enter governments, enterprises, public entities, private enterprises, universities and schools, and the media. They are adaptive with the humanities and law background.

Ⅱ. Legal Profession Entry and Judicial Exam

The Chinese Legal Professional Qualification Exam has been unified. In 1986 the Ministry of Justice decided to set up the national bar exam which was held in 1986, 1988 and 1992, which was changed to a yearly exam since 1993. 180,000 persons passed in 12 bar exams by 2000. The exams for junior judge (trial assistant) and junior prosecutor (prosecutor assistant) were established respectively in the Judges Law and Prosecutors Law in 1995, which were held in 1995, 1997, 1998 and 1999.

The Judges Law, Prosecutors Law and Attorney Law were amended in 2001 under which judges, prosecutors and Attorneys are all required to pass the National Uniform Judicial Exam to be professionally qualified.

Ⅱ.1 Eligibility of Applicants

Eligible applicants are: Chinese nationality, supportive of the

Constitution of PRC and with right to elect and being elected, with full civil capacities, with degree and professional qualifications required by the Judges Law, Prosecutors Law and Attorneys Law, and with a high moral standard. Law bachelors are required, or bachelors in other majors with knowledge of law. Associates in law are allowed in specific areas since 2002 under a Ministry of Justice document.

Ⅱ.2 Contents

The national judicial exam tests the law and legal practice, specifically theoretical law, practice of law, positive law, practice, and legal ethics, or more specifically jurisprudence, constitutional law, legal history, administrative law and administrative procedural law, criminal law, civil law, criminal procedural law, civil procedural law, commercial law, economic law, international law, private international law, international economic law, labor law and social law, environmental law and legal ethics and responsibilities totaling 16.

Ⅱ.3 Test Papers

Four test papers are divided:

Test Ⅰ-comprehensive: socialist law ideologies, jurisprudence, constitutional law, legal history, economic law, international law, private international law, international economic law, labor law and social law, environmental law and legal ethics and responsibilities totaling 16.

Test Ⅱ-criminal and administrative law: socialist law ideologies, criminal law, criminal procedural law, administrative law and administrative procedural law.

Test Ⅲ-civil and commercial law: socialist law ideologies, civil law, civil procedural law (arbitration included), commercial law.

Test Ⅳ-case analysis: socialist law ideologies, jurisprudence, administrative and administrative procedural law, criminal law, criminal procedural law, civil procedural law (arbitration included), commercial law.

Ⅱ.4 Test Form

No reference is allowed for the written test. Each test 150 scores totaling 600.

Ⅱ.5 Timing

Normally the National Judicial Exam takes place in September every year. The first three tests take 180 minutes each, the fourth takes 210 minutes.

Ⅱ.6 Qualification Certificates

Those who pass the National Judicial Exam are eligible to apply for the legal profession qualification certificate in three categories.

Certificate A for applicants who hold a bachelor degree or above and get 360 or above, with no territorial limitation.

Certificate B for applicants who hold an associate law degree and get 360 or above, only valid in the specific area where degree eligibility is relaxed.

Certificate C for applicants who hold an associate law degree or a bachelor degree and get slightly below the passing line, only valid in the specific area where degree eligibility is relaxed.

In ten National Judicial Exams since 2002, 3,180,000 applied for the exam, 2,800,000 sat for the exam and 459,000 passed. The rate is 16.4%.

Ⅲ. Some Key Problems between Legal Education and Profession

Ⅲ.1 Staff Administration Issue

Staff administration in the judiciary completely follows the rules for civil servants without considering the professional feature of the judiciary. Courts and prosecutoriats are administered alike other government or party authorities. All staff has to be qualified as judges or prosecutors such as passing the National Civil Servants Entrance Exam and National Judicial Exam. The uniform approach shows the bureaucratic side failing to give the core role of judicial professors. Furthermore, the difficulty in promotion fails to give impetus to the staff. Judges and prosecutors are distracted from professional affairs to administrative affairs.

Ⅲ.2 Unbalanced Supply and Need of Legal Talents in Grassroots Judiciary

The judiciary in western China is in dire need of judges and prosecutors due to the unbalanced development between regions. The grassroots judiciary deals with over 80% cases in China. However, shortage of talents in grassroots judiciary is a serious problem in particular in western China.

Ⅲ. 3 De-linkage between University Pedagogy and the Judicial Exam's Requirements

The lack of supervision over the law program leads to the expansion of law programs exceeding the needs of society. In 2007, there are law programs in 600 universities among over 1000 universities with 290,000 students, amongst whom 60% get a law related job, a third enter the judiciary system. It is a waste of resources. There is no effective linkage between legal education in higher education and the national judicial exam.

Ⅳ. The Future of Legal Education in China

Given the pressure of the quality of legal education and the employment difficulty of law graduates, efforts shall be made to enhance the practical capabilities and international competitiveness of legal talents in Chinese legal education.

Ⅳ. 1 The Practical Skills Training

The first trend is to enhance the practical skills by following the macro legal experimentalism. The macro legal experimentalism is to integrate experiments into legal education by case law teaching, legal clinic, social practice and so on. To make students to identify and resolve real legal issues by law.

Ⅳ. 2 The International Lawyers Training

The second trend is to train international lawyer by deepen international cooperation and exchanges. The so-called "international lawyers" refer to those who are able to deal with cross-border legal issues with knowledge of Chinese law and foreign legal systems and international law, and international communication capacities, as well as a global mind. International lawyers are in great need given the legal globalization and China's rise in the international society.

Chinese universities devoted to the following works:

The first is to have a diversified faculty through the following methods: (i) the faculty shall be from multiple academic backgrounds. And personally I think a third of the faculty shall have overseas experience of research in one Law School. (ii) the faculty are encouraged to study abroad when the impetus to study abroad is lower than before. (iii) to recruit highly qualified overseas scholars. (iv) to make use of the State talents policy, such as the Thousand Talents Plan, to invite international professors.

The second is to diversify the library resources. Libraries are essential to the training of law students. It is necessary to have a complete collection of Chinese literature, and a collection of foreign language literature with specific focuses of individual universities. Furthermore, attention shall be paid to both books and electronic resources such as online databases and CDs. Funding could be the normal channel such as the Ministry of Education funding as well as exchange with foreign institutions and acceptance of donations from individuals and institutions. Last but not least, to provide complete service to students from loans to internet access and printing.

The third is to diversify the students. It is necessary to enroll students from different countries and regions with diverse cultural backgrounds. Communication between students is important. The presence of international students will not only benefit international students as well as domestic students by opening the vision of domestic students. International students are increasing in Chinese universities with the support of China government scholarship. Wuhan University launched the Chinese Law and International Law LLM open to international students in 2008.

The fourth is to develop international training process in a dedicated way. With the faculty, library resources and students diversified, there is still a lot to do to train international lawyers. Firstly to organize participation in international legal competitions such as the Willem C. Vis moot competition, Jessup moot competition, international humanitarian law moot competition. Secondly to improve bilingual teaching or teaching only in foreign languages such editing bilingual textbooks, and adopting foreign textbooks. Thirdly to expand the international cooperation to bachelor, master and PhD programs by offering double degrees or exchange together with foreign universities. Wuhan University launched the Law-French double bachelor and Law-Germany double bachelor in 2004. Fourthly to encourage students to study master and PhD degrees in prestigious universities abroad.

V. The Shift of Legal Research in China

Lastly, I would like to talk about the shift of legal research in

China briefly. Summing up the 30 years of Chinese legal research, we may find it is undertaking shifts in four aspects.

The first is the shift from the legislation-focused research to implementation-focused research. In order to build a socialist legal system, normative analysis has been widely adopted in the Chinese legal academia aiming to improve at improving the law making and revision. The normal practice is to inform the legislators by introducing or commenting on foreign or international law. After the Chinese government declared China has established a socialist legal system in 2010, this research method has been under increasing criticism. I believe that the positive and interpretative approach will be the mainstream in Chinese legal research with a focus on the implementation of law.

The second is the shift from conceptual analysis to positive research. Chinese legal research has long focused on conceptual analysis for rule making on the basis of principles and theories. Since the beginning of the 21st century, some scholars started to use questionnaires, interviews, observation, case analysis, experiment and other positive research methods, which has gained acceptance among more and more scholars.① However, positive research has been of limited impact on the Chinese legislative and judicial activities given the

① See generally Zhang Guangxin et al., "A Written Seminar on the Transformation of Chinese Legal Study: Legal Academy and Legal Practice", Chinese Journal of Law, No. 6, 2011, pp. 3-65.

limited availability of cases and information, and limited training of scholars. I am sure that the scientific and prudent positive research will be the trend of Chinese legal research.

The third is the shift from single-disciplinary research to multi-disciplinary research. Most Chinese legal scholars have a specialized focus without much knowledge of other disciplines. Normally procedural law scholars know little of substantive law and vice versa, or jurisprudence scholars know little of individual branches of law. Accordingly, the cross-disciplinary legal issues are not sufficiently dealt with. But the legal problems in transitional China are complex given China's development from a rural society to an industrial society further to an information society (called "three-level-two-jump style" transformation), which mandates the multi-disciplinary research method. ①

The fourth is the shift from reference to Western rule of law to the emphasis on Chinese experience. Chinese legal scholarship has evolved under the Western influence, which has been much emphasized during China's trying to build a socialist legal system. Much so-called comparative study of law in China follows this model: firstly identifying the problem of China's practice, then laying out some foreign legislation, finally suggesting China adopt or transplant the foreign legislation. This Western standard approach has met increasing

---

① See Xiong Qiuhong, "The Transformation of Procedural Law Research from the Articles", *Chinese Journal of Law*, No. 5, 2012, pp. 6 – 7.

disapproval. It is argued that China shall identify its own experience and rules inherent in Chinese society, such as the value of family ethics and family property and state control. Only by this method, a Chinese system of legal knowledge may be built. [1]

① See Xiao Yongping, "A Retrospective and Periscopical Study on Chinese Private International Law in the Past 60 Years", Journal of Wuhan University, No. 6, 2009, pp. 731 - 734.

武汉大学法学教育的改革目标和努力方向

武汉大学的法学教育可以追溯到20世纪20年代,发展到40年代,武汉大学法学院已经成为当时国内外知名的高水平法学院。自1979年恢复法学教育以来,武汉大学始终把法学作为优先重点发展的专业,经过武大法律人艰苦奋斗、卓有成效的工作,武汉大学的法学学科始终走在全国的前列,被国内法学界和法律界公认为改革开放以后恢复重建得最好的法学院之一。

今天,随着我国教育中长期发展规划的颁布和全国教育工作会议的召开,我国的高等教育进入了新的历史发展阶段,质量、教学、改革成为这个阶段的主题。法学教育也不例外。下面就武汉大学法学教育的改革目标和努力方向谈谈笔者个人的想法。

一、改革目标

面对“90后”的大学生,我们的法学教育理念、办学模式和教学方法等都应该有所改进或者创新。

(一)教育理念:从法律教学转向法学教育

我国传统法律人才的培养可称为“法律教学”(law teaching),主要是具体法律规则的学习、研究和解释,现在的司法考试也深受“条文主义”的影响。不可否认,现代的法律学习必须以法律条文为基础,但这绝不是学习法律的全部,只是学习法律最基本的要求。因为法律的灵魂,不仅在于条文的解释,更要注重精神的伸张。但在我国现在的法学教育中,法律学子将主要精力放在司法考试的准备上,对社会现象不太关心,也无暇顾及。若不是司法考试范围内的知识,无论是人文精神的基本科目,如历史、艺术、哲学,还是法律领域中未被列入司法考试的科目,都一样沦为弱势。法律人,对上失去了基于历史、哲学层面的价值关心,把自己工具化为“法匠”;于下连狭义的法律知识也被“国内法”所限制,缺乏国际观。但对一个合格的法律人来说,只会“考试”只能解决就业问题,无法适应法律职业和法治事业的要求。要立身社会,做个有前途的法律人,必须有人文情怀,必须有国际视野。所以,我们要进行真正的法学教育(legal education),而不是单纯的法律教学。要实现此目的,法学教育与司法考试必须相互适应,不能片面地把司法考试作为法学教育的指挥棒,因为现有的司法考试很难测量考生的人文精神和实践智慧,或者说法律人的情商、德商是无法通过考试经验出来的。所以,从国家政策层面来说,司法考试也应该主动考虑怎么样推动中国的法学教育,把社会精英吸引到法律领域,使他们成为真正的法律人。

(二)办学模式:从追求规范到鼓励创新

现在,我国法律院系本科生的学制、教学内容、课时和学分要求等，基本上是一致的。但要把一名高中毕业生塑造成一名合格或者基本合格的法律人，具备或者基本具备从事法律工作的多种能力，通过4年甚至6年时间的培养是很难实现的。因此，在坚持法学教育基本要求的前提下，我们应该不断创新，在课程安排、教学内容，甚至学制方面形成武汉大学的特色和优势，使武汉大学培养的法律人才在具备基本的法律知识、素质和能力的基础上，又有鲜明的特点，从而适应社会多元化的需求。

（三）教学方法：从教师主动迈向师生互动

这些年来，尽管我们已经注意到了法律教学方法改革的重要性，许多教师也做了富有成效的尝试。但是，由于法科学生的招生规模不断扩大，法学院的教学常态仍然是以教师为中心，以讲授为主要方式，学生处于被动接受知识的地位。这样一来，从事法律职业所必需的一些基本能力在课堂教学中得不到必要的训练，学生的个性和创造力也被抹杀了。因此，克服传统教学方法的弊端，重心就是要注重调动学生学习的积极性和主动性，提高学生在教学活动中的参与度；注重增加教学的多样性，提高教学活动对不同学生的适应性。因为教学是“教”与“学”之间相互联系、相互影响、又是相互独立完成的过程。而在大多数情况下，“学”起到了决定性作用。学生也只有在自主、互动中才能很快地提高法律能力、体会法治精神、掌握法律知识。因此，所有教学方法都必须以师生互动为目的，使学生在法学院的学习是一种在教师的指导、参与和建议下，积极地获取法律知识和其他相关知识，形成必要的法律能力，养成正确的职业理念，发展创新精神和创新能力的过程。

二、努力方向

在法学教育质量和法科毕业生就业形势的双重压力下，结合社会的实际需求和武汉大学现有的办学基础及条件，武汉大学将在提升法律人才的实践能力和培养国际性法学人才方面做出努力。

（一）树立大法学实验观，努力提升法学人才的法律实践能力

所谓"大法学实验"，就是根据现代法治对复合型法律人才的要求，将专业基础型实验项目、综合应用型实验项目和创新拓展型实验项目整体融入或渗透到法律教学的各个环节，实现实验、实训、实践三类教学资源的有效整合和教育手段的多样化。因此，我们要以培养学生的法律实践能力为核心目的，通过案例教学法、模拟教学法、法律诊所教学法、观摩教学法、社会实践教学法等不同方式，实现第一课堂与第二课堂的互动、科学主义与人文主义精神的结合，突出人才培养目标的个性化、社会化和国际化特色，提升学生探寻法律事实、法律实务操作、综合表达、创新思维等能力，最终在教学、科研和服务社会工作中实现教师与学生共同发展的目标。

（二）进一步加强办学的国际化程度，培养更多的国际性法学人才（international lawyer）

笔者认为，所谓的"国际性法学人才"，是指具有世界眼光、全球思维，具备独立研究其他国家国内法和国际法基本制度和规则的能力及国际交往能力，通晓我国主要法律制度，能够独立处理跨国法律事务的法律人才。在经济、政治、法律的全球化趋势不断加强的形势下，各国对这样的国际性法学人才的需求越来越多。我国作为一个正在崛起的发展中大国，更是需要大量的国际性法学人才。为

此目的，武汉大学要在以下四个方面做出努力。

第一，逐步实现教师队伍的多元性。要培养国际性法学人才，首先需要实现教师队伍的多元性。对于多元性的实现，可以通过下列路径：(1)从教师队伍整体来说，要注意吸收来自不同专业背景、不同学缘结构的教师。笔者认为，如果能够达到1/3以上的教师具有海外学习经历就可满足基本要求。(2)从教师个体来说，要尽量鼓励没有出国经历的教师具有多校园学习和研究经历，特别是国外大学访问、研究经历。目前，青年教师出国的积极性没有以前高，这就需要国家、学校采取适当的鼓励和奖励措施，使50岁以下的教师都有1年以上的海外研究、学习经历。(3)积极利用国家政策，引进高素质的海外留学人员，扩大人才资源，聚集和培养优秀的团队人才，以形成优质的学缘结构。(4)充分利用国内外的基金资助，邀请外国法学教授，特别是知名教授为学生讲授专业课程。或者聘请外国教授作为兼职教授，承担确定的教学任务和研究任务，使之成为专职教授的有效补充，从而实现教师队伍的多元化。

第二，努力做到图书资料的多样性。法学人才的培养，离不开丰富多样的图书资料，其重要性堪比培养理工科人才的实验室。而要培养国际性法学人才，必须实现图书资料的多样性。首先，要兼顾中文资料和外文资料，中文资料要尽量全面，外文资料应该根据各个学校国际性法学人才培养的实际，凸显特色；与此同时，外文资料以英文为主，但要适当购买法文、德文、日文、俄文等外文资料。其次，要兼顾纸质图书和电子资源。除了不断充实中外文精品纸质书刊以外，在现在的信息化社会，要更加重视电子资源，包括在线数据库和数据库光盘的购买和利用，形成印刷型文献与电子文献、馆藏实体资源和虚拟资源相互补充的文献信息资源体系，才能为国际性人才培养提供强有力的文献信息保障。再次，要实现图书资料来源的多样化。由于各个学校用于购买图书的经费总数有限，除了可以利用事业经费、“211”和“985”项目经费购买文献信息资源以外，还可以通过与国外有关机构交换、接受国内外机构和个人捐赠等方式丰富各类文献信息。最后，要实现文献信息利用方式的多样性，也就是由过去的闭架式服务演进到全方位开放式服务，为学生提供集藏、借、阅、上网、复印于一体的“开放式超市服务”模式，实现图书借阅自动化、资源查询网络化和资料复印便捷化。

第三，注意保持学生来源的广泛性。要培养大量的国际性法学人才，还必须注意学生来源的广泛性。也就是要尽量多地从不同国家、区域招收文化背景、学习经历不同的学生一起培养。因为学生（包括本科生和研究生）在大学的成长不仅受教师和学校环境的影响，学生之间的相互影响和相互学习也是一个非常重要的因素。如果一个学校的外国留学生达到了一定的规模，不仅可以促进教师的国际视野和国际交往能力，使更多的外国学生了解和精通中国法律，成为“中国式”的国际性法学人才，还可以为中国学生成长为国际性法学人才创造良好的外部条件。因此，在本科、硕士研究生和博士研究生阶段，尽量多地招收外国留学生不失为培养国际性法学人才的一条有效途径。

第四，精心完成培养过程的国际化。有了国际性的教师、学生和图书资料，并不会当然培养出国际性法学人才，它需要国际化的培养过程。如果说前三者是相对静态的条件，培养过程则主要是一个动态要求，也就是说，不管学生学习什么具体专业，要创造条件让他们有国际性的学习、研究和实践经历,慢慢养成全球思维、具备国际交往能力、掌握处理跨国法律事务的技巧和能力。笔者认为可以从下列途径实现国际化:(1)积极组织和鼓励学生参加国际性法律专业模拟竞赛活动,如国际商事仲裁模拟辩论赛、Jessup国际法模拟法庭辩论赛、国际人道法模拟法庭辩论赛等,这是培养学生综合应用能力的好办法;(2)切实加强和改进双语教学和用外文讲授专业课的比例和成效,特别注意高水平双语课教材的编写、国外经典教材的采用和全英文教学的推广;(3)扩大中外合作培养项目的规模和层次,可以在本科、硕士和博士阶段,与国外大学合作分别设立“2+2”“1+1”“1+2”“2+1”等不同形式的双学位或者单学位的合作培养项目,还可以加大与国外高校的合作,开展“第二校园经历”活动,使尽量多的学生有出国留学的机会;(4)国家、学校采取积极鼓励政策,引导更多的法科学生到国外知名大学攻读硕士学位和博士学位。

武汉大学法学院对我国法学学科的主要贡献

2009年是武汉大学恢复法学教育30周年。伴随着我国法治建设和法学教育的进程,武汉大学法学院走过了非凡的30年。30年来,武汉大学一直把法学作为学校重点发展的学科,在以韩德培、马克昌为代表的老一辈法学家的带领下,经过法学院历届领导班子的艰苦奋斗、兄弟法律院校的帮助支持和法学院广大师生员工及校友的辛勤耕耘,武汉大学法学院在人才培养、科学研究、学科建设和服务社会等方面均取得了令人瞩目的成就。就学术研究和法学学科建设而言,武汉大学法学院在法学二级学科的创立、法学三级学科的构建和主要法学领域重要理论观点的提出方面均作出过重要贡献。①

---

① 肖永平、陈晓枫、柳正权、黄志雄、余敏友、乔雄兵、何其生、郭玉军、张辉、张庆麟、何荣功、莫洪宪、伍华军、秦前红、张素华、张里安、秦天宝、廖奕、占红沣、汪习根、庄汉、蔡杰、冯果、付春扬、余立力等老师撰写初稿、肖永平负责修改定稿。

一、法学二级学科的创立

在教育部确定的法学本科教育的16门核心课程当中，武汉大学法学院教师是其中3门学科的主要开拓者和创立人。

（一）环境与资源保护法学的创立和发展

韩德培教授及其团队对环境与资源保护法学的创立有筚路蓝缕、以启山林之功。早在20世纪70年代末，一般人还没有最基本的环境保护意识时，韩德培教授就主张通过法律对环境污染进行控制，并对自然资源和生态平衡进行保护。因此，他在国务院学位委员会法学评议组开会时提出建议，将"环境法"作为我国法学中的一个专门学科。评议组一致通过，上报教育部获得批准。

1980年武汉大学法学院成立了环境法研究室，最早给法律系本科生开设环境法学、自然资源法学课程。1984年陈汉光、彭守约在武汉大学出版社出版了国内最早的环境法学教材——《环境保护法教程》。1986年韩德培教授主编的《环境保护法教程》在法律出版社出版，这是我国第一本供高等院校使用的环境法学统编教材，标志着我国环境法学的诞生。该教材确定的环境与资源保护法学体系是：环境保护法概述、环境保护法的基本原则、环境保护法的基本制度、环境标准和环境监测、自然资源保护法概述、环境污染防治法概述、行政许可、行政责任、民事责任和刑事责任。目前，该教材已经出版第5版，成为法学及其他相关专业领域开展环境法教学的经典教科书。

通过韩德培教授及其他专家的努力，原国家教委于1987年制定的《普通高等学校社会科学本科专业目录》开始将环境法学确定为法学的一个二级专业。2007 年教育部法学教学指导委员会将环境法学列为普通高等教育法学专业的 16 门核心课程之一，推动了这一学科的继续发展。1997 年 4 月国务院学位委员会第 15 次会议在修订《授予博士、硕士学位和培养研究生的学科、专业目录》时，将法学一级学科内原有的 16 个二级学科减少为 10 个，由于韩德培教授和其他专家及时提出合理意见，“环境法学”不但没有被取消，反而扩充为“环境与资源保护法学”，为保持该学科的独立地位做出了贡献。1999 年 11 月我国第一个全国性的环境法学术团体——中国法学会环境资源法学研究会正式成立，年近九旬的韩德培教授担任首任会长、蔡守秋教授担任副会长兼秘书长，研究会会址和秘书处设立在本院。2004 年研究会换届，蔡守秋教授被选举为会长，王树义教授担任副会长，李启家教授担任秘书长。以此为平台，武汉大学法学院积极团结全国环境法学研究队伍，整合环境法学研究资源，促进环境法学界在国内外的学术对话与交流，推动了我国环境法学科向成熟、深入、整合的方向发展。

(二) 广义国际经济法学的创立和完善

姚梅镇教授在我国率先倡导打破传统的法学分科，从实际出发，采取比较的、综合的研究方法，综合国际法和国内法研究国际经济法。姚梅镇教授以其深厚的理论功底，开阔的学术视野，成为我国广义国际经济法学的创始人。他认为，无论是从国际经济发展的需要和必然趋势，还是从国际经济法本身的特点来看，国际经济法已成为法学体系中一门独立的学科。包括国际法规范和国内法规范形成统一的国际经济法规范体系，绝不是人为的糅合，而是国际经济关系中跨国活动相互联系的统一国际社会经济现象在法律上的客观反映，其中无论是国际法规范还是国内法规范，只不过反映这个统一国际经济关系的不同侧面而已。传统法学分科论的弱点，就是忽视了调整这个统一经济关系的国际法与国内法之间的内在联系，把国际经济法的研究局限于某一分科，认为仅仅属于国际公法的范畴，甚至称为“经济的国际法”，排除国内法的适用，这无异把本来属于统一的国际经济关系中互有联系的两个部分，人为地加以割裂，其结果必将导致理论上的混乱和法律适用上的困难。基于这种认识，姚梅镇教授认为，国际经济法的特点表现在它不属于国际法、国内法、公法或私法任何一个领域，而是包括国际法与国内法、公法与私法有关调整国际经济关系的一切规范而形成的一个独立的综合的法律体制，是法律体制中一个新的部门。固然，依国际经济关系的内容和形态的不同，有的适用国际法，有的适用国内法，有时国际法居于优位，有时国内法居于优位，但在统一的国际经济法体制中，这两种法规是不可分割、相互为用、成为整体法律体系中的有机构成部分。

正是基于上述广义国际经济法学说，姚梅镇教授于 1989 年主编的《国际经济法概论》公开出版。该书采取以问题为线索的结构安排，集中体现了广义国际经济法理论的体系架构，标志着广义国际经济法学从理论到体系的正式确立。《中国社会科学》等刊物纷纷发表书评予以高度评价，推崇其为经典之作。该教材于 1992 年荣获国家教委第二届高等学校优秀教材一等奖，对我国学者以后编写的国际经济法体系产生了重要影响。例如，余劲松教授主编的《国际经济法学》（高等教育出版社 1994 年版）就是在继承这个体系的基础上的进一步发展。

（三）新中国"大国际私法"学的创立

尽管国际私法从20世纪30年代开始就是我国法学院开设的一门独立课程，但新中国成立之前我国学者出版的国际私法教材基本上借鉴英美模式，采取的是管辖权—法律适用—判决的承认与执行体系。从20世纪80年代初开始，韩德培教授在主编我国高校第一本《国际私法》统编教材时提出了"大国际私法"体系，他力主国际私法应以涉外民事法律关系为调整对象，其研究内容不能局限于冲突法问题，应当扩大到涉外民商事法律关系的实体法。[①] 他倡导用发展的眼光，结合国际民商事关系的现状和发展趋势来研究国际私法，并进一步确立了调整国际民商事法律关系的统一实体法是现代国际私法不可缺少的组成部分的主张。武汉大学法学院其他国际私法研究人员也都从有利于更好地调整国际民商事法律关系的目的出发，主张"大国际私法"观点，认为国际私法既包括冲突规范、实体规范，又包括程序规范，同时还包括调整国际民商事法律关系的直接方法和间接方法。对于"大国际私法"理论，韩德培教授曾有过一段形象生动的比喻，他说："国际私法就好比是一架飞机，其内涵是飞机的机身，其外延则是飞机的两翼。具体在国际私法上，这内涵包括冲突法，也包括统一实体法，甚至还包括国家直接适用于涉外民商事关系的法律。而两翼之一则是国籍及外国人法律地位问题，这是处理涉外民事关系的前提；另一翼则是在发生纠纷时解决纠纷的国际民事诉讼及仲裁程序，这包括管辖权、司法协助、外国判决和仲裁裁决的承认与执行。"[②]正是基于这种"大国际私法"理论

---

① 韩德培主编《国际私法》（武汉大学出版社1983年版）所采用的体例。

② 韩德培主编：《国际私法》，高等教育出版社、北京大学出版社2000年版，第7页。

体系,韩先生在后来的研究中构建了新中国国际私法学的新体系。以其主编的《国际私法新论》和《国际私法》为代表,包括总论、冲突法编、统一实体法编、国际民事诉讼法编和国际商事仲裁法编。李双元教授、黄进教授和肖永平教授对“大国际私法”的理论体系做了进一步的阐释、弘扬和发展,如李双元教授在《走向21世纪的国际私法》一书中指出,国际私法包括冲突法、程序法和统一实体法三大部分,国际统一实体法的地位将得到提升。而且,随着国际民商事交往的发展和国际社会法律趋同化的不断加强,国际私法中的统一实体法将不断增加,最终会成为国际私法的主要规范和调整国际民商事法律关系最主要的方法。[①] 黄进教授在《论国际统一实体私法》一文中对国际统一实体法的概念、历史发展、渊源、范围、内容、地位与作用等进行了全面、系统、深入的梳理与阐释,认为国际统一实体私法是国际私法发展的必然结果。[②] 他在1999年主编出版的《国际私法》一书中,就把国际统一实体私法作为重要的一编。肖永平教授在《法理学视野下的冲突法》一书中提出现代国际私法要协调利用直接调整和间接调整两种方法,但对统一实体法的研究要侧重于国际条约和国际惯例的适用,特别对国际统一实体私法条约在我国的适用进行了深入研究与分析。[③] 他在2003年出版的《国际私法原理》中就体现了这种主张。如今,“大国际私法”学已经成为我国国际私法学界的主流观点。作为普通高等教育“十五”“十一五”国家级规划教材,韩德培教授主编的《国际私法》是我国高等院校采用最

---

① 李双元:《走向21世纪的国际私法》,法律出版社1999年版,第6~27页。

② 黄进:《论国际统一实体私法》,载《中国国际私法与比较法年刊》1998年卷。

③ 肖永平:《法理学视野下的冲突法》,高等教育出版社2008年版,第340~403页。

广泛的一部国际私法教材,曾获得教育部优秀教材一等奖。

二、法学三级学科的构建

(一)国际投资法学的构建

姚梅镇教授在我国率先致力于国际投资法的研究,发表了一系列重要学术论文。1985 年其代表作《国际投资法》正式出版,在我国首次从资本输入国法制、资本输出国法制和双边、多边条约的国际法制三个方面,结合国际和国内判例、学说,对比国内立法和国际立法,对国际投资关系的法律问题,进行了全面、系统的综合分析和研究,创建了具有中国特色的国际投资法学体系,在国内外学术界产生了重要影响。此外,他还主编了《国际投资法教学参考资料选编》和《国际投资法成案研究》,分别于 1987 年和 1989 年出版,形成了法学理论研究、案例研究和辅助资料汇编相结合的系列著作。其中,《国际投资法》荣获国家教委第一届高等学校优秀教材一等奖。此后,余劲松教授于 1999 年在法律出版社出版的《国际投资法》和张庆麟教授于 2007 年在武汉大学出版社出版的《国际投资法问题专论》都对该理论体系和内容进行了深化和完善。

(二)国际组织法学的构建

梁西先生早在 20 世纪 70 年代后期,就在我国首先创设了"国际组织法"这一新课程。他在 1984 年出版的《现代国际组织》,是国内第一本较全面系统地论述国际组织法的专著。该书先后修订、增补和再版 4 次[1993 年修订第 2 版、1996 年第 3 版(我国台湾地区志一出版社)、1998 年修订第 4 版、2001 年修订第 5 版],开创并逐渐完善了中国国际组织法的学科体系。该书于 1988 年获国家教委优秀教材二等奖，1996年获国家教委优秀教材一等奖，2001年被教育部研究生工作办公室推荐为“研究生教学用书”。其中，2001年出版的《国际组织法(总论)》修订第5版，从理论与实践相结合的角度，对国际组织与国际组织法的理念、性质、形态、功能、渊源、体系、发展规律、关系协调、时代背景、人类社会的组织化等基本问题进行了深入探讨，并提出了“结构平衡论”、国际组织法律人格的“职能性原则”、国际组织法的“渊源与体系”等一系列重要理论观点，成为我国国际组织法研究的扛鼎之作。由于梁西先生对国际组织法的创造性研究，他被学术界公认为该学科的开拓者与奠基人。以梁西先生的研究为基础，武汉大学法学院曾令良、余敏友、杨泽伟、黄志雄等人，深化了对联合国及相关专门性和区域性国际组织的研究，从不同方面推动了中国国际组织法的发展。

(三)区际冲突法学的构建

随着“一国两制”构想的提出和实施，我国的区际法律冲突和区际私法适用成为一个非常现实的问题。武汉大学法学院韩德培教授和黄进教授最早注意到这是我国国际私法研究的一个重要新领域。1988年韩德培教授在中国国际法学会北京年会上就中国的区际法律冲突问题做了题为“我国的区际法律冲突问题——我国国际私法研究中的一个新课题”的专题报告，首次明确提出了“一国两制四法”的区际法律冲突问题，并对解决方案提出了一些初步设想。1989年，韩德培教授与黄进博士合作在《中国社会科学》上发表长篇论文《中国区际法律冲突问题研究》，详细讨论了中国区际法律冲突的产生和特点、解决途径和步骤，并对中国的区际冲突法做了一些设计。[1] 该文引起了我国港澳台地区和国际上的广泛重视，英国著名作家韩素音在详读该文后，专程到武大与他们见面，交换意见。1991 年，他们在广泛参考和比较中外国际私法与区际冲突法的基础上，草拟了《大陆地区与台湾、香港、澳门地区民事法律适用示范条例》，发表后亦受广泛关注，并为各地媒体大量报道。韩德培教授和黄进教授不仅从整体上探讨了我国区际法律冲突的产生原因、特点及冲突解决基本原则、途径与步骤等问题，还结合法学理论，以厚重的笔墨对中国区际法律冲突问题进行了全面、深入、细致的论述，构建了中国区际冲突法的基本理论和立法框架，为中国区际法律冲突的解决设计了科学合理的方案。

在此基础上，黄进教授于 1991 年出版了《区际冲突法》，这是我国第一部有关区际法律冲突领域的学术专著，填补了我国在该领域的研究空白，标志着有中国特色的区际冲突法学理论体系的形成。该书荣获第二届全国普通高等学校人文社会科学优秀成果二等奖。此后，他相继出版了《澳门国际私法总论》（获第三届全国普通高等学校人文社会科学优秀成果二等奖），发表了大量相关论文，主编多部研究区际法律冲突的著作，如《区际司法协助研究》《区际司法协助的理论与实务》《中国的区际法律问题研究》（获第四届全国普通高等学校人文社会科学优秀成果三等奖）等，进一步丰富和构建了中国的区际冲突法学，提出了切实可行的解决中国区际法律冲突的原则、途径和步骤。肖永平教授主编的《内地与香港的法律冲突与协调》则详细阐述了我国内地与香港特别行政区法律冲突的特点、

① 韩德培、黄进：《中国区际法律冲突问题研究》，载《中国社会科学》1989 年第 1 期。

协调原则、立法协调模式和司法协助模式等,为解决两地之间的法律冲突提供了很有见地的建议。该书获得了司法部优秀成果一等奖。此外,他关于我国内地与香港特别行政区法律冲突与协调的中英文论文分别获得首届钱端升法学成果三等奖和第四届中国人文社会科学优秀成果三等奖。上述成果标志着武汉大学法学院国际私法研究人员完成了中国区际冲突法学体系的构建。

(四)欧盟法学的构建

从1984年开始,曾令良教授一直以欧洲共同体/欧洲联盟法为研究重点之一,成为我国欧洲联盟法学的主要开拓者之一。他于1992年出版的专著《欧洲共同体与现代国际法》及其繁体中文修订版《欧洲联盟与现代国际法》(1994年),系这一领域的首部专著。他在2007年出版的《欧洲联盟法总论——以〈欧洲宪法条约〉为新视角》,运用法条诠释、比较研究、实证分析等方法,系统、深入地研究了欧盟法作为当今世界自成一类的法律体系所具有的基本特征和一些根本性的法律问题,成为填补欧盟法基本法律问题研究空白之作,反映了我国欧洲联盟法的最新研究成果。此外,曾令良教授还先后在《欧洲法杂志》(*European Law Journal*)、《欧洲一体化主题》(Temas de Integração)、《中国社会科学》等国内外重要学术刊物,发表了一系列重要研究成果。由于他对欧盟法研究所取得的造诣,2001年,欧盟委员会批准他为中国第一位也是迄今唯一的让·莫内欧盟法讲座教授。2006年曾令良教授当选为中国欧洲学会欧洲法律研究会首任会长,同时兼任澳门欧洲联盟研究学会监事会主席等职。

(五)新中国比较宪法学的构建

自20世纪80年代初开始,在不断完善传统宪法学体系的过程中,何华辉教授一直致力于建立具有中国特色的比较宪法学学科体系和理论体系。他认为,比较宪法学在我国是一门急待恢复和重建的学科,必须用唯物辩证法作为理论指导,建构和研究比较宪法学,并系统研究了比较宪法学的产生、历史发展、现实状况及其理论指导、研究方法、基本内容,以及在中国建立比较宪法学的必要性等。他所著的《比较宪法学》,是继王世杰、钱端升所著《比较宪法》之后,在中国宪法研究史上具有划时代意义的比较宪法学专著之一。它的问世不仅标志着一种全新的比较宪法学体系的诞生,也标志着我国整个宪法学教学和研究,特别是比较宪法学教学和研究迈上了一个新的台阶。

多年来,周叶中教授、秦前红教授等对比较宪法学的学科和理论进行了广泛深入的研究,从而使我国宪法学学科体系和理论体系得以逐渐完善。他们认为,从独立完整的宪法学来说,宪法学本身是由许多分支学科组成的有机体系,或者说宪法学也有自己的学科群。其中,比较宪法学是宪法学的一个重要分支学科。它以世界各国为研究对象,以比较分析的方法作为自己的研究方法,其研究范围主要包括宪法原理和宪法规范的比较研究。一方面,该学科对宪法进行全面深入的比较研究,创立新的比较宪法体系;另一方面,在比较研究的基础上,取得了诸多关于外国宪法思想、宪法理论和宪政制度方面的重要成果,并以比较研究服务于我国宪政建设,取得了许多创新性成果。

(六)新中国比较刑法学的构建

对各国(地区、法系)的刑法进行比较研究一直是刑法学研究的重要课题。新中国成立后,由于特定的历史环境,比较刑法学研究在我国处于相对薄弱地位。改革开放后，比较刑法学研究日益受到重视。在马克昌教授的带领和倡导下，武汉大学法学院刑法学科也开始了比较刑法学研究，重视比较刑法学研究人才的培养。刑法学科先后与日本、韩国、德国、英国、美国、俄罗斯等国，以及我国港澳台地区的刑法学界建立了紧密联系，为比较刑法学研究奠定了良好的基础。

经过30年的发展，武汉大学法学院比较刑法学研究取得了重要研究成果，具有代表性的著作有：《外国刑法学总论》（大陆法系）、《近代西方刑法学说史略》、《近代西方刑法学说史》、《中日共同犯罪比较研究》、《有组织犯罪研究》、《犯罪过失研究》、《财产犯罪比较研究》、《错误论》、《英国刑法犯意研究》等。特别是2002年马克昌教授独著的《比较刑法原理》出版，开创了我国比较刑法学研究的新时代。全书分为刑法的基础理论、犯罪论和刑罚论三篇，共计80万字，系统评述了外国（特别是大陆法系）刑法各种学说。由于该书在比较刑法学研究方面的权威性、系统性、深入性，被我国学界认为是"中国比较刑法领域一本最全面的教科书和专著，也是比较刑法研究最权威的范本"，从而铸就和保持了武汉大学法学院比较刑法学研究在我国的领先地位。

（七）国际环境法学的构建

我国的国际环境法学产生于20世纪80年代初，属于典型的新兴学科。武汉大学法学院环境法学科最早开展了这一方向的研究，并一直处于国内领先地位，具有广泛的国际影响。1992年武汉大学法学院韩健博士和陈立虎出版的《国际环境法》是我国第一部国际环境法学的专著，该书依总论、实体法、司法与程序法的结构顺序，平行设立了11章,对国际环境法相关问题及理论体系进行了初步探讨,初步建构了我国国际环境法学的理论体系。

1998年王曦教授编著的《国际环境法》由法律出版社出版。该书在汲取前人研究成果的基础上,一改原有的国际环境法教材的章节平行模式,将国际环境法学分为总论和分论两大部分。凡属国际环境法的基础理论、对国际环境法各分支具有指导意义和普遍影响的问题、适用于国际环境法的所有原则和制度,置于总论篇,并设8章,分别讨论环境、环境问题及其对现代国际法的挑战、国际环境法的发展、国际环境法的概念、国际环境法的渊源、国际环境法的主体和客体、国际环境法的基本原则、国际环境法的实施和国际环境责任。对于在某一专门领域、已经发展成为国际环境法的独立分支并具有较成熟的法律或理论体系的部分,置于分论篇,下设国际大气环境保护法等12章,涵盖了在当前的国际形势下所有需要用国际法手段进行调整和保护的自然资源的种类和环境污染的类型。这种体系利用法学(特别是国际法学)、环境科学和生态学的研究方法和研究成果,对国际环境法的基础理论和一些重要的具体领域,进行分门别类的分析、阐释和评论,标志着我国国际环境法学体系的成熟。

三、主要法学领域重要理论观点的提出

(一)WTO法的系统前沿研究

曾令良教授是我国世界贸易组织法的开拓者之一,其著作《世界贸易组织法》(1996年)是我国在该领域的首部专著,对WTO法的体系、基本原理、组织机构和主要法律制度进行了富有新意的探

索，在学术界产生了较大的影响，1998 年获全国普通高校人文社会科学优秀研究成果二等奖。余敏友教授所著的《世界贸易组织争端解决机制法律与实践》(1998 年)是我国第一部研究 WTO 争端解决机制的专著，对 WTO 争端解决机制的法律与实践进行了全面和深入的研究，在诸多方面填补了该研究领域的空白。2002 年该书获得全国普通高校人文社会科学研究成果三等奖。此外，余敏友、左海聪、黄志雄所著的《WTO 争端解决机制概论》(2001 年)，结合 1995 年以来 WTO 争端解决的最新实践，对 WTO 争端解决机制及其运作、主要成就与问题以及我国的应对策等进行了深入研究，该书于 2002 年获司法部优秀研究成果三等奖。

武汉大学法学院多位专家积极参与中国外贸政策与法律调整改革活动，重点研究了我国加入 WTO 以来重大贸易政策调整、法律改革和国际贸易活动中的主要贸易纠纷与新问题，曾就外贸法的修改草案、DSU 改革方案、贸易壁垒调查制度的建立等问题，向商务部等政府机关提供了多份研究成果和咨询意见。曾令良教授作为首批入选世界贸易组织争端解决专家组名单的 3 名中国专家之一，就中国在 WTO 中的重要案件发表了重要咨询意见。此外，有关专家还在重大国际会议上，就 WTO 改革与完善、中国实施 WTO 协议等问题发表演讲。例如，2005 年 12 月 13 ~ 17 日，在我国香港特别行政区召开的 WTO 第六次部长级会议期间，余敏友教授和黄志雄副教授在香港特别行政区贸易及发展研讨会发表演讲。这些活动，扩大了我国 WTO 法研究成果的影响。

(二)宏观国际法学的理论构想

黄进教授在《宏观国际法学论》一文中最先提出宏观国际法的

构想。[1] 此后,他主编的《国际私法》对此做了进一步论述。他认为,传统的国际法是指国际公法,即调整国家之间关系的有约束力的法律的总体。但20世纪以来,随着生产和科学技术的飞速发展,国际交往日益频繁,国家、国际组织、不同国籍的法人和自然人的相互关系越来越错综复杂。这种客观现实促使调整这些关系的法律规范不断涌现,从而在国际法中出现了许多新的法律部门。因此,国际法已经不是传统的国际公法,而是调整一切国际关系的具有法律约束力的行为规范的总和。从宏观的视角,对这种国际法律规范进行系统和科学研究的法学,就是宏观国际法学。

黄进教授认为,宏观国际法学不是要给国际公法下一个新定义,也不是否认国际公法是调整主权国家之间关系的法律,而是从更广阔的范围来研究国际法。他指出,国际法是一个体系而不是一个部门法。国际法体系包括国际公法、国际私法、国际刑法等。他认为,国际法调整的是超越国界的一切国际关系,包括跨国的民商事关系。从这个意义上说,国际私法具有国际性,因为国际私法调整的社会关系是国际民商事法律关系,具有国际性;国际私法的适用范围涉及两个或两个以上国家,跨越了国界,具有国际性;国际私法的部分规范来源于国际条约和国际习惯,具有国际性。因此,国际私法属这种意义上的国际法,或广义国际法,它是国际法体系的一个独立部门或分支。[2] 这种宏观国际法学论在我国学者中引起了广泛共鸣。在这个理论指导下,武汉大学法学院在国际法研究所的架构设置、科研安排和教学课程设计等方面,从1980年成立时就统

---

① 参见黄进:《宏观国际法学论》,载《法学评论》1984年第2期。

② 黄进主编:《国际私法》,法律出版社1999年版,第38页。

筹考虑了国际公法、国际私法、国际经济法和比较法，形成了颇有珞珈特色的国际法研究体系，从而保证了国际公法学、国际私法学、国际经济法学在武汉大学法学院并驾齐驱、共同发展，也使武汉大学法学院国际法的整体实力一直处全国领先地位，自 1989 年以来一直是国家级重点学科，并从 2000 年成为教育部人文社会科学重点研究基地。

（三）国际私法趋同化的系统论证

李双元教授一直致力于国际社会法律趋同化理论的发展和完善，早在 1989 年，在庆祝武汉大学国际法研究所成立 10 周年的一个演讲上，李双元教授就提出了“当代国际私法趋同化倾向正不断加强”的观点。随后，李双元教授在发表的多篇文章中指出，法律趋同化的原因是多方面的，例如，各国法律在职能上的共同性，为国际社会法律的趋同化提供了必要的前提；法律所调整的社会关系在地域范围上的扩张，也表明法律在不断地从分散走向协调与统一；法律作为上层建筑，受经济基础及经济发展水平的制约，因而经济基础及相当的经济发展水平，也必然有助于法律趋同化的发展，而且法律文化的传播与比较法的兴起等都对法律的趋同化有一定的影响。①

1992 年在他主编的《中国与国际私法统一化进程》中，李双元教授公开阐述了“国际私法趋同化”的观点。他指出，第二次世界大战后，由于科学技术的迅速发展，国家与国家之间的民事联系大大加强，一国的国际私法制度是否和国际社会的普遍实践比较接近或一

---

① 参见李双元：《法律趋同化问题的哲学考察及其他》，湖南人民出版社 2006 年版，第 445 页。

致，已成为衡量其国际私法制度是否健全和完善的主要标准之一。他将“国际私法的趋同化”界定为各国国际私法随着国际社会经济上相互依存关系的加强而更趋于协调或一致的倾向。而趋同化的途径既包括各国的立法活动尽可能地吸收那些在法律文化的国际发展进程中、在各国各民族的共同实践中形成的经过检验证明是行之有效的带有普遍性的规则和制度，也包括积极创造条件，参加到国际私法的双边和多边的、地区和世界范围内的统一化活动中去。[①]他还认为，随着具有中国特色的社会主义市场经济的发育与成熟，根植于这种模式之上的具有中国特色的社会主义法律文化和法律制度必将得到进一步发展和完善，而在其中，中国国际私法的发展将与国际社会的普遍实践更趋于协调与一致。

除了提出“国际私法趋同化”的观点外，李双元教授还进一步得出整个国际社会的所有法律部门，均已显现出趋同化的结论。他将法律趋同化界定为不同国家的法律，随着国际交往日益发展的需要，逐渐相互吸收，相互渗透，从而趋于接近甚至趋于一致的现象。其具体表现是在各国国内法律的创制和运作过程中，越来越多地涵纳了国际社会的普遍实践与国际惯例，并且有越来越多的国家积极参与国际法律统一化的活动。[②] 经过多年的研究，李双元教授对国际私法趋同化的理论框架初步形成。该理论目前被越来越多的学者接受和认可，并被广泛运用于法学研究的众多领域。

---

① 参见李双元：《法律趋同化问题的哲学考察及其他》，湖南人民出版社 2006 年版，第 446 页。

② 参见李双元：《法律趋同化问题的哲学考察及其他》，湖南人民出版社 2006 年版，第 447 页。

(四)国际民商新秩序的重新构建

该理论由李双元教授在《重构国际民商新秩序中的国际私法》《世纪之交对国际私法性质与功能的再考察》《关于建立国际民商新秩序的法律思考——国际私法功能的深层考察》等系列论文和专著《国际民商新秩序的理论构建——国际私法的重新定位与功能转换》中提出来的。他在分析国际关系和国际法律关系的对应关系时,主张国际政治关系对应于国际公法关系,国际经济关系对应于国际经济法关系,国际民商关系对应于国际私法关系。为了与这种划分相适应,现在国际社会既然已明确提出要构建国际政治新秩序和国际经济新秩序,自然也应该提出构建国际民商新秩序的任务。而在构建国际民商新秩序的进程中,国际私法应当发挥主导作用。因为国际民商新秩序的构建不仅是自然的而且是必需的,它是经济全球化的需要。

李双元教授所倡导的国际民商新秩序,是对旧的国际民商秩序进行扬弃的结果。首先,国际民商新秩序是全球整体意识不断加强的产物。这种在国际共识基础上建立的国际秩序应是一个有序、开放、灵活的大系统,国际私法居于基础性地位,属于基本规范;其次,这种国际民商新秩序必须谋求不同社会制度、不同发展水平的国家、人们之间民商事交流的开展和他们民商权益的平等保护;最后,国际民商新秩序与国际政治新秩序、国际经济新秩序是相辅相成、密不可分的。而且,由于"国际私法趋同化"倾向的不断加强,在构建国际民商法律新秩序的进程中,传统的冲突法将从局限于解决个案的法律冲突和判决结果的公正向追求各国选法规则的更趋协调的现代冲突法转变,冲突法上的识别、反致等制度也将因国际社会本位观念的渗入与加强而发生重大变化。只要人们承认国际私法必须担当起构建国际民商新秩序的重任，国际私法就必然要破除传统的或古典的只包括冲突法的陈旧体系，并把可直接适用于国际民商事关系的实体法也囊括进来，这就大大推动了国际私法从纯粹是间接法向间接法与直接法相结合的转变，同时实现从过去纯粹是国内法向国内法与国际法相结合的重大转变。而且，它与国际公法、国际经济法共同构成了主要国际法律体系，并且与国内法律体系相并立。① 该理论为国际私法的发展注入了新的活力，在我国法学界产生了较大影响。

（五）体育法学的开拓研究

武汉大学国际法研究所自2000年开始关注体育法和奥运会所涉及的法律问题，先后在国际体育法方向培养了3名博士和20多位硕士。2006年10月国际法研究所成功举办了“2006年体育仲裁国际研讨会”，对体育仲裁的一些问题进行了深入的讨论，在国内外产生了较好的影响。黄进教授是国际体育仲裁院的仲裁员，经常参加国际体育仲裁院组织的学术活动，还被选为雅典奥运会特别仲裁分院的仲裁员，实际参与了雅典奥运会的仲裁工作，具有丰富的体育仲裁经验。2007年，肖永平教授成功申报中标了教育部的重大攻关课题“奥运会与国际体育争端解决机制研究”。

随着中国从体育大国走向体育强国，跨国体育活动越来越频繁，体育在我国经济、社会发展和文明建设中的作用越来越强。我国体育在国际化和商业化的发展过程中遇到的新问题，需要法学界

---

① 参见李双元：《法律趋同化问题的哲学考察及其他》，湖南人民出版社2006年版，第464页。

予以密切关注,并提供法律对策。因此,武汉大学法学院在 2007 年设立了我国第一个体育法博士点,通过整合从事国际私法、国际公法、国际经济法、体育法、刑法、民商法、诉讼法和法理学等方面的专家教授,培养体育法方面的高级人才。

自 2008 年开始,肖永平教授在武汉大学出版社出版了"奥运会与国际体育争端解决机制研究"系列丛书,包括《国际体育仲裁的理论与实践》《外国体育法律制度专题研究》《体育产业中的反垄断法问题研究》《欧洲体育法专题研究》。同时,在《武汉大学学报》《华东政法大学学报》《法学评论》等刊物组织专栏,发表了 20 多篇体育法方面的论文,推动了体育法学在我国的确立、传播与发展。

(六)独特的国际金融法学体系

金融业在现代经济中居于核心地位,绝大部分国际经济活动都必须通过金融环节才能进行。因此,与国际经济活动相适应,国际经济法学应以国际金融法为中心,并以之为核心辐射国际投资法、国际贸易法、海商法等相关领域。基于这种认识,刘丰名教授 1994 年出版的专著《巴塞尔协议与国际金融法》首次将国际金融法分为国际投资金融法、国际贸易金融法和国际货币金融法三部分,并分别从该领域的基本法律文件入手,即在国际投资金融法领域,以巴塞尔委员会诸文件(尤其是《巴塞尔资本协议》)为核心;在国际贸易金融法领域,以 WTO《服务贸易总协议》及其《金融服务附录》和《有关金融服务承诺谅解》等文件为核心;在国际货币金融法领域,以《国际货币基金协定》为核心。初步实现了以该三大领域为基本结构的国际金融法理论体系。张庆麟教授进一步认为,国际经济关系中客观存在自身独特的国际货币关系。这种国际货币关系包括:私人在跨国民商事交易中所产生的债务因货币兑换而引起的国际货币关系、国家对本国货币与外国货币间的兑换进行管理而产生的国际货币关系、国家间的公债务因货币兑换而产生的国际货币关系以及国际社会就货币兑换问题进行的国际协调与合作关系。它们紧密联系、相互交织,形成错综复杂的国际货币关系。调整这种复杂国际货币关系的国际货币法,不应隶属于国际金融法,二者是相对独立的关系。

(七)跨国公司法的开拓创新

跨国公司在国际经济交往中居于十分重要的地位,对各国乃至世界经济的发展有着举足轻重的影响。跨国公司的法律问题也成为国际经济法学界研究的重点和热点问题之一。随着国际经济交往的发展,特别是经济全球化的发展,关于跨国公司的法律问题也日趋广泛、复杂,新的问题层出不穷,亟待人们去探索和解决。例如,在跨国公司层面,如果公司治理方面的制度不健全,跨国公司的控制者会对股东及其他利益相关者造成损害。因此,完善公司治理制度,包括母公司对其子公司的债务责任等规则,是近年来国际社会面临的重要课题之一。在国家层面,如何对跨国公司的某些具有消极影响的行为进行有效管制,是否应让跨国公司母公司对子公司的行为承担责任问题,也使国家面临着新的挑战。在国际层面,如何在保护投资者及其投资与维护国家管理跨国公司的主权方面达到平衡,如何协调或解决发展中国家与发达国家之间关于国际投资保护规则方面的分歧,如何对跨国公司的消极活动进行国际规制以便解决或消除跨国公司在人权、环境、劳工等领域对国际社会可持续发展产生的负面影响,均是国际社会目前亟待解决的问题。余劲松教授在其《跨国公司的法律问题专论》中采取综合的比较研究方法，以专题研究的方式，跟踪研究这个领域的前沿发展，对跨国公司目前所涉的若干重要法律问题进行了深入系统的分析和探讨，并结合中国实践，提出处理和解决有关问题的对策与立法完善的建议，阐明了一系列富有理论价值和实践意义的观点。形成了独具特色的跨国公司法研究成果，在国内学术界独树一帜。

（八）犯罪论体系与刑罚论体系的创新研究

犯罪论是研究犯罪一般原理的理论，是刑法学的重要组成部分。犯罪论体系如何构建，直接关系到刑法学体系的科学与否。马克昌教授认为，要建立科学的犯罪论体系，必须以马克思主义为指导，坚持主客观相统一原则；必须符合国情、社情，体系应能够指导并运用于本国司法实践；还要注意借鉴国外相关的刑法理论。《犯罪通论》很好地贯彻了马克昌教授的这一思想。该书在对西方“一元”和“二元”的犯罪论体系、苏联犯罪论体系以及我国刑法学者所构建的两种犯罪论体系进行比较、考察和研究的基础上，重新构建了一个犯罪论体系。该体系除将“犯罪论序说”单独设章以外，依次将“犯罪构成”“犯罪形态”“排除犯罪性行为”分列三编。第一编分章研究“犯罪构成理论概述”“犯罪客体”“犯罪的客观方面”“犯罪主体”“犯罪主观方面”等内容；第二编分章研究“故意犯罪阶段上的犯罪形态”“共同犯罪”“一罪与数罪”等内容；第三编分章研究“正当防卫”“紧急避险”“其他排除犯罪性行为”等内容。该犯罪论体系独树一帜，在我国产生了重要影响，为我国刑法学理论科学构建和繁荣发展起到了重要作用。

刑罚论也是刑法学理论中的重要问题。马克昌教授主编的《刑罚通论》开创了我国刑罚论的新纪元。该书将刑罚论的问题分为绪论、刑罚种类、刑罚裁量、刑罚执行、刑罚消灭、非刑措施六大部分。《刑罚通论》不仅提出了崭新的刑罚论体系,而且在诸如刑罚权的根据、刑罚的本质、刑法的功能、刑罚的目的等众多问题上进行了创造性研究,对我国刑罚理论的完善和发展做出了重要贡献。

(九)宪法学基本范畴的概括

基本范畴问题是宪法学与行政法学基础理论研究的核心问题,它包括宪法学与行政法学的核心(或基石)范畴和范畴体系两个方面的问题。20 世纪 80 年代,学界对基本范畴的研究主要局限在概念、本质、作用、法律原则、法律规范、法律关系等几个概念上。随后,不断有学者对宪法学和行政法学的基本范畴进行研究,并在此基础上构建学科理论体系。该学科关于学科范畴的研究,肇始于何华辉教授对社会主义宪法学教学体系和学科体系的研究。他先后发表了《宪法名词解释五则》、《宪法学重点问题解答》(上下两篇)、《中国宪法之特色》等论文,对宪法的基本概念、基本范畴、基本原则和基本制度及其特色等进行了全面、系统的开创性研究。周叶中教授的观点比较具有代表性,他认为,任何一门学科体系的构成主要决定于两大要素:一是基本范畴;二是基本范畴间的逻辑联系。宪法学基本范畴是贯穿整个宪法学最基本的概念,也是整个宪法学理论体系的支柱,他提出了宪法与宪政、主权与人权、国体与政体、基本权利与基本义务、国家权力与国家机构 5 对宪法学基本范畴。其中,宪法与宪政是宪法学范畴体系的逻辑起点;主权国家最基本的构成要素,人权则是人民主权最鲜明、最直接的表现;国体表明了国家主权的归属,政体则体现了国家主权的运行方式;公民的基本权利是宪法的核心,而基本权利和基本义务紧密相连;国家权力与公民权利是宪法的基本内容,国家机构则是国家权力的物质承担者。

(十)宪法学理论体系的构建

在对宪法学与行政法学基本范畴研究的基础上,该学科推动了宪法学与行政法学基础理论研究,进而重构了宪法学与行政法学的理论体系。何华辉教授所著的《比较宪法学》既建立了全新的比较宪法学学科体系,又构建了全新的比较宪法学理论体系。在宪法概念和宪法原则、国家制度、经济制度、公民的基本权利、民主宪政与政党等基础理论研究方面,填补了我国宪法学界的空白,实现了重要的创新。周叶中教授认为重构宪法学理论体系,必须抓住宪法的基本矛盾(公民权利与国家权力的关系)这个突破口,并据此提出宪法学理论体系应包括宪法基础论、公民权利论、国家权力论和宪政运行论4个相互联系的基本构成部分。基于此,周叶中教授认为,宪法学是以宪法和宪法现象及其发展规律为研究对象的法律科学,而研究范围是研究对象的具体表现,宪法的基本理论、宪法的基本规范和宪法的实施就是研究范围的中心环节。他还创造性地深入研究了宪法的概念与基本内涵、宪政的概念、宪法原则、宪法关系、宪法价值、宪法权威、宪法实施等诸多宪法基本理论问题。秦前红教授对宪法变迁做了全面细致的开拓性研究,提出并论证了宪法变迁的原因和一般规律,并首次系统研究了社会主义宪政理论和宪法原则的基础理论。江国华教授率先系统研究并阐述了宪法哲学原理和体系,开创了崭新的宪法哲学基本原理的研究视角和体系。汪进元教授在对宪法价值进行比较研究的基础上,系统地、富有创见地研究良性宪法的界定、体系等宪法的正当性问题。叶必丰教授在行政法理念和行政行为理论研究中取得了重大创新，系统论证了行政行为的新概念以及它的科学分类和模式体系，建立了行政行为的构成要件理论，系统阐述了具体行政行为的效力原理，探讨了具体行政行为的错误与更正等行政自律机制，从而推动了我国行政行为原理的成熟和我国行政法学体系的完善。周佑勇教授则对行政法的基本原则、行政裁量等理论体系进行了系统而深入的创新性研究，这些研究成果充实了宪法学与行政法学理论体系。

（十一）物权二元理论的系统论述

物权二元理论是孟勤国教授对德国的传统物权理论的承继和发展。他认为，传统物权理论反映了100多年前人类社会的生活条件和以往法学研究的成果，许多制度和理论至今仍然适应于现代社会的生活，但也有许多制度和理论只适应于当时的社会生活，有些甚至是当时的法学局限所造成的。传统物权理论本身需要改革和发展，中国社会需要现代的物权理论，物权二元理论正是在承继传统的物权概念、逻辑和基本制度的基础上，依据现代社会财产关系现状和中国社会的国情将传统物权理论改造为现代物权理论和现代中国的物权理论。其主要理论创新有：（1）突破了传统物权理论以所有权为中心的物权理念与体系，依据现代生活事实抽象出财产利用权利的基本原理并使其上升到与所有权同等的地位，推动物权法调整对象的现代化；（2）突破了传统物权理论将物权客体限于有体物的局限，把物权客体扩大到可直接支配的具有价值形态的财产，使物权法真正成为财产的基本法，推动物权客体的现代化；（3）突破了传统物权理论将用益物权限于不动产的局限，将用益物权扩大到动产，并推动用益物权现代化；（4）突破了传统物权理论所有权至上的物权理念，提出了物权平等原则，推动物权理念的现代化；(5)突破了传统物权理论对具体物权制度的桎梏，在物权与债权的关系、物权公示、集体所有权、担保物权、典权等问题上作了务实的研究，推动了物权具体制度的现代化；(6)突破了传统物权理论与中国现实财产问题的隔阂，在国家所有权、土地承包经营权、宅基地使用权等重大问题上作出了应有的选择，推动了物权理论的中国化。

(十二)调整论的提出与论证

法律能否及如何调整人与自然的关系，是法学界长期争论不休的难题，也是建立环境资源法理论体系的核心问题。蔡守秋教授经过10多年的深入研究，于2003年出版了《调整论——对主流法理学的反思与补充》，全面、系统地论述了法律调整人与自然关系的理论。所谓调整论，是指有关环境资源法既调整人与自然的关系、又调整与环境资源有关的人与人的关系的各种观点的总称。从广义上讲，调整论是关于法律既调整人与人的关系，又调整人与物(包括环境、自然资源)的关系的各种观点的总称。该书共有8章79万字，阐明了法律应不应该、能不能够以及如何调整人与自然的关系。它主要论述了3个要点：第一，法律人是作为人与人的关系和人与自然的关系的总和的人，人的本质是人与人的关系和人与自然的关系即人的社会性和自然性的统一，适当的人与人的关系和人与自然的关系是实现人的全面发展和可持续发展的条件和基础。第二，个人通过其行为建立和变革人与人的关系和人与自然的关系；人的行为可以分为对人的行为和对自然的行为，人对人的行为形成人与人的关系，人对自然的行为形成人与自然的关系；法律是规制人的行为的规则，它既可以规范人对人的行为，也可以规范人对自然的行为。因此，法律既能够调整人与人的关系，也能够调整人与自然的关系。第三，每个人只能通过自身与其他人的关系和自身与自然的关系求生存、求发展、求利益、求幸福；法律通过规制或变更人对人、人对自然的行为规则，或者规定或维护人与自然的利益和状态，就可以调整人与人、人与自然的关系，促进人类生态系统的可持续发展。蔡守秋教授认为：环境资源法对人与自然关系的调整，是一个渐进的、不断发展的过程。一部良好的环境资源法律就是一张人与自然的关系网，就是一幅反映、描绘人与自然和谐共处的蓝图。《调整论》不仅提出了法律如何调整人与自然关系的各种理论主张，而且研究分析了法律调整人与自然关系的方法、机制和制度。调整论的提出，对于促进依法调整人与自然的关系、实现人与自然的和谐共处、建设生态文明社会具有重要的理论意义和实践意义。它构建了一个新的运用法律调整人与自然关系的法学理论平台。在这个平台上，法学家和法律工作者们可以综合运用当代新的自然科学理论、社会科学理论和法学理论，进行思维创新、拓展法的调整范围、功能和作用，进一步促进法学理论的革新、繁荣和发展。

（十三）环境政策学的开创

蔡守秋教授是我国最早开始环境政策学研究的学者之一。他在我国最早给硕士研究生开设了环境政策课，从1982年开始写作《中国环境政策概论（讲义）》，于1988年出版了《中国环境政策概论》。该书是我国第一部研究中国环境政策的理论专著，共8章43万言。该书比较系统、深刻地阐明了马克思主义关于人与自然环境思想的时代背景、基本观点和重要意义，对在环境管理和环境政策制定方面如何运用马克思主义作了有益的尝试;对中国环境政策的历史、现状和发展过程进行了比较全面深入的调查研究,对有关环境保护的法规和政策进行了认真的比较、整理和发掘。该书有关环境政策的基本概念、表现形式、特点和政策体系的概括,对环境政策学的研究对象、研究方法和重要性的介绍,对环境技术政策、环境经济政策、环境社会政策、环境管理政策及其制度化的归纳,均具有开拓性和预见性。之后,他继续对环境政策学进行深入、跟踪研究,相继出版了《环境政策法律问题研究》(1999年)、《欧盟环境政策法律研究》(2002年)、《环境政策学》(2009年)等书,基本形成了中国的环境政策学体系。

(十四)人本法律观的倡导

李龙教授倡导的人本法律观是科学发展观在法学界和法律界的应用与体现,是马克思主义法学中国化的重要成果。它不仅坚持了马克思主义法学的普遍原理,而且结合中国实际做了不少创新。该理论主要论述了法律的发展规律和法律观的演变、人是法律之本的基本原理和人本法律观在各部门法中的体现。其理论价值主要表现在:(1)坚持与运用了马克思主义关于人的本质、人与法的关系、特别是关于法的本质的理论,是马克思主义法学中国化的最新成果,是社会主义法治理念的价值基础;(2)合理借鉴了中外思想家、法学家关于人的论述的精华部分,并划清了人本法律观与中外人本主义的界限,有利于加深对社会主义法的本质的理解;(3)对当代中国法学的发展与繁荣起着重要的推动作用,促进了当代中国法学研究范式由"义务本位"到"权利本位"再到"以人为本"的研究范式的转换。

李龙教授利用中国法学会专题讲坛、中国法理学研究会年会、全国政法系统副部级以上领导干部专修班、国内20多所大学等讲台，广泛宣讲“人本法律观”，在法学界、法律界引起了较大反响。例如，“人本法律观”的核心观点被中央政法委“大学习、大讨论”专题研讨班的主题报告、中央政法委编辑出版的全国政法系统《辅导读本》所采纳；他的专题报告被全程录像，并在全国政法系统播放；一些著名法学家先后在《人民日报》、人民网、新华网、《社会科学报》、《政治与法律》、《监察日报》等权威媒体与重要学术期刊上对“人本法律观”做了积极评论；《人民日报》对李龙教授进行了专访，并就“人本法律观”做了重要报道。

（十五）法理学理论体系的完善

新中国的法理学先是沿用苏联的《国家与法的理论》的结构体系，它把国家与法作为基本研究对象；1981年沈宗灵主编的《法学基础理论》开始摆脱“国家与法”的模式和结构；1992年沈宗灵、张文显、李龙、刘升平和朱景文等人共同编写《法理学》，正式取代了《法学基础理论》。1996年李龙主编的《法理学》正式提出法理学体系的“五论”，后又发展为“六论”，即本体论、发展论、价值论、范畴论、运行论、关联论。本体论主要阐述法的本原、本质及其要素与功能，它是学科独立的基石；发展论专门探讨法律发展的一般问题；价值论分析法律价值的内涵及外延，将正义和秩序、自由与平等、公平与效益作为法的价值形态进行详尽分析；范畴论探讨权利与义务、人治与法治、主权与人权、良法与恶法、法律意识与法律行为5对基本范畴；运行论则从动态的角度论述法制的主要环节或运行阶段，主要包括立法、执法、守法和护法等环节；关联论主要论述法与国家、道德、政策、科技等其他社会现象的关系。这种“六论”使我国法理学学科体系得以成型并趋向完善。

(十六)国家经济调节说的系统论证

中国经济法理论是1978年在我国实行改革开放以后才兴起的。同中国法学的其他学科所经历的恢复、引进、创新不同,新兴的经济法学不存在恢复,只有引进和创新。在我国决定以经济建设为中心的背景下,我国经济法学者开始从国外引进经济法知识和理论。当时,法学界关于经济法出现了很多不同的观点和主张,因为那时的改革开放刚刚起步,经济体制仍然是计划经济,市场因素才开始萌发,学者们还没来得及弄清改革方向和最终目标。所以,拉普捷夫的“大经济法观点”被学界所接受。加之当时国家迫切需要搞经济建设和法制建设,不少人误以为经济法就是“经济法规”或“经济法制”,因而对刚刚兴起的经济法研究给予了支持,推动了经济法的研究和学科的发展。

但将经济法视为与经济有关的法,或者是调整纵横统一的经济关系的法,还是有不合理的成分,因为经济法所调整的虽然是一种社会经济关系,但经济关系有许多种类,大量的基础性的经济关系(平等主体之间的经济关系)需要民法、商法等部门法调整。国家的“经济法制”或“经济法规”虽然包括经济法,但绝不仅限于它。

早在20世纪80年代中后期,时任武汉大学法学院经济法学科负责人之一的漆多俊教授就敏锐地感觉到经济法理论需要创新,也需要建立更为合理的学科体系。他没有单纯地从国家职能活动考虑问题,因为在当时计划经济体制和集中统一管理体制的背景下,若从国家经济管理职能出发,去理解和界定经济法,经济法必然是国家管理经济的法律，它的调整对象自然包括几乎所有的经济关系。他也没有简单地将经济法研究的逻辑起点放在“市场”，而是通过认真考察国外经济法的主要理论及各国经济与法律情况，以市场（社会经济关系）为研究的逻辑起点，站在人类社会发展演变总趋势的高度，从分析市场的历史演变入手，揭示市场（及其调节机制）、国家职能与法律同步演变的一般规律，提出了市场三缺陷、国家调节三方式及经济法体系三构成的“三三理论”，这就是国家经济调节说。该学说被公认为我国经济法学界最有说服力的理论，同时奠定了武汉大学法学院经济法学在国内的地位。

（十七）法史考据的传承与开拓

考据是中国传统史学的基本研究方法，它通过寻求真实的历史进程，对考察鉴别而获得的结论进行反思，阐述其历史意义和地位。它以历史理性的精神，审视、验证和鉴别历史文献。这种方法的历史相当久长。经过2000多年的孕育发展，考证之学至乾隆、嘉庆年间达到鼎盛，最终形成以考据为特征的乾嘉学派，浩然而移一代之学风，成为清代300余年的学术主流，风靡了整个学术文化界。

考据之学在中国近现代具有极大的影响力，著名国学大师、史学家钱穆、王国维、郭沫若等人都在考据方面具有很高造诣。武汉大学法律史学科的考据之风也是对这一传统的继承和发扬。其中，杨鸿年教授、王应瑄教授、陈抗生教授、陈晓枫教授等都在考据上面花费了很多心血，取得了一定的成绩，特别是杨鸿年教授在这方面的贡献尤其突出。

杨鸿年教授的专著《隋唐两京宫殿谱》《隋唐两京坊里谱》《汉魏制度丛考》《隋唐两京考》《唐兵制杂志》等是他在考据方面的力

作。他的这些著作考据严谨、视角独特，获得了学界的一致好评。例如，《隋唐两京坊里谱》学术传自绝学“三辅皇图”，是关于三川形胜、皇都建筑和帝王之气的专门研究。杨先生的研究，因其艰难、耗力巨大而已成绝唱。正因如此，该书考据严谨，才被上海古籍出版社选中出版，是中华人民共和国成立以来武汉大学在该出版社出版的“两本”著作之一，出版时曾受武汉大学领导的祝贺和好评。《汉魏制度丛考》也是一部学术水平较高的著作，在业内有“治六朝隋唐史者案头必备”的美誉。《隋唐两京考》从“城”“市”“街”“坊”“官府”5 个方面 38 个问题，对长安与洛阳在隋唐时期的规制进行了比较深入而广泛的考证与探讨，具有较高的学术价值，是学习和研究隋唐政制史的必备书目。

王应瑄教授和陈抗生教授在考据上注入了很多心血，他们都是我国较早对秦代睡虎地竹简进行注释和研究的学者。其中，陈抗生教授还参与了新出土的睡虎地秦简的整理和注释工作。陈晓枫教授在考据学方面也有独到的心得，他所写的《两汉“鞫狱”正释》（《法学评论》1987 年第 5 期），一方面利用汉代的古典文献资料，如《汉书》等；另一方面采用新近出土的竹简文献，如居延汉简、云梦睡虎地竹简等，通过翔实、细致的考证，订正了当时通行学说和统编教材中对“鞫狱”的“权威”解释。该文 2005 年被收入《中国法制史考证》乙编第二卷（中国社会科学出版社 2003 年版）。《两汉劾制辩正》（《法学评论》1989 年第 3 期）也是诉讼制度史中的力作，其中的《汉代劾狱辩证》是业内一直认同的考据结论。

（十八）法律文化“规则观”的论述

在法律文化研究中，“规则观”是不同于“成果观”的另一种研究范式。此范式认为，法律文化所研究的是指令人们行为的观念系统，这个观念系统对人群的行为有规范和规则意义，文化归根结底是人们行为方式的规定。该研究范式通过梳理并正确解析国外文化学者的经典文化定义，将法律文化理解为指令人们法思维和法律价值行为的观念性系统。陈晓枫教授是我国学界最早提出法律文化"规则观"的学者，他主编的《中国法律文化研究》(河南人民出版社 1993 年版)详尽阐释了这一观点。他认为，文化或法律文化是观念性的；这种观念性的综合体被加在一定事物之上，使之具有价值意义；这种价值意义作用于个人或集体时，决定着人们的行为选择；决定行为选择的过程特点是人们的欲念需被社会接受时，这种欲念会被文化重塑，并被文化决定了社会的回应程度。因此，文化是由一定的观念系统决定的行为规则。换言之，汇集起来的那些制度的、物质的、理论的、思维的"成果"本身不是文化，而是隐含在这些"成果"中的观念所连结成的规则体系，才是文化。陈晓枫教授认为，法律文化系由传习而形成，当代法学、法律现象不能离开文化因素来解释，文化的运行规律能够揭示法学变化和法律变迁的内在成因。他对法律文化概念的解读和理解在中国法史学界是独树一帜的。

加强国际法律共同体建设 迈向人类命运共同体

近两年，中国在对外关系中明确提出“打造政治互信、经济融合、文化包容的利益共同体、命运共同体和责任共同体”的目标。但要实现上述三个共同体的建设目标，需要加强国际法律共同体的建设。

一、国际法律共同体是形成利益共同体的可靠保障

所谓“国际法律共同体”，是在国际政治法治化、国际经济全球化、国际社会信息化、国际文化多样化的今天，各国及其私人当事人之间基于法治信仰、确信彼此的权利和义务，按照共同的规则开展交流与合作，进而形成的共同体。在现代国际关系中，国家利益是指民族国家追求的主要好处、权利或受益点，它反映了该国全体国民和各种利益集团的需求与兴趣，既包括领土完整、经济实力、军事

力量等客观利益，也包括形象、自尊等主观利益。各国国家利益之间的关系，不外乎一致、互补和冲突三种，而国际法律共同体正是处理这三种关系的重要工具和手段。

国际法的发展，经历了从“共存国际法”到“合作国际法”再到“共同体国际法”的历史进程。“共存国际法”是国际社会稳定的基础，只有在“共存国际法”得到确认与遵守的时候，国家的生存危机才得以化解，多元化的世界才得以稳固。“合作国际法”通过构建规范各种行为的具体规则，引导国际行为体的行动规范化，发展各种跨国关系，从而将国际社会的共享观念变成现实。正是由于国际法使国家之间的利益冲突走向协调，把国家之间的关系从遵循弱肉强食的丛林法则带向社会化程度越来越高的国际共同体。在全球化时代，原来立足于自我利益满足的“互惠主义”延伸到加强社会团结的国际社会整体利益领域，国家利益与人类利益、全球利益等更紧密地联系在一起，许多原来属于“合作国际法”性质的规则向“共同体国际法”过渡，这些依据国际社会的共同利益、价值和共同的行动需要而形成的国际法律制度，构成当代国际法体系的“新生力量”。

可以说，现在的国家利益不再单纯是“国家的”，任何国家都不能为了促进本国利益而不顾国际社会整体利益。国家之间通过共同利益和价值观、规则、法律和制度形成可以自我调节的共同体，使国家之间的冲突因它们共同的安全、发展需求而得到缓和。因此，当中国倡议“一带一路”并打造人类命运共同体的时候，加强国际法律共同体建设，既是中国，也是世界的最佳选择。

二、国际法律共同体是落实责任共同体的有效根据

国际责任是国家和其他非国家行为体（包括国际组织、亚国家

机构、跨国公司、个人等)具有国际社会的主体身份而派生的属性。在国际事务的全球治理过程中,所有国际行为体都应承担一定的责任,只是因国家资源和能力不同而有差异,因享有的权力不同而不同,因享有的权力大小而有区别。因为责任总是与权力相对应,享有权力就需要承担责任。这是人类在主权平等的国际社会构建责任共同体的基础。

从历史上看,国际责任的确定标准是与时俱进的。近现代国际法通过赋予每个国家或民族相同的权利与义务,以实现"国家间正义",相应的国际责任是为了强调主权制度和国家的多样性。第二次世界大战以后的国际法开始关注"个人正义"和"全球正义",在国际人权法、国际人道法、国际环境法、国际刑法等领域,个人与私人机构开始获得有限的国际法主体资格,国际责任就开始强调共同利益、相互依存和国际制度。冷战结束后,随着全球化的迅速发展,跨国公司、非政府间组织活跃在国际社会的各个领域;随着国内政治结构和政治力量对比的变化,国内社会的各种力量经常延伸到国际领域,影响到国际立法和国际法适用。在此背景下,国际责任高度关注国内社会关系和人权状况。因此,国际责任的内容需要各国根据各自国情和国际社会的协商与共识来确定。

在现有国际责任共同体中,由于大国享有比其他国家更大的权力,它在涉及整个国际体系和平与安全的重大问题上发挥着决定作用,所以大国不仅要维持国际秩序,还要确立以普遍原则为基础的国际机制。小国则负有合作义务。随着国际组织、跨国公司等非国家行为体重要性的增强,国际体系中的权力出现了普遍扩散的趋势,没有任何一个国家能够控制整个国际社会,国家向政府间国际组织让渡部分主权成为必然。国际组织因此必须建立有效的组织机构和监控体系,承担与其宗旨和目的相适应的责任;跨国公司则必须承担最低限度的社会责任。

现有的国际法律共同体通过国际法基本原则与国际强行法确定了国际行为体的强制责任,基于国家同意的具体国际法律制度确认了国际行为体的基本规范,是它们参与国际活动的最低道德要求。随着全球化的深入发展,具体国际法律制度的立法获得了前所未有的繁荣,包括政治、经济、社会、军事、文化、环保等各个领域正在被一张编织得越来越严密的国际法网所涵盖,国际行为体的行为方式和各种国际问题的处理越来越规范化。这时,国际组织也表现出前所未有的活跃,其活动范围不断扩大,几乎遍布人类生活的各个领域。可以说,主要由国际法基本原则与国际强行法、具体国际法律制度和国际组织所构成的国际法律共同体已经使国际行为体的大部分行为都"有章可循"。

尽管国际法没有国内法体系中的国家强制力来保障实施,但它与权力、利益、观念、伦理、道德、文化等因素一起,约束着国际行为体的各种行为。如果说上述制约作用是控制国际行为体的常规手段,惩罚功能则是对主动、故意违反国际法行为的事后制止和恢复手段。因此,国际法律共同体通过把那些对某个或某些问题感兴趣并有合作意愿的国家及其他国际行为体联系在一起,帮助它们开展合作;同时为国际行为体提供必须遵循的规范或标准;在出现违法行为时,还能提供识别机制和惩罚规则。正因如此,习近平总书记在中、印、缅三国共同主办的和平共处五项基本原则发表60周年纪念大会上明确提出,要共同推动国际关系法治化,推动各方在国际关系中遵守国际法和公认的国际关系基本原则，用统一适用的规则来明是非、促和平、谋发展；同时强调，在国际社会中，法律应该是共同的准绳，应共同维护国际法和国际秩序的权威性和严肃性。

三、国际法律共同体是构建人类命运共同体的可行方式

2014 年 3 月习近平总书记在联合国教科文组织总部演讲时指出："当今世界，人类生活在不同文化、种族、肤色、宗教和社会制度所组成的世界里，各国人民形成了你中有我、我中有你的命运共同体。"这说明人类命运共同体建设必须以国际社会的差异性与依存性为前提。国际法律共同体坚持的国家平等与相互尊重、不同文明的对话与交流，正是为了尊重这种差异性；坚持的合作共赢、共同发展，实现共同、综合、合作、可持续的安全则体现了彼此间的依存性。

当代国际社会面临的许多问题，不是仅仅依靠国家的力量就能够解决的，气候变化、恐怖主义、网络治理、公共卫生事件、能源安全等非传统安全领域的挑战，必须由国家结成共同体统一应对。但要真正形成命运共同体，还有赖于共同体成员之间的认同感和归属感。尽管各国间的价值观和文化传统有很大差别，但人性是相通的，人类存在共同珍惜和向往的价值，如公正、平等、和平、人道等。这些共同价值在现代国际法的发展中表现得极为明显，反映了人类对一个普遍共同体的认同与追求。

由此可见，人类命运共同体具有鲜明的主观性。如何让更多的人认可、信仰、参与到人类命运共同体的建设中来呢？唯有倡导和推行国际法律共同体的建设。近年来，一系列重要国际文件，特别是联合国大会的决议确认，法治是各国间友好平等关系的基石，是

公正、公平的社会得以建立的基础，也是国家和国际社会的基本价值，推行法治已经成为国际社会应对全球问题的广泛共识。因为国际法律共同体能够体现法治的核心理念，它秉持“规则导向”理念，以规则约束国际权力，保障国家主体的平等权利，鼓励国际行为体依据规则参与到国际活动中去。

历史经验也告诉我们，对于全球公共事务的管理，“民族国家治理”模式无法适应全球化时代的要求，不利于实现全球的整体利益；以霸权国家为核心的治理模式导致全球权力的集聚，难免造成国际社会的不公平；全球、区域、国家多层次治理模式初步适应了全球化时代治理主体、权力和方式的转变，但复杂的治理网络容易导致有效性和正当性的缺失。因此，面对全球问题，为避免国家权力相互倾轧，可以通过国际合作制定国际规范、建立可预期的国际制度，进而逐步塑造公正、有效的国际法律共同体。无论是国际强权的约束，还是国际制度的构建，抑或是全球信仰和价值的达成，国际法律共同体都是人类理想的选择。它能够以制度维护国际安全、以规范促进国际公正、以共识促进国际发展，有助于人类建立和提升和谐的世界秩序。

总而言之，人类命运共同体的形成，需要共同价值、共享观念、共同制度等。国际法律共同体能够将国际社会共享的观念具体化或稳定化，塑造出凝聚国际体系的价值支柱和规范国际体系的发展方向。它通过构建规范各种国际行为的规则，引导国际行为体行动规范化，使国际关系、跨国关系和不同文化之间的关系得以顺畅的交流与管理，并使共享的观念与期待变成现实。因此，国际法律共同体的作用不仅体现在法律规则操作上，而且体现在法律文化和法治理念的塑造上。正是由于这种功能,国际法律共同体才能够以有形或无形的方式构建人类命运共同体。

四、结论与建议

国际法学界有一句名言:在国际关系中,文明的进步表现为从武力到外交,又从外交到法律的运动。建议我国在今后的外交活动中明确倡导"四个共同体"建设,即在命运共同体、利益共同体和责任共同体的基础上加上"国际法律共同体",因为只有国际法律共同体能够同时扩大各国利益交汇点、形成利益共同体,落实国际行为体的责任共同,促进世界迈向人类命运共同体。

关于取消我国民商事立法中地域适用范围条款的建议

当前,根据《关于全面推进依法治国若干重大问题的决定》的要求,我国民法典的编纂工作再次启动。中国法学会民法典编纂项目领导小组正式公布了《中华人民共和国民法典·民法总则专家建议稿(征求意见稿)》。梁慧星教授和杨立新教授分别发布了各自起草的民法典草案建议稿。这些建议稿均规定了民法典的地域适用范围,并且都直接或间接保留了我国《民法通则》第8条的规定:"在中华人民共和国领域内发生的民事活动,适用本法,法律另有规定的除外。本法关于公民的规定,适用于在中华人民共和国领域内的本国人、外国人、无国籍人,但法律另有规定的除外。"但是,这条规定是绝对法律属地主义的反映,与现代国际私法的基本理论预设相矛盾,我国未来民法典和其他民商事立法不应该再保留这样的规定。理由如下:

一、法律属地主义是封建社会的产物

欧洲自公元10世纪以后，逐渐进入封建社会。在后法兰克时代，旧的部落联盟逐渐解体，取而代之的是以地域为单位的统治权的建立。领土观念渐次加强，上至王公贵族，下至平民百姓，均以占有土地的多少来决定社会地位。这个时期的法律与领土建立了密切关系，法律的适用范围开始以领土为界限。

在我国封建社会，法律属地主义同样是主流。中国古代统治者秉持"普天之下莫非王土，率土之滨莫非王臣"的观念，对于本国境内的一切人，原则上都要适用本国法律。唐朝的《永徽律》曾规定："诸化外人，同类自相犯者，各依本俗法；异类相犯者，以法律论。"《唐律疏议》对此解释说："化外人谓蕃夷之国，别立君长者，各有风俗，制法不同，其有同类相犯者，须问本国之制，依其俗法断之；异类相犯者，如高丽之与百济相犯之类，皆以国家法律论定刑名。""化外人"主要不是规定国与国之间法律的效力范围，而是调整"化外人"之间的法律适用问题。

到了明朝之后，中国逐渐实行闭关锁国政策，属地主义法律思想开始绝对化。《大明律》将唐律中的"化外人"条修改为："凡化外人犯罪者，并依律拟断。"其理由为："言次等人，原虽非我族类，归附即是王民……并依常例拟断。示王者无外也。"清朝沿用明制，奉行更为严格的属地主义。即使是在租借给葡萄牙的澳门，明清政府仍然保有司法管辖权。在十八九世纪前期的一些华洋诉讼纠纷中，清政府也坚决地依照大清律例进行裁断，拒不妥协，而这正是后来西方列强通过武力攫取在华治外法权的原因之一。

二、近代西方国际私法早在19世纪就已克服了民法的属地主义

在13世纪,随着意大利北部各城邦之间商业贸易的繁荣,法律的域外效力开始得到关注。14世纪的意大利学者巴托鲁斯则在注释法学派的基础上发展出法则区别学说。他将法则分为人的法则和物的法则,人的法则可以“随人走”,从而具有域外效力。这种思想方法打破了法律属地主义的窠臼,为国际私法的发展奠定了基础。

19世纪以后,随着英国工业革命和法国大革命以及美国独立战争的完成,西方世界进入到资本主义社会。世界市场把各国人民紧密联系在一起,同时迫切需要一套与之相应的新的法学理论来解决国际交往中的法律冲突问题。正是在这样的背景下,萨维尼在1849年《现代罗马法体系》第8卷中创立了法律关系本座说。他认为:“对于任一法律关系,应当探求根据其本身的性质该法律关系所归属或服从的哪一法律区域。”由此,萨维尼提出了他的解决法律冲突问题的基本公式:“为每一种法律关系找到其在本质上所归属的地域(法律关系的本座所在地)。”为了确定这一“本座”,首先需要对法律关系进行分类。他将所有法律关系分为身份权、物权、债权、继承权和家庭权。对于上述每一种法律关系,要决定适用什么规则来解决不同地域法之间的冲突,已经存在一个普遍的原则,即适用每一法律关系的“本座”所在地法律。

三、我国民法的属地主义是西方列强在华治外法权和新中国成立后特殊的国际关系的产物

(一)西方在华治外法权的影响

在东方,法律属地主义的打破是西方列强于19世纪通过炮舰实现的。1843～1918年,中国被迫同18个国家签订了含有领事裁判权条款的条约共34个,其中共有领事裁判权条款110余条。西方列强甚至还直接在中国境内设立附属于该国的法院或法庭,这些法院或法庭均是根据这些国家本国法律建立起来的,专门审理中国境内涉及该国国民的案件。

中国极力要求西方国家废除治外法权,然而在谈判中,西方国家对清朝政府给出的条件却是,只有清朝修订法律之后才会放弃治外法权。在此巨大压力之下,清政府被迫成立了修订法律馆,颁布西方式法律。

然而,尽管中国在20世纪初按照西方国家的模式进行了大规模的变法,西方列强仍然不愿轻易放弃在华治外法权。直到第二次世界大战期间中国加入盟军阵营,美国和英国才于1943年1月11日与中国分别签订《关于取消美国在华治外法权及处理有关特权条约与换文》和《关于取消英国在华治外法权及处理有关特权条约与换文》,从而废除了近百年的外国在华治外法权。

长达百年的治外法权历史对中国人民造成了深深的心理伤害,导致新中国成立后对于得来不易的国家主权分外珍惜,将法律的属地主权推向极端化,从而走向了反面。

(二)新中国特殊政治环境的影响

进入20世纪之后,世界形势发生了根本性变革。国家越来越多

的干预社会和经济领域，经济政治化、政治经济化、公法私法化、私法公共化是普遍的现象。

在社会主义国家，私有制被废除，与私有制相关联的私法概念也同时被取消。民法不再被认为是私法，而是公法。按照传统国际法的一般原则，公法是维护国家公共利益的法律，具有严格的主权属性，只能在一国境内发生地域效力，而没有域外效力。两大社会制度之间的对立使得资本主义国家和社会主义国家之间相互不承认对方法律的效力。萨维尼的国际主义理想重新被民族主义和属地主义取代。

新中国成立后加入了社会主义阵营。新中国废除了财产的私人所有制，也废除了旧社会的法律，全盘接受了苏联的法律制度和法学理论。在对待外国法律方面，当时的主流理论认为，任何外国的法律在我国领域内均不发生效力；执行帝国主义的法律压迫中国人民的时代已经一去不复返了；在我国的外侨，一律适用我国民事法律的规定。新中国成立后开始起草民法典，其中，20 世纪 60 年代的几部草案都规定了地域适用范围。

20 世纪 70 年代末，我国实行改革开放政策之后，以涉外民商事法律为先导，开始进行大规模立法工作。由于当时是从几乎闭关锁国的状态突然打开国门，在惯性思维的影响下，当时的立法中都保留了属地原则。

1986 年《民法通则》第 8 条和第 8 章的出台也是这种矛盾交织下的产物。当时的立法者将我国领域内的民事活动适用我国法律作为一项基本原则来对待，而第 8 章的规定属于特殊规定。这种开放与封闭相互交织的立法心态源于我国当时正处于改革开放的初始阶段,此前的计划经济体制尚未被彻底废除,新的市场经济体制尚处于探索阶段。

四、法律竞争是未来国际竞争的重要领域

当前种种迹象表明,全球竞争已经逐渐从传统的经济领域向法律领域蔓延。各国和各地区的法律相互交流、相互融合,已经形成一个全球法律"大市场"。在这个市场中,法律之间的竞争如同经济竞争一样,正如火如荼地展开。各国通过修订法律,向全球当事人承诺更好的法律服务,以便吸引当事人到本国法院或仲裁机构解决纠纷,吸引当事人选择适用本国法律。例如,英国法学会公开出版了一份名为"英格兰和威尔士:理想的管辖地"的宣传手册,向全球推销英国法院和英国法律。德国联邦司法部也发布了一份名为"法律德国制造"的宣传手册,并联合法国司法部共同发布了一份向全球宣传大陆法系的文件。

中国当然不能置身于全球法律竞争之外。中国法律不应该被外国同化,也不能隔绝于全球法律的普遍原则之外。中华法律体系的建立与健全必须通过参与全球竞争的方式才能得以实现,通过竞争在国际上树立"law enacted by China"的品牌。事实上,中国的法律制度经过30多年的建设,已经基本形成了一个以宪法为中心,包括各个部门法在内的具有中国特色的社会主义法律体系。中国特色的法律体系是在借鉴世界各大法系文明成果的基础上,经过短短30多年的时间形成的,它创造了一种不同于西方的法治模式。目前,正在加紧进行的民法典编纂工作将进一步完善这个法律体系。我国的社会主义法律体系具有后发优势,尽管在司法的运作程序上

还存在一些问题，但无论是从立法理念还是从立法技术上看，这套法律体系在很多领域已经达到世界先进水平。对于这套法律体系，我们有理由保持坚定的道路自信、理论自信和制度自信。

五、各国私法的等价性与互换性是当代国际私法制度的理论预设

任何国家的法律都有一定的效力范围。一般来说，传统公法只有域内效力；但私法既有域内效力，又有域外效力。所谓法律的域内效力，是指一国制定的法律在其领域内具有效力。而法律的域外效力，是指一国法律不仅适用于本国境内的所有人，而且适用于居住在国外的本国人。任何国家在制定法律时都可以确定本国法律具有某种域外效力，尽管这种法律的域外效力是自设的，但当代各国国际私法均在一定条件下承认外国私法的这种域外效力。正是由于这种自设的域外效力和各国的相互承认，或者说私法具有国家间的等价性和互换性，才产生了国际私法制度。换句话说，如果一个国家在制定本国的私法时，否定其域外适用效力，国际私法就没有存在的基础了。

六、具体建议

总结上述理由可以看出，在全球法律竞争时代，如果一国仍然将本国法律的适用局限于本国地域范围内，则会对本国法律的适用范围造成限制，不利于本国法律的全球竞争。从世界各国立法来看，没有哪个国家的民法典像我国《民法通则》第 8 条那样采取如此极端的属地主义。例如，1804 年的《法国民法典》第 1 条第 1 款曾规

定:“经国王(共和国总统)颁布的法律,在法国全境具有执行力”。但从该条的背景来看,它主要是针对当时法国封建割据状况而制定的,目的是实现民法典在全法国境内的统一适用,不允许个别地区继续保留地方习惯法。值得注意的是,2004 年法国议会已经正式废除了该条款。

世界历史告诉我们,200 多年前的法国,拿破仑依靠一部民法典征服了几乎半个地球。100 多年前的德国,是通过一部民法典改写了世界法系版图。第二次世界大战以后的美国,通过他们的法院、律师事务所和法学院在世界范围内输出美国法律,试图建立一个新的“法律帝国”。自美国联邦最高法院在 1945 年阿尔科案(Alcoa)中打开“效果原则”这一潘多拉魔盒之后,美国法律的域外适用已经常态化。欧盟近年来也开始重新构建其法律域外适用政策。作为一个正在崛起的新兴大国,中国在 21 世纪制定的“民法典”必须抛弃以往的属地主义观念,在全球化视野下建构中国法律的理想图景:它不仅仅是“为中国”(enacted for China)制定的法典,而是“由中国”制定、供全球分享的法典。简言之,“中国立法、全球分享”(law enacted by China, for the world)是中国法律走向全球的基础,也是中国争取国际话语权的重要基础。

关于我国尽快批准《选择法院协议公约》的建议

2005 年《选择法院协议公约》是海牙国际私法会议在 21 世纪制定的最重要的国际条约，我国自始至终参加了该公约的谈判，它已在欧盟（丹麦除外）、墨西哥和新加坡之间生效，乌克兰和美国已签署该公约，但尚未批准。建议中国尽快批准《选择法院协议公约》。

一、中国批准该公约没有国内法上的障碍

从比较公约与我国现有法律及我国同其他国家签订的双边司法协助条约可以发现，该公约确定的判决承认与执行规则同我国现有法律没有实质性差异，中国批准该公约能够补充和明确中国现有立法的漏洞与不足。其规定的管辖权规则大部分与中国立法没有冲突，对于少数的不同规定，中国也可以通过公约规定的限制性声明来排除其适用。因此，中国批准该公约并没有法律上的障碍。

二、中国批准该公约的积极意义

我国学者普遍认为：考虑到中国的长远利益，批准该公约有利于促进我国法院判决的跨国执行、促进我国协议管辖制度和判决承认与执行制度的完善、倒逼我国国际商事仲裁制度的完善及促进“一带一路”倡议和人类命运共同体理念的实现。

三、批准该公约潜在消极影响的消除与克服

我国部分学者也指出了批准该公约可能对我国当事人、国家利益和国际商事仲裁制度的不利影响。但2015年的经济数据表明，中国当事人参与国际贸易和投资在大多数情况下并不是处于弱势地位，只要采取有效方法增强中国当事人的国际法律意识，提高中国当事人在选择管辖法院方面的经验技巧，完全可以克服该公约可能对中国当事人的不利影响。另外，由于该公约本身对克服其固有弊端规定了一系列制度与规则，中国在批准该公约时完全可以利用这些规则避免不利局面，彰显参加该公约的优势，完善中国的涉外司法与国际仲裁制度，提升中国在国际民商事争议解决市场上的竞争力，为推动“一带一路”建设提供更加有效的法治保障。

四、建议中国在批准公约时作出限制性声明和其他意见

建议中国在批准公约时对知识产权、专属管辖和实际联系要求三个方面作出限制性声明，并通过这些声明修改和完善中国现有的立法。

（一）对于知识产权问题，可以作如下声明：

1. 根据《海牙公约》第21条，公约不适用于知识产权纠纷，包括知识产权归属纠纷、知识产权合同纠纷、知识产权侵权纠纷、不正当竞争纠纷、反垄断纠纷，本声明另有规定除外。

2. 作为例外，《海牙公约》可以适用于以下知识产权纠纷：

（1）著作权及邻接权利用和转让合同纠纷，但不包括计算机软件、民间文学艺术作品、数据库作品的利用和转让合同纠纷，也不包括著作权及邻接权权属纠纷。

（2）专利权利用和转让合同纠纷，但不包括集成电路布图设计、植物新品种和遗传资源利用和转让合同纠纷。

（3）商业标识权利用和转让合同纠纷，但不包括地理标志利用和转让合同纠纷。

3. 判断纠纷的性质，应结合原告实际主张权利所依据的法律和判决实质内容所援引的法律作出认定。

4. 中国保留根据公约适用情况重新评估本声明的权利，并在本声明生效起3年内作出是否维持、修改本声明的决定。

（二）对于专属管辖问题，可以作如下声明：

1. 因不动产物权纠纷引起的诉讼，由不动产所在地法院专属管辖。

2. 以法人的有效、无效、解散，或其机构决定的有效、无效为标的的诉讼，由法人所在地法院专属管辖。

3. 有关专利、商标、设计模型或必须登记或注册的其他类似权利的有效和侵权的诉讼，由注册登记地法院专属管辖。

（三）对于实际联系问题，可以作如下声明：

1. 与当事人或争议没有实际联系的选择法院协议无效。

2. 实际联系既包括被告住所地、合同履行地、合同签订地、原告住所地、标的物所在地，也包括当事人的主要营业地、代表机构所在地、登记地、装运地、转运地等客观联系。

此外，中国可以利用批准该公约的契机，明确和丰富中国法院对"国际性案件"的认定标准，改变我国法院在司法实践中认定互惠的标准，明确选择法院协议有效性的准据法为被选择法院地法，并对该公约适用于中国香港特别行政区和澳门特别行政区作出适当的安排，同时对我国企业加大宣传该公约的力度，为我国企业在对外经济交往中提供如下示范条款：（1）本合同项下诉讼应向中国法院提出，其他任何法院均无管辖权；（2）当事人选择中国法院对本合同项下诉讼行使排他性管辖权。

关于《民法总则》规定“国际条约的适用”的立法建议

考虑到我国《民法通则》第 142 条第 2 款、《票据法》第 95 条、《海商法》第 268 条、《民用航空法》第 184 条、《民事诉讼法》第 238 条都规定了“国际条约的适用”，一般表述为：“中华人民共和国缔结或者参加的国际条约同中华人民共和国的民事法律有不同规定的，适用国际条约的规定，但中华人民共和国声明保留的条款除外。”最高人民法院在《关于适用〈中华人民共和国涉外民事关系法律适用法〉若干问题的解释(一)》第 4 条中加了一项例外：“但知识产权领域的国际条约已经转化或者需要转化为国内法律的除外。”同时在第 9 条中规定：“当事人在合同中援引尚未对中华人民共和国生效的国际条约的，人民法院可以根据该国际条约的内容确定当事人之间的权利义务，但违反中华人民共和国社会公共利益或中华人民共和国法律、行政法规强制性规定的除外。”笔者认为，《民法总则》有必要就“国际条约的适用”作出规定,但国际条约类型多样,适用的方式非常复杂。因此,立法只能作出原则性规定,能够体现我国遵守国际条约的基本精神即可,不宜作出过于具体的规定,由全国人大常委会在批准每一项国际条约时,对其适用范围和条件分别作出具体规定。

笔者的立法建议为:“中华人民共和国根据《中华人民共和国缔结条约程序法》缔结或者加入的民事领域的国际条约,应按照全国人民代表大会常务委员会的批准书或加入书的规定,或者按照国际条约自身规定的适用条件和范围,在中华人民共和国保留和声明的范围外,适用该国际条约的规定。”

理由如下:

1.《民法总则》只需要规定民事领域国际条约的适用,其他领域的国际条约应由其他法律另行规定。

2.《民法总则》的规定应与《缔结条约程序法》保持一致,主要体现在两个方面:

第一,《缔结条约程序法》规定了两类条约:第一类是需要由全国人民代表大会常务委员会决定批准的条约和重要协定;第二类是不需要由全国人民代表大会常务委员会批准的条约和协定。由于《民法总则》将由全国人民代表大会批准,《民法总则》所规定的国际条约只能包括第一类条约和重要协定,第二类条约和协定的效力不应高于我国民事立法。

第二,《缔结条约程序法》规定了两类缔结条约的方式:缔结条约和加入条约。因此,《民法通则》第142条中的“参加”应改为“加入”。

3. 国际条约在我国的适用首先应按照全国人民代表大会常务委员会的批准书或加入书进行。全国人大常委会批准缔结或加入的每一项国际条约，大都规定了该条约的适用条件和范围，也规定了我国对该条约的保留和所做出的声明。所有的批准书都在全国人大常委会官方公报上公布，这些批准书都具有法律效力。因此，《民法总则》只需要规定依照批准书执行即可。但由于历史原因，全国人大常委会在某些国际条约的批准书或加入书中对其适用条件和范围规定得不太详细，此时应根据该国际条约自身规定的适用条件和范围予以适用。

4. 每一项国际条约都有其自身的适用条件和范围。由于有的条约适用具有强制性，如《华沙公约》《蒙特利尔公约》等；有的条约属于任意性国际条约，如《联合国国际货物销售合同公约》等。但每一项国际条约都规定了其自身的适用范围和条件，因此应按照其自身的适用范围和条件予以适用。

5. 国际条约与我国国内法有不同规定的，并不一定总是优先适用国际条约的规定。例如，我国虽然是《联合国国际货物销售合同公约》的缔约国，但并非所有国际货物销售合同都要优先适用该公约。只有当合同一方当事人营业地位于我国，另一方当事人营业地位于另一缔约国时，才优先适用公约。《民法通则》第 142 条的规定容易造成误解。

6. 知识产权领域的国际条约，必须经过转化才能适用。知识产权虽然也属于民事领域，但知识产权国际条约通常不能直接在国内适用，而是要转化为国内法，法院只能适用我国国内知识产权法。当我国知识产权法与国际条约相冲突时，我国立法机关有义务修改国内法,但法院不能直接适用国际条约。

7. 我国未加入的国际条约,我国法院不能直接适用。对于我国未加入的国际条约,我国没有义务遵守,我国法院也没有义务适用。但在民商事领域,如果当事人在合同中引入了有关国际条约的内容,可以将其视为并入了合同条款,但不能违反我国的强制性规定,不能损害社会公共利益。

为有效推进“一带一路”建设进一步完善我国涉外司法的若干建议

为了有效推进“一带一路”建设,最高人民法院发布了《关于人民法院为“一带一路”建设提供司法服务和保障的若干意见》,笔者建议,中国法院在现有法律框架和上述意见的基础上,进一步从理念、制度、方法和文化等方面提升中国司法的国际公信力。

一、树立大国司法理念

中国涉外司法必须及时反映中国外交政策的转变。从中国倡议“一带一路”可以看出,中国不仅坚持走和平发展道路,更敞开胸怀欢迎各国搭乘中国“快车”、共享发展机遇,以实际行动为构建人类命运共同体注入中国智慧,贡献中国力量,同世界各国合作共赢。因此,中国人民法院首先必须树立大国司法理念。所谓“大国”,不是地理概念,也不是人口概念,可以是经济大国、政治大国和军事大国,但以上只是大国的硬实力。一个真正的世界大国必须是文化大国和制度大国。因此,能否在文化上对世界产生吸引力,让中华民族的品德和价值观为其他国家所向往;能否在制度上创造出独特的文明方式,形成被其他国家所借鉴、所学习、所模仿的具有世界意义的模式,决定着中国能否成为真正意义上的大国。而通过中国人民法院的司法活动增强中国文化的吸引力、彰显中国制度的优越性是增强上述"软实力"的必然选择。

因此,中国人民法院在涉外民商事审判中,有必要主动淡化司法主权观念,强化平等保护、合作共赢、开放高效的司法理念,为提升中国司法的国际公信力提供指引。

二、完善公平司法制度

按照上述大国司法理念,建议我国完善以下司法制度。

(一)充分保障外国当事人的诉讼权利

可以积极与"一带一路"沿线国就诉讼费用担保的免除达成协议,或者主动先免除诉讼费用担保;也可以积极与"一带一路"沿线国就诉讼费用减免达成协议,或者主动在个案中减免诉讼费用。

(二)适当缩小专属管辖的范围

笔者建议,我国只保留国际社会通行的"不动产争议由不动产所在地法院专属管辖"和"以法人的有效、无效、解散,或其机构决定的有效、无效为标的的诉讼,由法人所在地法院专属管辖"。这样规定既可以保障我国对这类纠纷行使管辖权,又没有表现出对内国利益的片面保护,还符合国际社会的一般做法。因为《民事诉讼法》第266条规定的三类合同通常都涉及土地、厂房或经营场所等不动产,而且在中国履行的中外合资经营企业合同、中外合作经营企业合同,基本上都要在中国成立法人企业。因此,上述两条专属管辖的规定足以保证因《民事诉讼法》第266条发生的纠纷由中国法院管辖。

(三)妥善解决平行诉讼问题

尽管上述意见特别强调了涉外民商事审判在"一带一路"建设中的重要性,对国际司法管辖权的行使,强调充分尊重"一带一路"建设中外市场主体协议选择司法管辖的权利,通过与沿线各国友好协商及深入开展司法合作,减少涉外司法管辖的国际冲突,妥善解决国际平行诉讼问题。但它没有提供具体的制度安排,建议我国对来自"一带一路"沿线国法院的平行诉讼,按照一定条件裁定中止诉讼,再根据诉讼的发展情况决定恢复诉讼还是终结诉讼。

三、创新和谐司法方法

(一)积极适用"不方便法院"原则

尽管《民诉法司法解释》第532条明确规定,涉外民事案件同时符合下列情形的,人民法院可以裁定驳回原告的起诉,告之向更方便的外国法院提起诉讼:(1)被告提出案件应由更方便外国法院管辖的请求,或者提出管辖异议;(2)当事人之间不存在选择中华人民共和国法院管辖的协议;(3)案件不属于中华人民共和国法院专属管辖;(4)案件不涉及中华人民共和国国家、公民、法人或者其他组织的利益;(5)案件争议的主要事实不是发生在中华人民共和国境内,且案件不适用中华人民共和国法律,人民法院审理案件在认定事实和适用法律方面存在重大困难;(6)外国法院对案件享有管辖权，且审理该案件更加方便。

但上述司法解释似乎较为僵硬，如不适用于中华人民共和国国家、公民、法人或者其他组织的案件，直接驳回原告的起诉，而不是中止诉讼。建议对涉及“一带一路”沿线国的诉讼，可在上述两个方面有所突破。

（二）主动确认存在互惠关系

对于外国法院判决，我国《民事诉讼法》明确规定：在没有国际条约的情况下，可以根据互惠原则加以承认与执行。但在实践中如何认定互惠关系是否存在，我国法院一直要求“事实上的互惠”，即外国法院客观上已有承认和执行我国法院判决的先例。如在日本国民五味晃申请承认和执行日本法院作出的生效债务判决、[1]俄罗斯国家交响乐团、阿特蒙特有限责任公司申请承认英国高等法院判决、[2]弗拉西动力发动机有限公司申请承认和执行澳大利亚法院判决[3]等案件中，最高人民法院均以我国与相关外国之间“没有缔结或者参加相互承认和执行法院民事判决、裁定的国际条约，亦未建立相应的互惠关系”为由拒绝承认和执行。

这种做法显然与我国推进“一带一路”战略的要求格格不入，其直接后果是互惠原则演变成单纯的国家利益博弈工具，并成为拒绝外国法院判决效力的有效手段。因此，上述意见明确指出：“要在沿线一些国家尚未与我国缔结司法协助协定的情况下，根据国际司法

---

① 《最高人民法院关于我国人民法院应否承认和执行日本国法院具有债权债务内容裁判的复函》，〔1995〕民他字第17号。

② 北京市第二中级人民法院（2004）二中民特字第928号。

③ 《最高人民法院关于申请人弗拉西动力发动机有限公司申请承认和执行澳大利亚法院判决一案的请示的复函》，〔2006〕民四他字第45号。

合作交流意向、对方国家承诺将给予我国司法互惠等情况，可以考虑由我国法院先行给予对方国家当事人司法协助，积极促成形成互惠关系，积极倡导并逐步扩大国际司法协助范围。”

笔者认为上述意见还不彻底。如果对方国家的立法并不要求互惠，我国无须对方的“承诺”或“合作交流意向”，即可主动确认互惠关系的存在。

（三）依法准确全面适用国际条约和国际惯例

中国的立法和司法一直非常重视国际条约和国际惯例的适用。要为“一带一路”提供良好的司法保障，适用国际条约和国际惯例首先必须坚持以下两个原则：第一，国际性原则。这要求法院在解释和适用国际条约时考虑其与国内法律的差异，不能把国内法的解释和适用方法机械套用于国际条约和国际惯例。第二，统一性原则。由于国际条约和国际惯例的核心目的是实现法律的国际统一，它不仅需要国际统一的法律规范，更需要这些统一的法律规范在实践中获得统一的适用，它要求所有国家能在相同的意义上理解和适用国际条约和国际惯例。当然，遵守这个原则并不意味着必须机械、死板地解释和适用它们，在不破坏其国际性的前提下，法官仍然可以发挥其在解释、适用和完善国际条约和国际惯例的创造性。例如，法官可以对国际条约进行目的解释，并可以通过司法判决完善国际条约。

此外，为了满足共建“一带一路”的战略需求，对那些没有多边和双边国际条约、又没有国内法可供适用的案件，建议法院把在国际上具有广泛影响的国际条约（无论中国是否参加）作为国际惯例加以适用，以便及时、公平、合理地解决个案。

四、弘扬包容司法文化

最高人民法院的上述意见对支持发展多元纠纷解决机制做了很多安排。除此之外，笔者建议，中国法院尽量查明并正确适用外国法律。因为任何国家的法官都有适用本地法的天然倾向。由于不同国家对“外国法”性质的认识不同，法官是否负有查明外国法的责任，以及负有多大的责任，各国立法存在较大差异。我国《涉外民事关系法律适用法》第10条第1款规定：“涉外民事关系适用的外国法律，由人民法院、仲裁机构或者行政机关查明。当事人选择适用外国法律的，应当提供该国法律。”这表明除当事人选择适用外国法以外，我国法院负有查明外国法内容的主要责任。至于查明外国法的具体途径和方法，最高人民法院发布的《〈涉外民事关系法律适用法〉若干问题的解释（一）》第17条和第18条规定：人民法院可以通过当事人提供、中外法律专家提供、通过对中华人民共和国生效的国际条约规定的途径查明外国法。人民法院应当听取各方当事人对应当适用的外国法律的内容及其理解与适用的意见，当事人对该外国法律的内容及其理解与适用均无异议的，人民法院可以予以确认；当事人有异议的，由人民法院审查认定。我国与其他国家签订的双边司法协助条约大都规定了相互提供法律信息的要求，这种制度安排为我国法院尽量利用多种途径查明外国法提供了条件。

如果外国法无法查明或者没有相关规定，就直接适用中国法。至于怎样确定“外国法不能查明”，《〈涉外民事关系法律适用法〉若干问题的解释（一）》第17条规定：人民法院通过由当事人提供、已对中华人民共和国生效的国际条约规定的途径、中外法律专家提供等合理途径仍不能获得外国法律的，可以认定为不能查明外国法律。根据《涉外民事关系法律适用法》第10条第1款的规定：当事人应当提供外国法律，其在人民法院指定的合理期限内无正当理由未提供该外国法律的，可以认定为不能查明外国法律。

考虑到“一带一路”建设的需求，有必要“尽量”查明和适用外国法。因此，对上述立法和司法解释的理解和适用，笔者提出如下建议：

第一，关于“当事人选择适用外国法律的，应当提供该国法律”的规定，并不意味着法官没有查明外国法的责任，只是表明当事人负有主要责任，法官仍有次要责任。因此，对《〈涉外民事关系法律适用法〉若干问题的解释（一）》第17条第2款不能绝对理解为：只要当事人不提供外国法律，就认定为外国法不能查明。恰恰相反，如果法官客观上知道外国法的内容，或者通过一定途径比较方便查明外国法的内容，法官有权也有必要确定该外国法的内容，并依该外国法做出裁判。

第二，《〈涉外民事关系法律适用法〉若干问题的解释（一）》第17条第1款列举的3条途径不是排除性清单，法院可以通过其他合适的方法查明外国法。例如，可以根据当事人之间的协议或者承认确认外国法的内容，当然，它本身不构成决定性的证据，如果有其他更充分、更好的证据，根据最好证据规则，法院可以根据其他证据认定外国法的内容。

第三，积极拓展外国法的查明途径，加强与国内外法学科研机构的联系，建立外国法查明基地和研究中心。事实上，最高人民法院已经开展了这方面的工作，与中国政法大学、西南政法大学和深圳市前海建立了有关我国港澳台地区和外国法查明基地与研究中心。建议我国建立国家级的外国法查明中心，重点研究“一带一路”沿线国的法律制度，进行长期和稳定的建设。

第五编　弘　法　魂

爱　责任　挑战

——在顾海良书记宣布法学院院长会议上的感言

2007 年 9 月 11 日

各位老师,大家下午好！刚才顾书记宣布了学校党委关于法学院院长人选的决定,并就法学院领导班子的构建提出了指导性意见和殷切的希望,我很感动！首先,感谢领导和组织的信任以及广大教职工的支持。我现在的感想可以概括为 3 个词:“爱　责任　挑战”。

我为什么接受武大法学院院长这个职务？因为我爱珞珈山,我爱武大法学院,也爱法学研究和教学工作。本人在这里学习、工作了快 20 年,自己的每一点进步、提高和些许成绩离不开学校的培养、老师的鞭策、同事的合作,甚至是学生的鼓励。现在,既然学校选择了我,我没有理由逃避,应该尽心尽力做好自己的本职工作。

近几天,不断有人向我表示祝贺,我真不知道如何表达我的心情。武大法学悠久的历史、崇高的学术声望和在中国法学界的前列地位,使我对接手这个职位感到诚惶诚恐。我肖永平何德何能?能够挑起这么重要的担子吗?我自己都不敢肯定。所以,我感到这个院长不是荣誉,而是责任。对于我个人来说,更多的可能是付出、奉献和牺牲。同样是因为爱,我愿意承担起这份属于我个人的责任。因为我相信:在座的每一位和我一样爱珞珈山,爱武大法学院,你们也一定会承担起维护武大法学声誉与地位,以及属于自己的那份责任。

说到挑战,就现状而言,不管对我个人还是法学院未来的发展来说,都面临着巨大的挑战。因为我个人对做这个院长并没有充分的思想准备,个人的工作作风还有待改善,个人的学术影响和地位也不高。而在全国法学教育竞争越来越激烈的今天,武大法学院的整体发展也遇到了前所未有的困难。所有这些都需要我们这届领导班子和法学院全体教职工共同面对,共同解决。因为法学院是我们大家的平台、大家的舞台、大家的家园。所以,在法学院未来的发展中,需要在座的每一位同人多一点付出、多一点投入,有时甚至需要牺牲一点个人利益。在未来的工作中,我的工作方法、工作作风可能会有某些问题,但我保证绝不会为了个人私利或小集团利益而忘记了法学院的大局和整体发展利益。我相信,在学校的正确领导下,只要我们团结合作、内增实力、外扩影响,武大法学院是大有希望的,武大法学研究和教学的实力就可以得到真实的反映和公正的显示。

谢谢大家!

尽快转变角色　正确处理学者、学科与学院的关系

——在学校宣布法学院行政领导班子会议上的讲话

2007 年 10 月 11 日

尊敬的龙书记,各位老师:

下午好!一个月前的今天,顾书记来法学院代表学校党委口头宣布我作法学院院长的时候,我作了"爱　责任　挑战"的简单感言。在这个月中,我切实体会到了责任与挑战的分量。首先,让我感谢学校领导对法学院行政领导班子的高度重视和艰苦细致的工作,也特别感谢法学院广大教职工的关心、关注与支持。在这个月中,我个人也经历了人生中从未有过的思考与体验。今天,我代表新一届领导班子向各位老师汇报一下我的初步思考,那就是"尽快转变角色　正确处理学者、学科与学院的关系"。

大家知道,一个学院的好坏取决于其学科的发展水平,包括学

科的整体发展水平和一些特色及优势学科的影响力。而国内外任何一个法学院,不可能在所有学科方向都成为顶级学科,无一例外地根据本校的历史和特点,选择部分学科领域进行重点建设,使之成为国内乃至国际上的品牌,也成为所在法学院的品牌。而在选择学科时,学者无疑是最重要的考虑因素。可以说,正确处理学者、学科和学院的关系是今后法学院行政和党务工作的一个重要方面,甚至可以说是重中之重。这是今后我们要共同探讨和面对的问题。

今天,我想向各位表态的是,作为法学院的领导,特别是兼职行政干部,我们应该如何处理学者、学科和学院的关系呢?我以为:

作为学者,只要尽心尽力搞好自己的教学和科研工作,或者说高质量地完成学校规定的教学和科研工作量,就是一名合格的或者说好的学者。不过,任何学者都有重点研究的领域或者学科,如果一个学者毫不关心本单位或自己从事的学科的建设,没有必要的团队合作精神,对于法学这种实践性强、有些重大问题需要团队协作的学科来说,很难说是一个好的学者,起码对于武汉大学这种希望保持全国领先地位的法学院来说,便是如此。而对于我们这些在法学院兼任干部的学者来说,仅做到上面三个方面是远远不够的,因为促进我们每一位兼职干部所在学科和法学院的发展是我们义不容辞的责任。

关于学科的重要性,它与法律部门的重要性和学者的重要性并不完全等同。一个法学院重点发展什么学科,是综合考虑多种因素的结果,包括但不限于历史传统、学术积累、与其他学校的比较优势、社会的知名度和美誉度、学科本身的重要性、影响力和发展前景等。另外,一个学科的发展状况,学科带头人是关键。对于学科带头人来说,除了自身的教学、科研必须过硬以外,深邃的学术眼光、宽广的学术胸怀、不懈的学术追求和公正的学术良心也是必不可少的。

对于学院来说,学科建设是生命线。而在学科建设中如何处理好重点与一般的关系是关键。全面提升法学院各学科的水平直接关系到我们人才培养的规格和品质,必须常抓不懈。这是法学院可持续发展的战略利益,而重点建设若干学科是现实的、可行的选择。

在这次行政领导班子换届过程中,不少教职工有这样一种认识:如果本学科没有学者参与行政领导班子,好像就是不重视这个学科。我个人不完全赞同这种看法。因为我们选择的院长如果都只考虑自己所在的学科,法学院的工作将很难有效地开展,其结果必然是院长越多,工作效率越低。如果一个院长只考虑一个学科,就不是一个合格的院长。这也是今天我为什么要特别强调兼职干部要处理好学者、学科和学院的关系的原因。

各位老师:如果说武汉大学法学院像奥林匹克运动一样是一项不朽的事业的话,我们这一届行政领导班子则是这一届奥运会的火炬手。尽管在这次火炬交接过程中出现了一点点问题,但火炬并没有落地。只要我们调整一下姿势,改变一点幅度,增加一些速度,怀着"更高、更快、更强"的精神,为弘扬珞珈法学的精神而勤勉地工作、公正地干活,就一定能够完成历史赋予我们的任务。为此,我请求在座的每一位继续支持我们的工作。在未来的工作中,如果需要您改变一下工作习惯、提高一点工作效率、增加一点工作热情、贡献一些智慧和经验,请您合作或谅解。同时,我们也真诚欢迎大家多提宝贵意见,让我们一起在这次火炬接力中跑出精彩、跑出喝彩、跑出骄傲!

谢谢大家!

创建法学流派:建设中国风格和中国气派的法学的必由之路

2008 年 7 月 17 日

"学派"是指在某一学科领域内有相同或相近的比较系统的理论预设、研究进路和基本观点的学术共同体。相应地,"法学流派"就是指在法学领域有相同或相近的比较系统的理论预设、研究进路和基本观点的学术共同体。这种学术共同体既可以是松散型的,它单凭某种有吸引力和凝聚力的理论预设、研究进路和基本观点把彼此没有组织上联系的学者维系着,自发地形成松散的群体,学派成员在时间、空间和师承关系方面都没有严格的要求;也可以是组织型的,它有一个研究机构作为固定的科研基地,有一份甚至多份期刊作为成果的发表阵地;这个机构里的学者除了有某种共同的理论预设、研究进路和基本观点之外,还具有组织上的紧密联系;还可以是结合型的,即既有组织型学派的研究机构作为中心,又存在松散型学派的成员围绕在中心的周围，但中心和外围具有相同的理论预设、基本观点和研究进路。现在的学派大多都是结合型的。

遗憾的是，当今中国法学并没有形成流派。除了求同尚合的民族文化心理以外，下列原因阻碍了中国法学流派的产生：(1)自古以来，中国学术独立性的土壤就不深厚，法学更是如此。从历史的教训来看，现行的管理体制仍然带有计划经济色彩，不是科学地处理科研机构与政府、科研机构与科研人员以及科研人员之间关系的体制，具有行政管理的性质和条块分割的缺陷，已经成为学术进一步发展的阻力。(2)经济方面的诱惑。应该说，政治对学术的干预已越来越少，而经济对学术的诱惑则越来越多。在市场经济条件下，潜心学术、矢志不渝的学者少了，"板凳坐得十年冷，文章不写一句空"的学者少了，这样就不利于学术研究的深入，进而不利于学术流派的形成。(3)西方文化殖民主义。西方文明由于其强大的示范效应而被许多法学研习者奉为圭臬、视为标准，作为"当然状态"加以接受，完全处于一种丧失批判力的浑噩状态。有些学者对中国的传统和现实知之甚少或者一知半解，对中国的本土资源不屑一顾或者浅尝辄止，不加分析地引进外国法学理论，盲目推崇外国法律制度。(4)学者自觉不够，缺乏开山立派的激情和动力。这当然不是最根本的原因，但在政治渐离学术、体制日渐革新、待遇已经提高的今天，学术界的自觉就格外重要了。

历史经验告诉我们，每当社会发生大的变革，哲学社会科学就特别活跃。因为社会转型期问题的复杂性，为各种思想观点的产生和完善提出了要求，也提供了可能。市场经济体制的建立和依法治国方略的实施是中国2000多年来最深刻、最根本的一场社会大变革,这场大变革为造就新时代的法学家和法学流派提供了良好的社会环境和时代背景,我国法学界必须抓住有利时机,顺应时代潮流,在社会主义市场经济和法治国家的建设进程中通过百家争鸣、百花齐放的研究和探索,逐步形成一批世界一流的法学家和有影响的法学流派。也只有通过创建法学流派,才能建设中国特色、中国风格和中国气派的法学,因为:(1)法学流派的积聚效应会促使一批志同道合的法学研究人员的适度集中和前后相继,这对法学的进一步发展有着重要的意义。因为它有利于法学团体学术特色和学术优势的进一步积累和发扬,有利于庇护法学新说、培植法学新人,有利于彰显法学学术繁荣的气象。可以说,法学流派是法学发展进程中的界桩和里程碑,是法学繁荣的标志。(2)法学流派是联结法学和社会的桥梁,它能够更有力地促进法学理论与法律实践的结合,对社会、对法律实践的发展产生重大的影响。法学流派是在解释现实法律现象和解决现实法律问题的过程中逐步形成和完善自己的法学思想、理论和政策主张。法学是一门应用性、实践性很强的学问,法学流派为了得到社会的承认和实践的接受,使学术从理论走向实践、从学术界走向社会大众,就必须通过出版专著刊物、进行演讲报告、举行会议座谈,甚至利用通俗时事报纸杂志、广播、电视以及互联网等传播媒介把自己的法学思想、理论和政策主张向公众传播,从而影响社会大众的法律观念和意识,并影响法律实务和法治社会的发展进程。(3)法学流派的争鸣有利于政府科学决策。“兼听则明,偏听则暗”,由于不同法学流派之间深刻地辩论、激烈地争鸣,对于现有的或将要制定的法律政策,在实践中会有哪些积极效果和消极影响,都会有比较全面和深入的阐明,使决策者权衡利弊时做到心中有数,有利于政府科学决策。(4)只有形成法学流派,才能提高中国法学在世界法学中的地位,为促进世界法学的发展和多元化做出中国的贡献。

当然,学派的建设是一个自然的历史过程,它不是天才人物的瞬间创造。但要创建和发展中国的法学流派,从国家层面来讲,首先必须正确地区分学术问题和政治问题,一时难以分辨时要坚持"政治谦抑"原则,不要卷入和干涉;同时还要参考借鉴国际上行之有效的学术管理体制、运行机制和评估体系,克服现行的行政化和泡沫化现象,促进学术的健康发展和真正提升。从学者个人和学术界的角度来说,下面几点非常重要:(1)解放思想,真正认识到科学领域不存在终极真理。任何经典都只是为中国当代法学提供了研究的起点和平台,在这个基础上,法学还有无限广阔的发展空间。(2)自由民主的学术空气和"百家争鸣"的学术氛围。科学无禁区,科学研究最需要平等自由和民主。因此,必须倡导学术自由,鼓励学术民主,为学术探讨和争鸣呐喊,警惕和反感"学阀"或"学霸"式的作风。(3)长期的学术积累和以学术为业的献身精神。学派的生成固然可人,也是众人的向往,但学派又岂能成于朝夕之间?中国法学真正的发展也只是改革开放以后的事情,二十几年的积累是远远不够的。这更需学界诸同人不懈地卓绝努力。没有一以贯之的恒心和学问的薪火相传,学派就不可能生成;没有"衣带渐宽终不悔,为伊消得人憔悴"的献身精神,不把学术当作一种信仰来追求,法学流派就不会出现。

继承优良传统　创造新的辉煌

——纪念武汉大学恢复法学教育30周年

2009年11月

各位尊敬的领导、来宾、校友，老师们、同学们：

今天是武汉大学的校庆日，我们在这里隆重集会，共同回顾武汉大学法学院30年来不平凡的发展历程，总结我们取得的成就和经验。此时此刻，我们对前辈们满怀崇敬之情！在新的历史阶段，我们深知重任在肩，必须通过提炼办学经验、继承优良传统，推动武汉大学法学院与中国法治建设一道前行。下面，我分为历史回顾、经验总结、未来展望三个部分向大家汇报。

一、历史回顾

自1979年8月20日武汉大学成立法律系筹备组以来，著名法学家韩德培教授、著名刑法学家马克昌教授、知名民法学家马俊驹教授、知名国际法学家余劲松教授、曾令良教授先后出任负责人、系主任和院长。如果把这30年的历程按照每10年一个时期的话,大致可以分为恢复重建时期、持续发展时期和快速发展时期。

第一个10年是恢复重建时期。我们法学院在学科建设方面取得的重要进展有:1980年恢复法律系,成立我国高校系统第一个国际法研究所,招收首届法律专业本科生和国际法硕士研究生;1981年成立中国和亚洲第一个环境法研究所,设立国际法博士点,招收首届国际法本科生;1982年首次招收刑法、宪法、民法硕士研究生;1983年创办《法学评论》,首次招收环境法硕士研究生;1984年设立国际经济法博士点,宪法、刑法、民法、环境法硕士点,首次招收国际法、国际经济法博士研究生;1985年首次招收经济法本科生;1986年重建法学院,设立刑法博士点和法理、法制史、诉讼法、经济法硕士点;1987年在武汉大学成立中国国际私法研究会和中国国际经济法研究会;1989年国际经济法(联合国际公法、国际私法)被评为国家级重点学科。

第二个10年是持续发展时期。我们法学院取得的标志性发展有:1990年设立宪法博士点;1991年成立湖北省法律事务中心第七律师事务所;1992年建立国家首批法学博士后流动站,成立中国首家民间法律援助机构:武汉大学社会弱者权利保护中心;1993年分别设立国际公法、国际私法、国际经济法博士点,成为我国唯一能够同时在这3个国际法学科招收博士生的单位,余劲松、黄进、万鄂湘、曾令良主持的"深化改革,创建一流的国际法教学基地"获普通高等学校优秀教学成果国家级一等奖;1996年设立民法博士点,"国际法与比较法"项目进入国家"211"工程首期建设项目;1997年李龙合编的《法理学》获国家级优秀教学成果一等奖；1998 年设立环境与资源保护法博士点；1999 年在武汉大学成立中国法学会环境资源法研究会，武汉大学环境法研究所入选教育部首批人文社会科学重点研究基地。

第三个 10 年是快速发展时期。这个时期的重要进展包括：2000 年武汉大学国际法研究所入选教育部人文社会科学重点研究基地，联合国正式将武汉大学法学院图书馆列为联合国资料保存图书馆；2001 年“当代国际法与中国法治现代化”项目入选国家“211”工程二期建设项目，李龙、周叶中等完成的“中国法学教育的改革与未来”获得国家级优秀教学成果一等奖；2002 年获得国家首批法学一级学科博士学位授权，国际法学、环境法学被评为国家级重点学科，首次开设中法法律、法语双学位班；2003 年法学院代表队获得首届“理律杯”全国法律院校学生模拟法庭辩论赛冠军；2004 年“国际法与国际新秩序”创新基地进入国家“985”工程二期建设规划；2005 年李龙主持的《新世纪中国法学教育的战略研究》获国家级优秀教学成果一等奖；2006 年设立法理学博士点，首次开设中德法律、德语双学位班，法学院代表队获得第四届“理律杯”全国法律院校学生模拟法庭辩论赛冠军；2007 年国际法学、环境法学评为国家级重点学科，宪法与行政法评为国家级重点（培育）学科，设立体育法博士点；2008 年法学一级学科成为湖北省重点学科，国际法学成为湖北省优势学科，环境法学、宪法与行政法学成为湖北省特色学科，设立诉讼法博士点、经济法博士点，“构建和谐世界的国际法与中国法”项目入选国家“211”工程三期建设项目，法学院代表队获得第六届“航天杯”国际空间法模拟法庭竞赛冠军；2009 年黄进、肖永平、余敏友、张湘兰、杨泽伟等教授主持的“深化国际法教学改革,培养具有国际竞争力的法律人才”获国家级优秀教学成果一等奖。

二、经验总结

通过上面的列举可以发现:武汉大学自1979年恢复法学教育以来,在上级领导的大力支持、学校领导的正确决策和各兄弟院校的积极鼓励下,通过我院老一辈法学家艰苦奋斗、卓有成效的工作,武汉大学的法学学科始终走在全国的前列,被国内法学界和法律界公认为改革开放以后恢复重建得最好的法学院之一。总结这些成功的经验,可以概括为以下几点。

(一)服务人民、奉献社会

30年来,我们一直紧紧围绕我国政治、经济、社会发展的需要进行院系设置、专业调整和学科建设。例如,在我国结束“文化大革命”、提出加强法制建设的初期,在1979年及时恢复重建法律系;在我国刚确定对外开放的大政方针,于1980年在我国高校第一个成立国际法研究所,设置国际法系并招收国际法本科生;在我国片面强调经济建设、还没有环境保护意识的时候,于1981年与国家环保总局合作成立了中国乃至亚洲第一个环境法研究所;在我国进行大规模经济体制改革伊始,于1986年设立经济法专业,成立法学院,招收培养法律专业、经济法专业和国际法专业学生。进入21世纪以后,为了适应社会对“厚基础、宽口径、强能力”法律人才的需求,按照国家要求及时撤销法律系、国际法系建制,不再区分3个不同专业,统一为一个法律专业招收本科生。在此基础上,为了适应中国加入WTO和经济全球化的新形势,我们先后开办了法语、法学双学位班和德语、法学双学位班，并自2008年面向全球开办用英文授课的“国际法与中国法”硕士研究生项目。这些措施和变革都与国家的大政方针和社会的需求密切相连。

（二）强化特色，追求卓越

30年来，我们始终坚持根据武汉大学的特色、优势、学科发展现状及其与国内同类学科的比较优势，进行学科布局和重点学科建设，通过博士点的申报和建设进行资源整合和优势互补。例如，法学院向国家申请批准的博士点依次是国际法、刑法、宪法与行政法、民商法和环境法，这完全是根据当时各学科的特色、发展状况和比较优势做出的正确决策，博士点的申报和建设均取得了成功。另外，我们在建设宪法与行政法博士点时充分整合了武汉大学宪法、行政法、法理学和政治学的力量，在建设民商法博士点时整合了民法、经济法和相关学科的力量。在一级学科博士点批准以后，在2007年设立了我国第一个体育法博士点，在2008年设立了经济法和诉讼法博士点。实践证明，在武汉大学这种地理位置、经济水平均处于劣势的大学建设法学院，只有加强特色优势、整合多种资源，才有利于提升整体综合实力，追求卓越品质。

（三）敬业乐群、提携后学

由于特殊的历史原因，我们法律系恢复之初的老师都非常珍惜来之不易的从事法律教育的机会，把法律教学和研究作为终生事业来对待。他们对教学的敬业精神、对学术研究的献身精神和对法学院发展的主人公精神对中青年教师有很好的引导作用，因而受到了中青年后学的爱戴和尊敬，这为和谐法学院的建设奠定了基础。另外，由于我们的法学教育中断了20多年，法学院的教师队伍在年龄层次上存在断层。基于这种情况,以韩德培、马克昌为代表的一批老先生非常注意提携后学,在武汉大学历任校领导的支持下,破格提拔了一大批有才华、有发展潜力的青年学子,我院中青年学者的职称解决速度,也走在全国高校的前列。这对传承学术、保持武汉大学法学学科的优势起到了很好的作用。与此同时,我们非常注重学院文化建设,通过讨论和提炼法学院院训"勤严治学、诚正持身"和国际法研究所的所训"厚德博学、敬业乐群"等学院文化建设,对营造和谐法学院气氛和保持教师队伍基本稳定起到了一定的作用。

(四)倡导法治、崇尚学术

武汉大学法学院的学术研究注重基础理论问题的探讨,人才培养侧重理论素养,兼顾实践能力,这使我们建设的学科和培养的人才具有长久的生命力。例如,我们非常注意法学理论体系的构建,在环境与资源保护法学、广义国际经济法学、新中国大国际私法学、国际投资法学、新中国比较刑法学、国际组织法学、新中国比较宪法学、区际冲突法学、欧盟法学、国际环境法学的构建方面做出了突出贡献。与此同时,我们在许多法律领域提出了很有影响的理论观点,主要有犯罪论体系与刑罚论体系的创新研究、宪法学基本范畴的概括、宪法学理论体系的构建、人本法律观的倡导、宏观国际法学的理论构想、WTO法的系统前沿研究、国际私法趋同化的系统论证、国际民商新秩序的重新构建、独特的国际金融法学体系、跨国公司法的开拓创新、物权二元理论的系统论述、调整论的提出与论证、环境政策学的开创、法理学理论体系的完善、国家经济调节说的系统论证、法史考据的传承与开拓、法律文化"规则观"的论述、体育法学的开拓研究等。这些成果影响了一代又一代中国法学人,有的成果在国外产生了一定影响。

三、未来展望

当前,伴随着我国法律专业学生规模的极度扩张,法学教育的质量和法学专业学生的就业形势不容乐观。因此,我国法学教育的体制和模式面临转向,而面向基层和强调实践性可能是基本方向。这就要求我们的人才培养模式,教学理念、内容和方法进行及时的应对。而中国社会主义法治理念的提出和实施,司法实践要求法律效果、政治效果和社会效果的统一,以人为本和执法为民的根本要求对我们未来的法学研究和教学提出了新的更高的要求。

因此,我们法学院将在提升管理的精细度、突出人才培养的实践性、加强办学的国际化方面加大投入、提高水平。

第一,高度重视科学管理的重要性。充分发挥教辅、管理干部在建设国内一流、国际知名法学院过程中的重要作用,通过多种形式的民主方式不断完善现有的规章制度,提高服务意识和水平,使法学院的各项工作有章可循、有章必循,实现管理工作的精细化。

第二,树立大法学实验观,努力提升法学人才的法律实践能力。所谓“大法学实验”,就是根据现代法治对复合型法律人才的要求,将专业基础型实验项目、综合应用型实验项目和创新拓展型实验项目整体融入或渗透到法律教学的各个环节,实现实验、实训、实践三类教学资源的有效整合和教育手段的多样化。因此,我们要以培养学生的法律实践能力为核心目的,通过案例教学法、模拟教学法、法律诊所教学法、观摩教学法、社会实践教学法等不同方式,实现第一课堂与第二课堂的互动、科学主义与人文主义精神的结合,突出人才培养目标的个性化、社会化和国际化特色，提升学生探寻法律事实、法律实务操作、综合表达、创新思维等能力，最终在教学、科研和服务社会工作中实现教师与学生共同发展的目标。

第三，进一步加强办学的国际化程度，向教师队伍的多元性、图书资料的多样性、学生来源的广泛性、培养过程的国际性方向发展。

各位领导、各位来宾：抚今追昔，我们为武汉大学法学院30年的成就感到骄傲。30年前，我们只有8位教师；今天已有102位专职教员；30年前，我们只有不到200平方米的办公用房；今天已拥有25,000平方米的法学大楼。30年前，我们几乎没有专门的图书资料；今天拥有10万多册中文书籍、2万多册外文书籍、500多种期刊和丰富的电子信息资源。30年前，我们拥有"晶核"，"晶体"尚未形成；今天，"晶体"已经熠熠生辉，但"晶核"永远离开了我们。30年来，我们培养了1700多位博士、3300多位法学硕士、3200多位法律硕士和近4000名本科生。在这12,000多名校友中，涌现出一大批杰出的法律人才。

"盛誉以勉，辉煌永继；团结奋进，开拓创新"。我们相信，有了各位领导的继续爱护、广大校友的持续关心和兄弟法律院校的大力支持，武汉大学法学院的下一个10年、20年、30年是可以期待的，也是值得期待的！

谢谢大家！

韩德培先生的学术思想与学术精神

一、韩德培先生的坎坷人生

《中国大百科全书》专条介绍的中国当代著名法学家、教育家、中国国际私法的一代宗师、中国环境法学的开拓者和奠基人、国务院学位委员会学科评议组第一届、第二届成员、中国国际私法学会首任会长、中国国际法学会名誉会长、中国法学会环境法研究会首任会长、武汉大学人文社会科学资深教授、博士研究生导师韩德培先生，于1911年2月6日出生于江苏省如皋县，自幼聪慧过人，6岁入私塾，广读四书五经。1925年考入如皋县第二代用师范（现在如皋师范的前身），开始接受五四新文化运动、西方民主思潮以及马克思主义思想的影响，奠定了一生的信念和追求。1928年师范毕业后，韩先生来到江苏省南通中学高中部继续他的学业，于1930年考入浙江大学史政系，一年后因浙江大学史政系合并到中央大学而转学到南京。

从浙江大学到中央大学，韩先生经历了人生的一次重大转折，这就是他因受到时任中央大学法律系主任谢冠华先生（后任国民政府行政司法部部长）的影响而改学法律。在中央大学3年半的学习生活中，韩先生不仅广泛阅读了大量的法学著作，打下了坚实的法学基础，还努力提高外语水平，阅读了大量的外文原著，包括奥本海的《国际法》、戴赛的《英宪精义》、庞德的《法律哲学导论》《法律与道德》等英文原著和狄骥的《公法的变迁》《私法的变迁》等法文原著。良好的外语功底为他后来在法学领域，特别是国际法领域的研究奠定了坚实的语言基础。在这个时期，他接触了马克思主义和共产党人，并积极投身于爱国民主运动和抗日救亡运动。1934年韩先生从中央大学法律系毕业，获法学学士学位并留校担任学报和校刊编辑部编辑，同时从事教学工作。

1939年韩先生考取中英庚款留英公费生，拟赴英国剑桥大学就读，后因第二次世界大战爆发，于1940年8月改赴加拿大多伦多大学留学。在多伦多大学，韩先生师从著名国际私法学者莫法特·汉考克（Moffatt Hancock）教授，主要学习和研究国际私法、英美普通法，于1942年完成了硕士学位论文《国际私法中的实质和程序问题》，顺利通过答辩，获得法学硕士学位。同年，韩先生以特别研究生的身份由加拿大转往美国哈佛大学法学院继续他的研究工作。在哈佛大学，他认为最重要的事情不是拿学位，而是学到能为国家发展和民族兴旺做出贡献的真本领。因此，他利用哈佛大学所拥有的世界上最好的法学图书馆，集中精力学习和研究国际公法、国际私法和法理学，并撰写和发表了《评美国庞德的五部著作》《评凯尔森的“纯粹法学”》等论文。

1945年第二次世界大战结束，应我国著名国际法学家、武汉大学校长周鲠生先生之邀，韩先生于年底回到了阔别多年的祖国。带着满腔的热血，韩先生来到了美丽的珞珈山，担任法律系教授，讲授国际公法、国际私法、外国法律思想史等课程。1947年出任武汉大学法律系主任，并被推举为武汉大学教授会主席。1949年中华人民共和国成立后，韩先生留在武汉大学继续担任法律系教授兼系主任，后又兼任校务委员会副秘书长（当时不设校长，只设校务委员会主任、副主任和秘书长、副秘书长负责全校工作），协助管理全校的日常工作，1951年改任副教务长兼法律系主任，主管学校教务工作，直至1957年"反右斗争"被撤销一切职务，到湖北沙洋农场劳动改造。1946～1957年，韩先生的主要精力放在了教学、校务和系务管理工作上，为武汉大学，特别是法律系的发展做出了巨大贡献。另外，他在法学研究方面也有新的进展。他于1947年在《观察》杂志上发表《评中美商约中的移民规定》，揭露了中美商约在移民问题上对中国的不平等规定，并建议中方应要求美国就中国移民问题取消或修改不合理的限制，加强对在美国华侨利益的保护。于1948年在《国立武汉大学学报（社会科学季刊）》第9卷第1号上发表的《国际私法上的反致问题》，至今仍然是我国国际私法学界关于这个问题最权威的论述。

从1957年开始，在"反右斗争"和"文化大革命"的动荡岁月里，和那个年代的许多中国知识分子的命运一样，韩先生遭遇了政治迫害和打击，历经两次劫难，整整蒙受了20年的不白之冤，忍辱负重地消耗了人生中最珍贵的岁月。韩先生被免去一切职务，遣送劳改农场劳动教养，其间虽然被摘掉了"右派"帽子，并在学校领导的干预下回到了武汉大学,但没能回到他热爱的法学教学和研究工作之中。直到“文化大革命”结束,他度过了整整20年的政治屈辱、学术沉寂的人生。

“文化大革命”的结束犹如破晓的曙光,给中国人民带来了信心和希望。1978年韩先生回到武汉大学,开始了他人生中最光辉的一段岁月。1979年7月武汉大学决定恢复重建法律系。韩先生临危受命,以无私的奉献精神承担起重建武汉大学法律系的艰难工作,并在此基础上组建了武汉大学国际法研究所和武汉大学环境法研究所。从20世纪80年代初至今,韩先生先后担任武汉大学法律系主任、武汉大学法学院名誉院长、武汉大学国际法研究所所长、武汉大学环境法研究所所长、中国法学会顾问、中国国际法学会副会长、名誉会长、中国国际私法学会会长、中国环境与资源法学研究会会长、中国国际经济贸易仲裁委员会顾问等职,并在国外兼任国际自然和自然资源保护同盟理事、国际环境法研究中心理事、世界城市与区域规划学会理事等职。

作为法律系主任、国际法研究所所长、环境法研究所所长,他一方面从事了大量的教学科研管理工作,投入了大量精力,使武汉大学的法学教育和研究得到了飞速的发展;作为研究生导师,他为我国培养了一大批优秀的国际私法、国际公法和环境法硕士与博士;作为一名杰出的法学教育家,他为武汉大学的法学教育事业乃至中国的法学教育事业做出了不朽的贡献;作为一名社会活动家,他从事了大量的社会工作,如为政府有关部门提供咨询意见,协助解决重大的涉外纠纷,使国家避免重大经济损失,他积极参加国际学术会议,先后赴美国、日本、加拿大、荷兰、乌拉圭等国讲学,为中国国际法和环境法研究的国际化做出了巨大贡献;作为中国法学会顾问、中国国际法学会名誉会长、中国国际私法学会会长、中国环境与资源法学研究会会长，他领导和组织了中国国际法和环境法学界的学者专家开展法学研究，为社会主义法制的完善与发展做出了不可磨灭的贡献。最难能可贵的是，作为一个年逾古稀的学者，自20世纪80年代以来，韩先生仍然以顽强的意志、严谨的治学态度开展了大规模的法学研究工作。他先后主编和写作了10余部著作，内容涉及国际公法、国际私法、环境法等领域，发表了大量关于国际私法、国际公法、国际经济法、环境法以及法学教育的文章。

我们可以用"求学美加，问道中华，九九载沧桑岁月，德泽政法；掌教珞珈，驰名天下，六十年纸笔人生，培成奇葩"来总结韩德培先生的坎坷人生。

韩先生通晓英、法、俄等多种外语，治学勤奋严谨，思维敏捷，知识渊博，思想深邃，在国内外法学界享有盛誉。他一生的学术活动范围主要涉及国际私法、国际公法、环境法、法理学以及法学教育等领域。特别在国际私法领域，他创造性地提出了"一机两翼"的大国际私法理论，建构了新中国国际私法的理论体系和立法体系，堪称新中国国际私法学的一代宗师。下面分五个方面介绍韩先生的主要学术思想。

二、韩德培先生的学术思想

(一)国际私法学研究

韩德培先生对国际私法学的研究始于20世纪40年代留学加拿大多伦多大学时期，在近70年的学术生涯中，韩先生不仅对国际私法的范围创造性地提出了"一机两翼"的大国际私法理论，而且构建了中国国际私法学的理论体系和立法体系，使中国的国际私法学逐渐走向成熟，为中国国际私法的理论与实践做出了不朽的贡献。他在国际私法领域的学术研究主要包括如下六个方面。

1. 创立新中国国际私法的理论体系

对于国际私法学的范围和体系，国内外学者有不同的主张。韩先生在主编我国高等院校第一部《国际私法》统编教材时就主张要扩大国际私法学的研究范围。他力主国际私法应以涉外民事法律关系为调整对象，其研究不能局限于冲突法领域，应当扩大到涉外民事法律关系的实体法领域。后来，他又将这一主张进一步扩大到涉外商事领域，并提出了将涉外民商事法律关系作为国际私法调整对象的新主张。这种主张引起了国内众多学者的争论，在与不同学者的论战中，他倡导要用发展的眼光，结合国际民商事关系的现状和发展趋势来研究国际私法，并进一步确立了调整国际民商事关系的统一实体法是现代国际私法不可缺少的组成部分的主张。对此，韩先生曾有过一段形象生动的比喻，他说："国际私法就好比是一架飞机，其内涵是飞机的机身，其外延则是飞机的两翼。具体在国际私法上，这内涵包括冲突法，也包括统一实体法，甚至还包括国家直接适用于涉外民商事关系的法律。而两翼之一，是国籍及外国人法律地位问题，这是处理涉外民事关系的前提；另一翼，则是在发生纠纷时解决纠纷的国际民事诉讼及仲裁程序，这包括管辖权、司法协助、外国判决和仲裁裁决的承认与执行。"①

正是基于这种大国际私法理论，韩先生在后来的研究中构建了

① 刘卫翔等：《中国国际私法立法与实践》，武汉大学出版社1995年版，第40页。

新中国国际私法学的新体系。在他主编的普通高等教育“九五”国家级重点教材《国际私法新论》和面向21世纪课程教材《国际私法》中，他结合国内外国际私法研究的新问题、新理论，把整个国际私法学的研究内容分为总论（国际私法的基本问题）、冲突法、统一实体法、国际民事诉讼、国际商事仲裁五大部分，以严密的逻辑性和大胆的超前性科学、系统地构建了中国现代国际私法学的新体系。

2. 正确评价冲突法的作用和前途

在20世纪80年代初期，受20世纪30年代以后美国学者对传统冲突法的批判的影响，我国许多学者不仅低估了冲突法的作用，对冲突法的前途也持悲观的态度，主张将国际私法的研究重心转向实体法的研究。但就国际私法的实质而言，没有冲突法，就无所谓国际私法了。更重要的是，各国（包括美国）对冲突法的研究已经有了新的态度和进展。针对我国法学界这种不重视冲突法研究的现状，韩先生与李双元先生在1983年合作发表了《应该重视对冲突法的研究》，阐明了冲突法的一些基本理论问题，回答了一国法院为什么要在一定条件下承认与适用外国法。他们还用法理辨析、实例证明、功用分析等多种方法论证了适用外国法既不会损害我国主权，也不一定损害我国当事人利益的观点。对于冲突法的发展前景，韩先生认为，尽管冲突规范并不直接规定当事人的权利义务关系，缺乏一般法律规范所具有的可预见性、明确性和稳定性，但不能据此否认它是一种法律规范。由于涉外民事法律关系的复杂性，这就要求国家既需要坚定地维护自己的正当权益，又需要在无损自己权益的前提下，发展平等互利的对外关系。因此，它需要一种比较精巧的法律制度，能够随着客观形势的变化而同时实现上述两方面的目标。冲突法如果应用得当,有助于实现这样的目标。这是因为冲突法不像实体法那样明确、具体,而是保留了一定的灵活性,这不但不是它的缺点,反而可以说正是它的优点。因此,只要民族国家还存在,各国民事法律就不可能完全统一,冲突法就是一项必不可少的法律制度。中国冲突法近25年来的发展已经证明了韩先生这种观点的正确性。

3. 科学论述国际私法的发展趋势

针对国际私法学说和国际私法立法在20世纪80年代以后的新发展,韩先生先后于1988年和2000年发表《国际私法的晚近发展趋势》及《晚近国际私法立法的新发展》,对第二次世界大战以后国际私法学说和国际私法立法的现状进行深入的理论探讨,并对其发展趋势作了科学的预测。

关于国际私法学说的现状和新发展,韩先生作了如下归纳:(1)传统的国际私法理论和方法,特别在法律选择方法,遭到了猛烈的批评与攻击,这种状况最突出地反映在美国法学界。(2)批评和攻击导致了国际私法理论的重大改革和发展。这些改革和发展主要包括:第一,"弹性连接"原则被逐渐广泛地采用,这主要是指最密切联系原则的采用、选择性连接因素的采用、补充性连接因素的采用。第二,政策定向和结果选择的方法在法律选择中受到重视,这主要包括对消费者和劳动者的保护、适用对弱者最有利的法律、法院根据政策与结果的需要较灵活地自由裁量。第三,在当事人选择法律和法院地法优先适用方面,当事人意思自治原则一方面在消费、劳动等契约方面存在受到限制的趋势,另外,其适用范围又扩大到契约领域以外,甚至扩大到家庭领域,而且当事人选择法律往往会导致法院地法的适用,法律适用的“回家趋势”仍然存在。第四,“直接适用的法律”和实体法解决方法得到了新的发展。在分析晚近国际私法发展现状的基础上,韩先生高度概括和总结了国际私法发展的总趋势,那就是传统的“分配法”框架与重视政府政策和实际结果相结合的趋势,冲突法与实体法相结合的趋势,公法与私法相结合的趋势,偏重适用内国法和国际私法法典化、国际化的趋势。

关于国际私法立法的现状和新发展,韩先生指出:在20世纪60年代以后,随着科技的进步和交通的发达,国际民商事交往以前所未有的速度发展,这就为国际私法提供了一个广阔的用武之地。进入20世纪80年代,随着冷战结束和世界局势的进一步缓和,信息技术推动了全球化的进程,这也给国际私法带来了更为复杂的问题。20世纪下半叶以来,国际私法理论的革命性突破也为各国国际私法的立法提供了广泛的理论基础。面对这种新的局面,各国纷纷制定或修改自己的国际私法,形成了一股国际私法的立法浪潮。在这样一股立法浪潮中,许多国家对自己的国际私法进行“大刀阔斧”的改革,它们当中既有传统大陆法系的国家和地区,也有英美法系的国家和地区,主要包括加拿大魁北克省、美国路易斯安那州、澳大利亚、罗马尼亚、意大利、列士敦士登、突尼斯、德国、越南等国家和地区。综观这些国家的国际私法立法,韩先生认为,晚近国际私法立法的现状和发展趋势主要包含以下几个方面:(1)立法形式由分散式立法向集中、专门规定的立法方式转变,立法内容的集中化以及立法结构安排合理化;(2)英美法系和大陆法系的相互融合,这具体涉及英美法系国家及地区的冲突法向成文化迈进、大陆法系国家和地区对英美现代冲突法的吸收与借鉴、两大法系在属人法上的日趋接近、两大法系在继承法律适用上的相互融合,以及两大法系在时效制度上的相互融合等;(3)法律适用上“明确性”与“灵活性”的结合,这主要表现在“规则”与“方法”的结合、客观性冲突规范与主观性冲突规范的结合、对客观性冲突规范的“软化”处理、“有利原则”的运用、“替代条款”的广泛接受、“干涉规则”与冲突法的“实体化”倾向以及在反致制度上的折中实践等。总之,晚近国际私法的立法充分表现出一个基本共同点,那就是普遍重视国际私法的传统性与现代性的结合,或者说是理性主义与实用主义的统一。

4. 首先设计中国区际法律冲突的解决方案

早在 1983 年,韩先生就注意到香港、澳门的回归和未来我国台湾地区的统一,将导致我国区际法律冲突的产生和区际私法的形成。他敏锐地认识到,区际法律问题的解决必将成为我国国际私法研究的一个重要新领域。为此,他就这个领域的问题展开了深入研究,先后发表了《论我国的区际法律冲突问题——我国国际私法研究中的一个新课题》[①]《谈“区际私法”》[②]《中国区际法律冲突问题研究》[③]《制定区际冲突法以解决我国大陆与台湾、香港、澳门的区际法律冲突——兼评〈大陆地区与台湾、香港、澳门地区民事法律适用示范条例〉》[④] 以及“The Harmonization of Law in China—How to

① 该文载《中国法学》1988 年第 6 期。

② 该文载《百科知识》1988 年第 11 期。

③ 该文与武汉大学黄进教授合著,载《中国社会科学》1989 年第 1 期。

④ 该文与武汉大学黄进教授合著,载《武汉大学学报》(社会科学版)1993 年第 4 期。

Resolve the Problem of Regional Conflict of Laws"①等有重大影响的论文。通过这些论文,韩先生不仅从整体上探讨了我国区际法律冲突的产生原因、特点、冲突解决的基本原则、途径与步骤等问题,还结合法学理论,以厚重的笔墨对中国区际法律冲突问题进行了全面、深入、细致的论述,构建了中国区际冲突法的基本理论和立法设想的框架,为中国区际法律冲突的解决设计了一个科学合理的方案。

首先,关于中国区际私法产生的原因。韩先生指出:这主要源于"一国两制"政治构想和香港、澳门的回归以及将来祖国的统一。这是因为随着香港、澳门的回归和大陆与台湾地区的统一,中国将变成一个单一制的复合法域国家,即在中国将出现"一国两制四法"的局面,从而在中国内地、香港特别行政区、澳门特别行政区、台湾地区分别施行各自的法律制度。基于这种"一国两制四法"的局面,中国各法域之间就不可避免地会存在并产生各法域相互之间的法律冲突。

其次,关于中国区际法律冲突的特点,韩先生认为主要有4个方面:(1)中国的区际法律冲突是一种特殊的单一制国家的区际法律冲突,除了不存在主权国家的法律冲突之外,几乎与国际法律冲突没有区别;(2)中国的区际法律冲突既有属于同一社会制度的法域之间的法律冲突,如中国香港特别行政区、澳门特别行政区、我国台湾地区之间的法律冲突,又有不同社会制度法域之间的法律冲突,如内地与香港特别行政区、澳门特别行政区、台湾地区之间的法律

① 该文是韩先生准备参加1994年11月在澳大利亚悉尼举行的"协调亚太地区法律大会"时提交的论文。

冲突;(3)中国的区际法律冲突既有同属一个法系的法域之间的法律冲突,如同属大陆法系的我国台湾地区、澳门特别行政区之间的法律冲突,又有属于不同法系的法域之间的法律冲突,如属普通法系的香港特别行政区和属大陆法系的我国台湾地区、澳门特别行政区之间的法律冲突;(4)中国的区际法律冲突不仅表现为各地区本地法之间的冲突,有时还表现为各地区的本地法和其他地区适用的国际条约之间以及各地区适用的国际条约相互之间的冲突。

再次,关于解决中国区际法律冲突的基本原则,韩先生提出了三点:(1)坚持维护国家的统一原则;(2)坚持"一国两制"、和平共处的原则;(3)坚持平等互利的原则。

最后,关于解决中国区际法律冲突的途径与步骤,综观各国实践,韩先生认为不外乎统一实体法和冲突法这两种方法。但中国今天的现状比较特殊,统一全国的实体法可以作为一种理想,但时机还不太成熟。因此,冲突法方法是唯一可行的解决方法。具体而言,可以有两种选择方案:(1)由国内最高立法机关制定统一适用于全国的区际冲突法,即区际私法。它通常包含三种做法:①制定单行区际私法;②在民法典中以专章规定解决区际法律冲突的区际私法规范;③在各具体法律中规定解决各具体问题的法律冲突规范。(2)不制定全国统一的区际私法,而是由各地区在司法实践中适用与国际私法规范相同的规范来解决区际法律冲突。就中国今天的现状而言,可以分三步来进行:①各法域暂时参照适用或"准用"各自现有的国际私法规范来解决区际法律冲突;②条件成熟时制定适用于全国各地区的统一的区际冲突法来解决区际法律冲突;③在中国内地、香港特别行政区、澳门特别行政区、我国台湾地区各地区社会经济发展水平接近和相互之间更加理解的情况下,根据需要与可能,制定相应的统一实体法来避免区际法律冲突。

5. 首倡建立中国特色的国际私法立法体系

早在我国确立建立社会主义市场经济体制的初期,韩先生就提出应重构我国国际私法的立法体系。在 1993 年中国国际私法学会年会上,他与肖永平博士合作发表了《市场经济的建立与中国国际私法立法的重构》,阐述了他对中国国际私法立法体系的基本观点。在韩先生看来,要实现中国国际私法立法体系的重构,必须做到:(1)针对我国立法机关在立法问题上长期奉行"成熟一个公布一个""宜粗不宜细"的指导思想和"头痛医头、脚痛医脚"的做法,主张我国国际私法的立法应当更新观念,实现立法观念的科学化,做到先规则后市场,并肯定超前立法和"宜细不宜粗"的立法理念;(2)针对我国立法机关在国际私法立法方面经验不足的现状,提出我国国际私法立法应当改善领导,实现立法程序的民主化,广泛征求学者和专家、甚至全国人民的意见;(3)增加人力、物力的投入,加强立法的主动性和计划性,组织各方面的力量参加法律的起草工作,实现立法手段的现代化和立法人员的专业化;(4)鉴于分散式立法已成为国际私法立法史的遗迹,单行法规则成为目前世界上国际私法立法的普遍趋势,我国国际私法的立法应当脱离民法,实现立法体例的法典化;(5)尊重市场经济的要求,大胆引进国外的先进立法,实现立法内容的现代化。

韩先生对中国国际私法立法的关注不仅体现在理论研究上,还体现在立法实践方面。在 1993 年中国国际私法学会年会上,中国国际私法学会成立了以韩先生为组长的《国际私法示范法》起草小组,决定起草《中华人民共和国国际私法示范法》,以供国家立法机关的立法工作和教学科研机构的理论研究参考,这是中国法学界破天荒的第一次。作为一项民间学术团体的科研成果,《中华人民共和国国际私法示范法》凝聚了中国国际私法学界的精英们的智慧与心血,在经过多次反复的修改之后,于2000年8月以第6稿为定稿,由法律出版社出版,其英文版和日文版分别在荷兰和日本公开出版,在国内外法学界引起了巨大的反响,得到了学界同人的首肯。作为起草小组的领头人,韩先生不仅呕心沥血,付出了艰辛的劳动,还以他深邃学术思想,引领学界同人共同为中国国际私法的立法体系进行了一次理论上的建构。

6. 倡导和实践比较国际私法的研究

在20世纪90年代初期,韩先生提出要组织力量对不同国家的国际私法进行系统、深入的研究,以便开展国际私法的比较研究,为我国国际私法理论的完善作充分的准备。基于这种认识,韩先生与武汉大学国际法研究所的其他老师一起,有意识地组织和指导了一批博士研究生做这方面的研究。在师生们的共同努力下,一批博士研究生相继以澳大利亚、瑞士、加拿大、荷兰、德国、英国等国的国际私法为题完成了博士学位论文的写作,通过了论文答辩,为我国比较国际私法研究增添了一批很有价值的成果。

与此同时,韩先生自己也对海牙国际私法会议、美国冲突法、欧盟国际私法等做了深入的比较研究。1993年在海牙国际私法会议成立100周年之际,韩先生发表《海牙国际私法会议与中国》,简要回顾了海牙国际私法会议的历史发展和主要成就,并着重阐述了我国加入海牙国际私法会议的重要意义。1994年,他与韩键博士合作出版了《美国国际私法(冲突法)导论》,这是我国首次全面系统介绍美国冲突法的专著。他们在大量引用和分析美国法院判例的基础上,对美国法院关于管辖权、法律选择、承认和执行外州(外国)判决等问题作了实证分析和归纳。另外,欧盟国际私法作为一种特殊的、区域国际法性质的国际私法也引起了韩先生的高度关注,在1999年《中国国际私法与比较法年刊》上,他与刘卫翔博士合作发表了《欧洲联盟国际私法的特征和发展前景》,在该文中,他指出欧盟国际私法是以统一国际私法为主体,以其他辅助立法为补充的庞大法律体系,其中统一实体法占有很大比重,但也有不少领域无法以统一实体法解决法律冲突问题。从统一实体法的手段来看,最有效的是共同体立法,通过国际条约达到国际私法的统一则困难重重。因此,随着欧洲联盟的扩大,统一国际私法必将扩大其范围,但最有效的形式还是共同体立法。欧盟近几年大量通过规则(Regulation)取代原来的公约(Convention)充分证明了他们结论的正确性。

从以上六个方面的介绍可以看出,作为新中国国际私法学的一代宗师,韩先生不仅以其深厚的理论功底从全局的角度高屋建瓴,构建了中国国际私法学的完整理论体系和立法体系,还以他丰富的理论知识,从许多具体问题出发丰富和充实了我国国际私法的理论内涵,为新中国国际私法法制的发展做出了巨大贡献。对于国际私法,韩先生一生的学术志向就是通过提出完善的国际私法理论体系,引导中国立法机关建立完备的国际私法立法体系,实现中国国际私法实践(包括司法实践和仲裁实践)的合理化和规范化,为中国的对外开放事业创造了良好的法制环境。

(二)环境法学研究

韩先生虽然主要从事国际私法研究,但在环境法方面也倾注了颇多心血。他既是中国环境法学理论的开拓者，又是我国环境法学教育和研究的倡导者和奠基人。

1. 中国环境法学理论的开拓者

韩先生在环境法方面的著作颇丰。他曾主编《中国环境法的理论与实践》，该书是国家社会科学基金“六五”法学重点项目的主要成果，对中国环境法的主要领域、基本原则和法律制度做了系统的论述，被全国社会科学基金规划与总结会议誉为“开拓性理论专著”。后来，他又主编了《环境保护法教程》，该书是我国环境法领域最早的、较为全面系统的教材，也是迄今为止唯一的全国高等院校通用的环境法教材，该书于 1986 年初版后，于 1991 年再版，共印刷 5 次。[①] 除了主编教材，韩先生还发表了许多论文，有代表性的论文主要包括：“The Environmental Problems and Legislation in China”[②]“Case Study on Cooperation among National Organizations and between National and Local Governments for Environmental Management in China”，[③]“Some Reflections on the Concept of‘Common Concern of Mankind’”，[④]以及

---

① 参见蔡守秋：《中国环境法学的倡导者和开拓者——韩德培先生开拓环境法学的理念与实践》。转引韩铁：《风雨伴鸡鸣——我的父亲韩德培传记》，中国方正出版社 2000 年版，第 125 页。

② 本文是韩先生与肖隆安合著的，于 1984 年 6 月提交给在日本举行的亚太地区环境与发展相结合专家会议，并发表于该大会年刊。参见韩德培著，黄进等编：《韩德培文选》，武汉大学出版社 1996 年版，第 281 页。

③ 本文是韩先生提交给 1984 年 6 月在日本举行的亚太地区环境与发展相结合专家会议的论文，该文于 1985 年发表于联合国亚太地区经社理事会英文专刊。参见韩德培著，黄进等编：《韩德培文选》，武汉大学出版社 1996 年版，第 323 页。

④ 本文是韩先生提交给 1991 年 8 月在北京举行的“发展中国家与国际环境法”国际学术研讨会的论文。参见韩德培著，黄进等编：《韩德培文选》，武汉大学出版社 1996 年版，第 351 页。

《谈〈水污染防治法〉》[①]《环境保护与经济建设应当统筹兼顾协调发展》[②]等论文。

在他主编的教材及其他著述中,韩先生提出了自己对环境法的独特认识,提出了自己关于环境法的一些基本理念,主要包括:(1)环境问题即人与自然的关系问题。科学技术对解决环境问题、保护和改善环境有重要作用,但光靠科学技术不行,要真正有效地解决环境问题、保护和改善环境,还要实行环境法治、依法管理环境和保护自然资源。目前,我国已经制定一些保护环境和自然资源的法律,但还不够,需要进一步改进和完善环境立法,并执行好环境法律,做到有法必依、执法必严、违法必究。(2)要深刻认识环境问题的跨国性特点。环境问题不仅仅是国内问题,还是国际问题。国际社会已经制定大量国际环境条约,我国也参加或签署了不少国际环境公约和协定,如何遵守、履行这些国际环境条约,就需要有人去研究国际环境法。(3)要保护和改善环境,达到人与自然和谐共处,还要大力提高人们,特别是领导干部和高级知识分子的环境意识和环境法治观念。因此,新闻媒体和宣传舆论在保护环境方面的作用特别重要,要大力宣传和传播环境保护知识、环境文化、环境道德和环境保护法,引起大家的重视,实现公众参与环境保护和环境管理。(4)要重视和加强环境法学的国际合作。韩先生历来主张环境保护不是一国的问题,而是全人类共同的问题。在武汉大学环境法研究

---

① 原载《武汉法制报》1984年10月2日。参见韩德培著,黄进等编:《韩德培文选》,武汉大学出版社1996年版,第375页。

② 原载《咨询与决策》1990年第10期。参见韩德培著,黄进等编:《韩德培文选》,武汉大学出版社1996年版,第360页。

所于1991年8月与外交部、中国国际法学会在北京联合发起召开的“发展中国家和国际环境法”会议上，韩先生向大会提交了题为“Some Reflections on the Concept of‘Common Concern of Mankind’”的论文，该文认为，诸如全球气候变化、臭氧层空洞等环境问题，具有跨越国界、涉及当代人和后代人利益的特点，是人类共同关心的问题，应该通过国际合作来共同解决。他深刻指出，环境法学是人类文明成果的一部分，是世界各国人民的共同财富；他主张中国的环境法学研究应该走向世界，地球环境的急剧恶化已成为我们面临的一个最严峻的挑战。为对付这个挑战，各国之间的合作和协调是绝对必要的。同样地，各国环境法专家之间的合作和协调也是绝对必要的。①

2. 环境法学研究和教育的奠基人

韩先生是我国最早关注环境法这一新兴学科的学者之一。早在20世纪70年代末80年代初，他就决心花大力气组建环境法研究所。他果断地引进了几位既懂自然科学又懂社会科学的人才，于1980年成立了环境法研究室。1981年6月经国家科委、原国务院环境保护领导小组办公室和原教育部批准，在原环境法研究室的基础上，由中国环境科学院和武汉大学联合创办了中国环境科学研究院武汉大学环境法研究所。1985年为适应环境资源保护事业的发展，该所更名为“国家环境保护局武汉大学环境法研究所”，受国家环境保护局和武汉大学的双重领导。在韩先生的重视和支持下，武汉大学环境法研究所的在职人员一度达到18人，成为亚洲地区最大的、

---

① 参见韩德培著，黄进等编：《韩德培文选》，武汉大学出版社1996年版，第351页。

专门从事环境法研究和教学的研究机构和学科点，并且跻身中国首批人文社会科学的重点研究基地之列。

韩先生认为，环境立法、执法和环境外交都需要大量的专门人才，培养环境法硕士人才是一项十分重要的工作。因此，环境法研究室刚刚成立不久，我国普通高等学校社会科学本科专业目录中还没有设立环境法这个专业时，韩先生就决定为法律系本科生开设环境保护法课程。后来，在韩先生与其他环境法专家的努力下，国家教委于 1987 年制定的《普通高等学校社会科学本科专业目录》开始将环境法学确定为法学的一个二级专业。

在研究生专业教育方面，韩先生力主将环境法作为法学研究生的一门专业，重视培养环境法硕士研究生。武汉大学法律系于 1981 年 11 月获得国际法硕士授予权，韩先生立即决定在 1982 年招收国际法专业国际环境法研究方向的硕士研究生。他作为国务院学科评议组人员，在有关会议上特别强调环境法学的重要性和发展前景，促成 1983 年国务院学位委员会修改制定的《授予博士和硕士学位的学科、专业目录（试行草案）》将环境法作为法学类硕士研究生的一门专业。通过他的努力，1984 年 1 月武汉大学环境法研究所获环境法硕士授予权，成为我国经国务院学位委员会批准的最早的、在 1991 年以前也是全国唯一的环境法硕士点，环境法研究所从这年起开始招收环境法专业的研究生。在韩先生的领导下，经过环境法研究所教师的共同努力，国务院学位委员会于 1998 年批准该所为环境资源法博士点。1999 年教育部批准该所为首批普通高等学校人文社会科学国家重点研究基地，中国法学会环境资源法学研究会第一次代表大会选举韩先生为会长，并将研究会会址和秘书处设在该所,韩先生在这一年还荣获了"地球奖"。武汉大学环境法研究所已经成为中国环境资源法研究生招生数量最多、师资力量最雄厚的硕士点、博士点,正在为将环境法研究所建设成为国家环境资源法学教学中心、科研中心、人才培养中心和学术信息交流中心而继续奋斗。

(三)法理学研究

韩先生不仅在国际私法学和环境法学领域形成了自己的思想和理论体系,在法理学领域也颇有建树,主要体现在他对法治、社会主义法制建设、法学学科体系的论述中。

1. 论法治

韩先生关于法治的主张早在20世纪40年代就已经提出,他在《我们所需要的"法治"》一文中主张法治的含义可以做形式的理解和实质的理解,不同的理解含义也不一致。他说:"所谓法治,可有两种意义。若从形式方面来说,法治就是在一个国家里面,由一个具有最高权威的机构,利用法律的强制力,来实行统治,以维持安宁秩序。所谓'万事皆归于一,百度皆准于法',就可拿来做它的注脚。若从实质方面亦即政治意识方面来说,法治却是藉法律的强制力来推行或实现政治上的一定主张的制度。因之政治上的主张不同,其所谓法治就具有不同内容。"①这就是说形式上看法治,即用法来治理国家,而从实质上来看,它体现了政治上的一定"主张",而这"主张"实质上就是民主的政治制度。在韩先生看来,要讨论法治,就不仅要注重法治的形式意义,还要特别注重法治的实质意义。这是因

---

① 韩德培著,黄进等编:《韩德培文选》,武汉大学出版社1996年版,第494页。

为，如果仅仅从形式意义上来看法治，则君主专制国家和法西斯国家也可称为法治国家，因为它们也是用法律的强制力来实行其统治的。但从实质意义上看，在这样的国度里，人民是不可能有自由和民主的。从实质意义上来谈法治，就离不开民主政治，这是因为法治是民主政治的产物，法治若不建立在民主政治之上，就免不了要成为少数人弄权营私的工具。正是基于这样的主张，韩先生认为，中国“今日所需要的法治，乃是民主政治的法治，是建立于民主政治之上的法治”。[1]韩先生的这种主张在今天看来也许很平淡，但在国民党统治的专制年代，这却是十分难能可贵的，也是振聋发聩的。

2. 论社会主义法制建设

关于社会主义法制建设，韩先生的论述很多，具体涉及我国宪法、法律与经济管理、法律与我国对外开放国策等内容。

韩先生历来主张成文宪法更具有限制政府滥用权力保护人民正当利益的优越性。[2] 我国 1982 年《宪法》通过后，他深受鼓舞，并于 1983 年发表了《充分发挥新宪法在社会主义现代化建设中的伟大作用》一文，阐述了他对宪法价值的思考，同时对新《宪法》的实施提出了自己的意见。韩先生认为新《宪法》的价值主要体现在两个方面：(1)为我国实现社会主义现代化提供了可靠的保障。(2)为社会主义民主和法制建设提供了强有力的依据。为保证宪法的实施，韩先生认为必须从四个方面入手：第一，必须广泛地进行宪法的宣传和教育工作，使之在全国范围内家喻户晓，人人皆知，让大家都能

---

① 韩德培著，黄进等编：《韩德培文选》，武汉大学出版社 1996 年版，第 496 页。

② 参见韩德培：《我们所需要的“法治”》，载韩德培著，黄进等编：《韩德培文选》，武汉大学出版社 1996 年版，第 496 页。

够自觉地遵守宪法、执行宪法。第二，宪法是根本法，是一种“母法”，但单有“母法”还不够，还必须有一系列的“子法”，对宪法的各项原则一一具体化。这就是说，必须以宪法的规定为准绳，加速制定各种法律、法规。第三，需要建立必要的机构以监督宪法的实施。这种机构必须具有很高的权威，最好是设在全国人大常委会内，而且应该是常设的而非临时的机构。第四，各级领导干部，应该带头作执行新宪法、维护新宪法的模范，通过广泛的宣传教育和领导同志的以身作则，在社会上形成一种以遵纪守法为荣、以以权代法为耻的社会舆论和社会风气。①

关于法律与经济管理，韩先生在 1985 年发表了《运用法律手段管理经济》。在该文中，韩先生针对当时行政机关过多干预经济活动的现象，提出自己关于经济法制化的主张，至今看来仍然是十分有见地的。首先，他比较了经济管理中的行政手段、经济手段和法律手段的性质、特点和作用，并阐明了作为一种“利用法律的规定和执行来调整国家的各种经济关系和经济活动的一种方式、方法和途径”，②法律手段有它自身的规范性、连续性、稳定性、强制性等特点，是一种明显优于行政手段的经济管理手段。其次，他还阐述了法律手段在经济管理中的重要意义，这包括：(1)法律手段是国家执行其经济管理职能的重要手段；(2)法律手段是保障和促进经济体制改革的重要手段；(3)法律手段是提高经济效益的重要手段。最后，韩先生还就如何运用法律手段来管理经济提出了几点意见，包括：(1)加快经济立法的步伐，实现经济管理活动有法可依。这具体包

① 参见韩德培著，黄进等编：《韩德培文选》，武汉大学出版社 1996 年版，第 536 页。
② 韩德培著，黄进等编：《韩德培文选》，武汉大学出版社 1996 年版，第 545 页。

括要进一步明确经济立法的指导思想、抓紧制定一些重要的急需的基本经济法规、改革经济立法的制度和程序、对我国过去已有的经济法规进行清理和编纂等。(2)加强经济司法工作,做到经济管理活动的有法必依、执法必严、违法必究。这就要求做到:第一,要建立和健全各级人民法院的经济审判庭;第二,要及时打击经济犯罪,维护社会主义经济秩序;第三,要积极为经济建设提供法律服务,作好公证、律师、法律咨询、法律顾问等工作;第四,加强工商行政管理工作,实现行政、经济、法律手段管理经济的综合。(3)加强经济法规的宣传与教育工作,从源头和根本上保证法律和经济法规的切实遵守和执行。

关于法律与我国对外开放政策,韩先生先后于1989年、1992年、1993年发表了《对外开放法制环境的调查与研究》《解放思想和对外开放中的法律环境问题》《扩大对外开放和加强法制建设》等论文,阐明了他的基本观点。他指出,良好的法制环境对一国对外开放有着重要的作用,这主要表现在:"良好的法制环境能够保障对外开放政策的连续性、稳定性,并增强其透明度;良好的法制环境能够促进市场的发育和民主政治的发展;良好的法制环境能够保证依平等互利原则给外资、外商提供的各种优惠和保护措施的真正实现。一国对外的开放度,主要都是通过一定的法律体制与法律规定来体现。"①在我国现有的对外开放法制环境中,既有积极的一面,也有消极的一面。从积极的方面看,我国已形成一个使外国投资者受到国内法和国际法双重保护的法制环境,这主要表现于:(1)国内立法有

① 韩德培著,黄进等编:《韩德培文选》,武汉大学出版社1996年版,第571页。

了长足进展，从宪法到涉外经济贸易法规，已初步形成一个多层次、多门类的立法体系；(2)国际条约与国际协定的签订也取得了可喜的成果。但从消极的方面看，存在的问题仍然比较严重，包括：(1)有法不依、执法不严；(2)内部规定多，办事效率低；(3)宏观管理体制和微观管理机制很不健全；(4)涉外税收法规透明度不高、税收法规执行不严、税收管理和监督不力；(5)外汇平衡与产品返销的规定挫伤了外商的积极性；(6)出口贸易的配额管制和许可证制度对对外开放法制环境具有不利影响。针对以上对外开放法制环境存在的消极因素，他们进一步提出了优化对外开放法制环境的建设性意见，具体包括：(1)增强对外开放、参与国际经济大循环的竞争意识，提高依法治国、依法办事、违法必究的法律意识，充分认识对外开放与富国强民的关系，充分认识法制环境对保障对外开放政策的重大意义；(2)加强对外开放的立法修订工作，尽快制定外贸法、投资法、银行法、票据法、海商法、公司法、版权法、证券法、仲裁法等新法，修改和废除过时的法规，清理涉外经济贸易法规并分类汇编，以便查询适用，将有关外资外贸政策的内部文件法律化并公之于众，以提高对外开放环境的透明度；(3)充分发挥各级人大及其常委会监督涉外法律实施的作用；(4)加强对外开放环境的综合治理；(5)重视法制教育，重视法制人才的培养。

韩先生的这些思想不仅从法学的角度丰富了我国对外开放的理论，也为我国外贸立法和实践提供了极富价值的理论根据。

3. 论法学学科体系

合理、科学地划分法学体系，不仅是法律实践和法学教育的需要，对法学学科的发展也具有重要的意义。韩先生作为一名法学家，特别关心我国法学事业的发展，并对我国法学学科体系的划分提出了科学的构想。

国务院"学位办"曾在1996年发出一个通知和关于《授予博士、硕士学位和培养研究生的学科、专业目录》及新旧专业目录对照表的征求意见稿，主要是对学科、专业要进行修订，特别是对二级学科要进行合并。针对《授予博士、硕士学位和培养研究生的学科、专业目录》和征求意见稿中的不合理之处，韩先生于1996年在《法学评论》第6期上发表了《谈合并学科和设立博士点问题》一文，阐明了自己关于学科体系建设的主张。

关于一级学科，韩先生主张将哲学、经济学、法学、教育学、文学、历史学、管理学归入两大门类，即人文科学类和社会科学类。人文科学类的一级学科包括哲学、文学、历史学、教育学、新闻学、图书馆学、管理学；社会科学类的一级学科则包括经济学、法学、政治学、社会学、民族学。之所以将法学与政治学、社会学、民族学并列于社会科学类之下，是因法学与政治学、社会学、民族学具有完全不同的内容。

对于法学二级学科的划分，韩先生也提出了自己的主张。主要包括两个方面：

(1)关于环境法学与经济法学、民法的划分

针对学界部分学者主张经济法学除包括自身的内容外，还包括劳动法学、环境法学、社会保障法学的观点。韩先生指出，环境法学是一门新兴学科，它是从法律上研究如何保护和改善环境，如何防止各种环境污染和如何保护自然资源和生态平衡的法学学科。它与"劳动法""经济法"没有什么关系，因而不应该放在经济法内与劳

动法等学科并列。韩先生对环境法的认识无疑是有分量的，因此，他的观点也受到人们的关注，并被国家有关部门所接受。至于经济法学与民法学，韩先生认为经济法学作为一门新兴学科，它的内容相当多又相当新，但不可能像有些经济法学者认为的那样比“民法”还要重要，甚至可以取代“民法”。这是因为不管经济法如何重要，它还必须遵守“民法”中的一些基本原则。经济法本身是一门独立的学科，其内容已经够广泛了，根本没有必要再去“拓宽”。

(2)关于国际法学学科专业的划分

针对部分学者主张将“国际私法”与“国际经济法”合并成一个学科，国务院学位办在征求意见稿中计划把“国际公法”“国际私法”“国际经济法”这3个学科合并成1个学科即“国际法”的主张，韩先生明确提出了反对意见。

首先，关于将“国际私法”与“国际经济法”合并成一个学科主张，韩先生认为不仅在学理上没有根据，在实践上也没有价值。从学理上讲，一方面，国际私法在法学中是一门比较古老的学科，它主要解决“法律冲突”问题，有自己的科学体系，有自己的内涵和外延，它是既有悠久历史又在不断发展的一个独立的法律学科，是任何其他法律学科所不能代替的。另一方面，从国际经济法来讲，它是第二次世界大战以后逐渐形成的一个新兴法律学科，它究竟应该包括哪些内容，在国内外学者中间是有争论的。大致来说，有广义和狭义两种观点。按照广义的观点，国际经济法是关于国际经济关系及经济组织的法律规范的总和，包括国际贸易法、国际投资法、国际金融法、国际税法、国际经济组织法等。按照狭义的观点，国际经济法是调整国际公法主体之间，即国家之间、国际组织之间、国家与国际组织之间的经济关系的法律规范，是国际公法的一个分支。我国一些知名的国际经济法学者，大都主张采取广义的观点。已故中国国际经济法研究会会长姚梅镇教授生前曾主张国际经济法同国际私法既有联系、又有区别，但国际经济法同国际私法各有其学科本身的特点及科学的规定性，两者可以相互为用，但不能相互代替。

从实践方面来看，无论在一国国内还是世界范围内，国际私法至今仍然是公认的一个独立的法律部门和法律学科。从立法方面讲，在国内立法方面，许多国家的民法典都含有国际私法的规定，不少国家还有单独的国际私法法典，如 1979 年奥地利制定的《奥地利联邦国际私法》、1989 年瑞士开始实施的《瑞士联邦国际私法法规》。在国际立法方面，许多政府间国际组织和非政府间国际组织，对国际私法的统一都做了很多工作，如海牙国际私法会议先后举行过多次会议，对有关国际私法的问题，共通过了 34 个公约草案，其中 22 个公约已经生效。在中国国内立法方面，也制定有大量与国际私法相关的法律，在有关国际条约方面，我国也先后参加了许多与国际私法有密切关系的国际公约。但严格来说，我国现行的国际私法还不十分健全和完善，已制定的国际私法规定还比较零星分散，不够系统和全面，而且有不少缺陷与空白。而参加或缔结的有关的国际私法条约，也不能充分满足实际需要。综合国际、国内实践，将国际私法作为一门单独的学科，不仅必要，而且势在必行。

其次，对于将“国际公法”“国际私法”“国际经济法”这 3 个学科合并成 1 个学科，韩先生认为从科学体系上讲，是绝对不可能的，也是不必要的。从这 3 个学科都是研究从国际生活中产生的社会关系的法律的这一点看，从最广泛的意义上把这 3 个学科合称“国际法”是可以的。但这里所谓“国际法”,是相对于那些调整从国内生活中产生的社会关系的法律而言的,后者包括宪法、民法、刑法、经济法等。统而言之,也可将后者统称为“国内法”,但不能因此就将后者包括的各个学科合并成一个学科并称为“国内法学”。从学科体系着眼,这3个学科都有各不相同的内容,各有自己的科学体系,是各自独立的不相隶属的专门学科,绝不能把它们混为一谈。

(3)关于其他二级学科的划分

韩先生认为:(1)“法学理论”可改称为“法理学”,即英文“Jurisprudence”,它不但包括法学中各种基本概念,还包括各种法律学说即法律思想。(2)“法律史”应改为“法制史”,包括中国法制史和外国法制史。如果称“法律史”,那就应包括各种法律的历史,这些应放在各门法律学科中去讲述。(3)“宪法”与“行政法”,这两个学科各有自己的内容,是分别研究国家政权的组织机构和行使行政权力的行政行为的,二者关系非常密切,是否可以合并为一个学科,应请这两个学科的专家发表意见。

基于以上论述,韩先生主张法学二级学科应该划分为:法理学、法制史、宪法与行政法学(或合称“国家法学”)、刑法学、民法学、经济法学、环境法学、诉讼法学、国际公法学、国际私法学、国际经济法学、军事法学。韩先生的这种主张尽管没有被国务院学位办全部采纳,但得到了中国法学领域绝大多数学者的支持。

(四)国际公法研究

韩先生在国际公法领域也有相当深入的研究,他曾主编《现代国际法》一书,还陆续发表了不少相关学术论文。纵观韩先生在国际公法领域的论著,范围虽然不广,论述却很精辟,这主要体现在他关于关贸总协定的论述之中。

1986年中华人民共和国向关贸总协定正式提出了恢复缔约国地位的要求，对此，国内法学界积极开展了理论上的探讨。作为一名国际法学家，韩先生先后撰文，一方面对关贸总协定的历史、组织机构、基本原则与规则等进行了全面的介绍，另一方面还就关贸总协定的改革、中国的“复关”等问题进行了深入探讨。

1. 论关贸总协定的改革

韩先生认为，关贸总协定发展到20世纪80年代，已经到了必须改革的地步。这是因为：(1)总协定是为适应20世纪40年代的国际经济关系而制定的，虽经几次修订和补充，但仍然不能体现当今世界经济关系和贸易结构，其决策权主要操纵在美国、日本、欧洲共同体等发达国家手中，有关事务的谈判主要也是在它们之间进行的。(2)由于《关税及贸易总协定》主要是规律和处理发达国家间的事务，且发达国家甚至以牺牲中小国家的利益来维持自己的发展和繁荣，因而导致发展中国家在资金技术、生产、贸易等方面对发达国家的依附地位，而要改变发展中国家的命运，除了发展中国家应主动进行经济结构调整外，发达国家关于进出口的态度也很重要。(3)20世纪70年代末期以来，随着世界性贸易保护主义的抬头，非关税壁垒措施猖獗，如进口数量限制，征收反补贴税与反倾销税，技术、卫生、安全标准以及生态环境保护要求，海关估价及税目，政府采购和政府专营等。由于贸易保护主义的盛行，导致大部分国家都“奖出限入”，补贴出口，甚至牺牲他国以获利，世界贸易的发展受到了严重打击。正是基于这些原因，导致关贸总协定倡导多边贸易体系面临两个方面的问题：一是世界贸易增长缓慢，对发达国家不利，对发展中国家更是灾难性的；二是世界贸易体系的开放性、秩序性受到严重侵害。这就使关贸总协定的改革势在必行。①

那么关贸总协定应如何进行改革呢？韩先生认为其目标应当是改革多边贸易体系，提供开放的贸易机会，恪守共同接受的贸易规则，使普遍的经济增长充满希望，最终建立新的国际贸易组织和国际经济新秩序。就其具体措施而言，就要求从六个方面努力：(1)加强非歧视和最惠国待遇原则的效力，增加总协定及各国贸易政策的透明度和可预见性，建立有效的限制规则和保障、监督机制，从最大程度上抑制贸易保护主义；(2)制定农产品与纺织品贸易规则，以公平原则为基础进行贸易；(3)修订、补充或重订保障条款、出口补贴条款、数量限制条款等，改进东京回合非关税壁垒守则，增补"国营贸易企业条款"，以鼓励发展中国家和社会主义国家签署加入；(4)注重对发展中国家的发展援助，执行优惠决议，并进一步向它们提供关税减让；(5)强化争端解决的程序与职能，改变总协定无专门职能机构处理贸易纠纷和解决纠纷不力的缺陷；(6)健全组织机构，加强其国际贸易"法典"和论坛的地位和作用。

2. 论中国与关贸总协定

关于中国与关贸总协定，韩先生不仅阐述了中国与关贸总协定的历史关系和中国恢复关贸总协定地位的进程，而且重点论述了重返关贸总协定对中国的机遇和挑战，并为中国迎接其带来的挑战提出了极富价值的建议。

韩先生认为中国重返关贸总协定，将获得八个方面的发展机

① 参见韩德培：《论改革与加强关税及贸易总协定多边贸易体系》，载韩德培著，黄进等编：《韩德培文选》，武汉大学出版社1996年版，第161～174页。

遇：(1)有利于加强我国在世界经济生活中的作用，使总协定的普遍性原则得以进一步体现；(2)有利于扩大我国的对外经贸事业；(3)有利于我国享受多边、稳定和无条件的最惠国待遇；(4)有利于我国利用总协定的多边贸易体制解决国际贸易争端；(5)有利于实现我国的祖国统一大业；(6)使我国可以享受到总协定为发展中国家规定的一切特殊优惠待遇；(7)有助于我国更广泛地开展对外经济合作；(8)有助于我国深化经济体制改革和扩大对外开放。另外，重返关贸总协定，使我国在获得利益享受权利的同时，也将承担相应义务，这些义务包括：在享受最惠国待遇的同时也向其他成员国提供最惠国待遇；降低关税税率；不得任意实行进口限制或其他贸易限制措施；增加国家外贸政策和法规的统一性和透明性等。所有这些义务都将给我国带来巨大的挑战，这主要包括：(1)随着大量进口商品关税的降低和进口调节税的取消以及其他方面的关税减让，我国外贸体制，特别是进口贸易体制将面临巨大的冲击和不适应；(2)我国长期依赖高关税和许可证保护的国内产业和国内市场也将面临巨大的冲击；(3)国内社会经济的综合承受能力也将面临考验。①

面对这些机遇和挑战，中国应如何应对呢？韩先生提出了六点建议，包括：(1)要加快外贸体制乃至整个经济体制的改革进程，为民族工业的发展创造一个良好的环境；(2)有效地运用灵活关税制或差别关税保护民族工业；(3)推动企业在新的竞争环境中培育出自我生存和发展的能力；(4)建立健全有助于保护国内工业发展的

① 参见韩德培：《关贸总协定与中国》，载韩德培著，黄进等编：《韩德培文选》，武汉大学出版社1996年版，第207~218页。

法规体系;(5)大力培养相关人才;(6)大力研究和宣传关贸总协定的制度与规则。

韩先生关于关贸总协定的论述可谓深入精辟,对中国法学界当时正确认识关贸总协定起了很好的作用。尽管关贸总协定已被后来的世界贸易组织所取代,但韩先生的主张对于我国现在实施 WTO 协议,也是非常有参考价值的。

(五)法学教育思想

自 1946 年来到珞珈山,韩先生已度过了 60 多个春秋的法学教育生涯。作为一名杰出的法学教育家,韩先生既是一位亲临教学第一线的资深教授,也是一名优秀的教学管理者。他不仅在实践工作中积累了丰富的教学和管理经验,还通过理论研究对教育理论进行了有益的探讨。

1. 注重教师队伍的建设和学术薪火的传递

韩先生历来重视教师队伍的建设。早在 20 世纪 40 年代,韩先生在担任武汉大学教授会主席和法律系主任时,就特别强调,"办好一所大学,从文科来讲,最重要的就是一要有人,二要有书"。① 新中国成立以后,韩先生先后出任武汉大学校务委员会副秘书长、武汉大学副教务长、法律系主任等职,作为一名教育行政工作人员,他一方面非常注重优秀教师的引进工作,借高校院系调整之机,不遗余力地从各个高校"挖掘"人才;另一方面在各种场合还注意对教师的"保护"。②

---

① 韩铁:《风雨伴鸡鸣——我的父亲韩德培传记》,中国方正出版社 2000 年版,第 33 页。

② 这里主要指在"三反""五反"运动时期,他对一些教师和学生的保护。

“文化大革命”以后，韩先生再次担任武汉大学法律系主任，后来又担任法学院名誉院长、国际法研究所所长、环境法研究所所长等职。在他任职初期，他就通过各种途径将一大批优秀教师汇集在武汉大学法律系，包括姚梅镇、何华辉、马克昌、张泉林、黄炳坤、杨鸿年、李双元、梁西、余能斌等如今全国知名的法学教授。韩先生不仅重视优秀教师的引进，还特别注重优秀教师的培养和扶持工作，突出表现在他大胆起用年轻教师，并打破常规提拔青年教师。由于韩先生开明的用人方略，武汉大学法学院的许多青年教师都得以破格晋升为副教授、教授，如今已成为全国知名的学者和博士研究生导师。今天，武汉大学法学院人才济济，堪称全国一流，这与韩先生对教师队伍建设的注重是密不可分的。

韩先生特别注重学术薪火的传递。作为中国国际私法的一代宗师和中国国际私法学会会长以及武汉大学终身教授，他不仅以他广博深邃的思想理论影响了他周围的同行学者，还以他严谨的治学态度和宽厚仁慈的悉心关怀，培育了200多名国际私法学硕士、博士研究生，使他的学术思想得以传播、远扬。如今，谓韩先生是“桃李满天下”已经是名副其实的了。

2. 重视法学理论的研究和法学研究机构的组建

韩先生一向主张教学与科研必须齐头并进。因此，他十分重视法学理论的研究和研究机构的组建。1979年中国刚刚改革开放，韩先生敏锐地意识到国际法将在中国对外开放中发挥重要作用，他在主持重建法律系的同时，于1980年组建了中国高校第一个专门从事国际法研究的学术机构——武汉大学国际法研究所。1981年在大多数中国人还没有基本的环境保护意识的时候，韩先生就推动武汉大学与国家环保局合作组建了中国乃至亚洲第一个专门研究环境法的学术机构——武汉大学环境法研究所。这两个研究所自成立以来,不仅培养了大批硕士、博士研究生,为我国外交事业、对外开放事业、环保事业培养和输送了大批人才,主持完成了大量的科研课题,向国家有关部门提供了大量的咨询报告。如今,这两个研究所不仅都是教育部人文社会科学重点研究基地,其涵盖的学科还都是国家级重点学科,在国内外产生了广泛影响。

3. 注重学生综合素质的培养和完美人格的养成

在学生培养方面,韩先生认为,一个合格的法学学生不仅要有全面的素质,还必须具备完美的人格。他以“旧瓶装新酒”的形式提出学生们要做四有新人,这就是:第一,要有远大的理想。他指出:“一个人有了崇高的理想,就像站在最高的地方,眼界就开阔了,就可以看得远,想得深,精神境界就大不一样,他的思想就不像没有理想的人那么猥琐,那么有局限性……有崇高理想的人,能够拒腐蚀,永不沾。”①而在现实生活中,有理想就是要求我们将眼前的学习和当前的社会主义建设事业紧密结合起来。第二,要有高尚的道德。这就要求我们正确处理个人、集体和国家之间的关系,要求我们在这三者之间的利益发生冲突时牺牲个人利益,服从集体和国家利益。韩先生认为这一点对一个学习法学的人尤其重要。第三,要有文化。这就要求必须有广阔的社会科学知识和必要的自然科学知识以及深厚的专门业务知识。他还特别提出学习法学要懂得外语,并大量阅读外文资料。他说:“一个人懂一门外语,等于在面孔上多

---

① 《做一个合格的环境法研究生》,载韩德培著,黄进等编:《韩德培文选》,武汉大学出版社1999年版,第474页。

长了一只眼睛,如果连一门外语都不懂,那么知识的领域和范围就会受到很大的局限。"[①]第四,要有纪律。这就要求大家必须正确认识社会主义民主和法制,做到在法律允许的范围内讲民主。对于高等学校的教师,他一贯要求全面发展。他经常说:"高等学校中真正的人才应该是不仅会搞科研,还会教学,同时善于管理工作。"他的这种教育思想对其学生的全面发展起了很大的作用。

4. 重视法学理论与司法实践的紧密结合

韩先生历来注重法学理论研究与法律实践的紧密结合。他自己就曾多次以专家的身份为国家有关部门的决策提供咨询意见,关注涉外案件的审判实践,为我国挽回了巨大的经济损失。作为教授,他对学生也提出了这样的要求。他特别强调学生要研究我国当前经济建设中出现的新情况、新问题,使法学研究工作更好地为建设服务。基于这样的主张,他提出学生必须在学好理论知识的同时,努力做到:(1)进行必要的社会调查;(2)积极参加各种学术研讨会;(3)积极从学术的角度参与立法讨论;(4)积极参与司法实践。

5. 注重中外学术合作和交流

韩先生一直致力于推进中外学术合作和中外法律文化的交流。1980 年 9 月韩先生就率领我国法学代表团参加了在荷兰阿姆斯特丹举行的第二届国际法律科学大会,并作了《中华人民共和国正在加强社会主义法制建设》的学术报告。1982 年 3 月他又应美国埃德加 · 斯诺基金会的邀请,以埃德加 · 斯诺法学会客座教授和富布莱特基金会亚洲驻留学者的身份,前往美国堪萨斯市密苏里大学讲

---

① 《做一个合格的环境法研究生》,载韩德培著,黄进等编:《韩德培文选》,武汉大学出版社 1999 年版,第 480 页。

学,并先后应邀赴 11 个州、19 所大学的法学院和法学团体进行访问和讲学,受到热烈欢迎和高度评价,并被密苏里首府堪萨斯市市长授予“荣誉市民”称号。在此期间,韩先生还在纽约接触了负责联系与中国进行法学交流的福特基金会代表、哥伦比亚大学的爱德华教授,为后来福特基金会大量资助中国法学教研人员访美进修铺平了道路。如今,中国法学界许多知名的中青年法学家大都是这个项目的受益者。回国后,他又组织国际法研究所的老师到国外进修、访问、留学,先后达几十人次,同时邀请或接受了美国、瑞士、德国、加拿大、澳大利亚等国的学者来武汉大学法学院访问、讲学。此外,韩先生还于 1984 年在东京出席了亚太地区环境与发展专家会议,介绍了中国的环境立法状况,后又于 1985 年 8 月在中国、美国、加拿大三国关于国际贸易与投资问题学术讨论会上作总结发言。1990 年 9 月则参加了于加拿大蒙特利尔举行的第十三届国际比较法大会,并就中国的比较法研究状况进行了介绍。通过这些活动,韩先生不仅推动了中外法学学术研究的合作,也促进了中外法律文化的交流。

1987 年韩先生组织成立了我国全国性的学术团体——中国国际私法研究会,连续担任 4 届 16 年的会长。他积极倡导民主、开放、自由的学术研究风气,每年组织一次以上的全国性学术研讨会,从 1999 年开始主编出版了《中国国际私法与比较法年刊》,极大地推动了我国国际私法的发展。中国国际私法学会成为我国法学领域中最活跃、最有影响的学术团体之一。他还担任了中国法学会环境法研究会的首任会长,领导和组织了中国环境法学界的专家开展深入的学术交流,为我国环境法治的完善和发展做出了不可磨灭的贡献。1999 年,他因此荣获国家环保总局颁发的最高奖项“地球奖”。

三、韩先生的学术精神

韩先生自1946年来到武汉大学，一直扎根在珞珈山上，如今已有60多个春秋。在这半个多世纪的岁月里，韩先生虽然蒙冤20余载，却一直没有放弃对人生和学术理想的追求。他一生赤胆忠心、爱国敬业，守志善道、穷究学理，严谨求实、勇于开拓，求真务实、学以致用，为武汉大学乃至中国的法学教育事业做出了巨大贡献。他以他完美的人格和无私的奉献，铸就了一个学者的崇高学术精神和一代宗师的学术典范。可谓“守志善道究学理，鞠躬尽瘁吐幽香。”

（一）赤胆忠心、爱国敬业，守志善道、穷究学理

韩先生的一生是爱国的一生，也是“守志善道”的一生。1945年韩德培先生婉拒国外高校的聘用，毅然从美国哈佛大学回国，投身中国的法治建设。在国民党统治的专制年代，他不畏权势，在《观察》等杂志上发表《我们所需要的“法治”》等文章，揭露国民党统治的反动本质。在1957年被错划为“右派”，送往沙洋农场劳动教养期间，他在繁重的体力劳动之余坚持在沙洋培训中学任教，翻译联合国文件，精心组织英语专业本科的“听说领先”的教改实验。1980年，他率领中国法学代表团参加了第二届国际法律科学大会，用流利的英文驳斥了一位我国台湾地区部长级代表有损我国主权的发言，赢得了全场的掌声，维护了中国的主权和尊严。尽管在历次政治运动中受到了20多年的不公正待遇，先生始终没有放弃心中的信仰和希望。1984年他正式成为光荣的中国共产党党员。长期以来，他敢于伸张正义，不向邪恶低头，表现了刚正不阿的为人品格；他热心学理探究，敢于坚持真理，捍卫学术尊严，表现出追求法治的执着

精神；他从不计较个人得失，一生献身法学教育事业，表现了热爱祖国的赤胆忠心。

（二）严谨求实、勇于开拓，求真务实、学以致用

韩先生历来关注社会现实，重视理论联系实际、讲求实效，主张学以致用。他曾针对我国的法律现状，撰写过许多实践性较强的文章，例如，关于《涉外经济合同法》《多边投资担保机构公约》《海洋法公约》《宪法》《行政法》等部门法的文章，关于法律与改革开放的文章，关于涉外审判实践的文章等。1981 年我国因财政困难，决定终止“文化大革命”后期签订的几个重点工程项目，包括宝钢在内的涉外合同，日本、西德公司提出赔偿数亿美元的经济损失，韩先生应国务院有关部门的邀请提供咨询报告，利用《联合国国际货物销售合同公约》、罗马法和德日两国民法典据理力争，将国家损失减少了 3/4。韩先生不仅治学严谨，而且敢于开拓，这既可以从他提出“一机两翼”的国际私法理论和创建中国国际私法立法体系中看出，也可以从他创建国际法研究所和环境法研究所的实践中得到说明。

感动　感染　感悟

——在吾师韩先生德培教授身边

一、感动

1988年我非常幸运地考取了武汉大学国际私法硕士研究生，从此以后，一直在韩德培先生门下学习，在先生身边工作。先生的为人、为学和为师经常让我感动，不时的感动使我在武汉大学愉快地工作着。下面介绍我在博士毕业前后所受的感动。

我在硕士研究生期间，先生承担着繁重的行政和社会工作，因而与他没有很多直接交往的机会。但在二年级时，先生看了我写的一篇学术论文，大概觉得我有培养前途，便鼓励我提前报考博士研究生。那时社会上流行着"读书无用论"的思想，考博士的竞争也没有现在这么激烈，我便顺利地在1990年提前攻读博士学位。进入博士阶段以后，我与先生的交往和交流慢慢多了起来。在他的悉心指导下，我以《中国冲突法立法问题研究》为题基本完成了学位论文的写作，发表了20多篇学术论文。在我博士毕业时，中国的高校就业普遍很困难，武汉大学也不例外，社会上因此有了“孔雀东南飞”现象，我本打算到南方实务部门找工作。这时，先生找我谈心，希望我不要放弃已经起步的学术研究，鼓励我继续就中国的国际私法立法问题进行深入研究。为此，他在1993年中国国际私法学会深圳年会上倡导起草《中华人民共和国国际私法示范法》（以下简称《示范法》），并任起草小组组长。我深受感动，决心追随先生走学术之路，留在武汉大学教书。此后8年间，先生不顾80多岁高龄，亲自主持召开了十几次全国性学术会议和起草小组会议，就《示范法》的结构、内容和每一条规则进行深入的讨论，认真拟订和修改所有的条文。前后六易其稿，终于在2000年由法律出版社出版。这是中国法学界破天荒的第一次，《示范法》对中国国际私法立法和司法实践产生了深远影响。后来，先生又组织中国学者把《示范法》翻译成英文和日文，分别在荷兰和日本发表。先生对学术的不懈追求和学以致用的一贯做法，时常感动着我，引领着我在学术的道路上不断前行。

二、感染

先生自1945年来到武汉大学，一直扎根在珞珈山。从1957年开始，在“反右斗争”和“文化大革命”的动荡岁月里，和那个年代的许多中国知识分子的命运一样，先生遭遇了政治迫害和打击，历经了两次劫难，忍辱负重地消耗了人生中最珍贵的岁月。先生被免去了一切职务，遣送劳改农场劳动教养，其间虽然被摘掉了“右派”帽子，并在学校领导的干预下回到了武汉大学，但没能回到他热爱的法学教学和研究工作上，直到“文化大革命”结束，他度过了整整20

年的政治屈辱、学术沉寂时期。我曾多次问先生:您在“文化大革命”前后蒙冤20余载,为什么没有选择离开武汉大学?先生总是笑而不答。而在2005年法学院为韩先生主办的95岁华诞的庆祝会上,先生的一席话给了我答案。他说:武汉大学的法学在中华人民共和国成立前就很有名,所以,当周鲠生校长邀我来武大任教时,我就答应了;后来,浙江大学想聘我去担任法学院院长兼法律系主任,因为与周校长有约在先,就不便去了。到武大以后,我发现图书馆的法学资料很丰富,外文书刊几乎应有尽有,这是一个做学问的好地方呀!几十年来,武汉大学的法学一直保持了这种优良传统。所以,大家要树立“久居”观念,就是把珞珈山作为自己“永久的家”。你看,我尽管受到了一些挫折,现在不是过得很好吗?还很长寿!他的一席话深深地感染了在座的每一位。我为自己曾因工作中的一点困难和事业的小小挫折想离开武大而感到羞愧。先生在武汉大学执教四十周年时写的一首诗为他的这种观念和精神作了注解:“珞珈山上四十载,人间已见几沧桑。惟有山花年年开,不顾风雨吐幽香。”

三、感悟

在先生身边学习和工作了近20年,他从没有批评过我,我也没有发现先生批评过其他学生。他总是采取很自然、很巧妙的方式说出他的看法和要求,只要学生是个有心人,认真去体会,就一定能够受到教育甚至感到震撼。在武汉大学召开中国国际私法学会2007年年会期间,我陪同最高人民法院常务副院长曹建明教授到先生家中拜访时,他说:真正的人才应该像曹院长那样,不仅会搞科研,还会教学，同时善于管理工作。这大概是先生对学生的希望，对真正的法律人才的要求吧。

先生对学生不仅平易近人，还对所有的学生，不管是不是自己指导的研究生，也不论学生地位的高低、年龄的大小，都一视同仁。他善于发现学生的长处，总是从鼓励的角度鞭策学生，使他们能够得到全面发展。回想起来，我个人一直得到了先生太多的教诲和提携。在我成为教授以前，他总是鼓励我在学术上要大胆创新；当我担任了国际法系、国际法所和法学院的部分行政工作以后，见面后一般是嘱咐我要公正工作、大胆管理；随着教学、科研和行政管理工作任务的加重，先生时常提醒我要注意锻炼身体。先生就是这样根据每个学生的不同情况指导他们为人、为学和为事。对于后学，先生总是不遗余力地提携。比如，先生今年组织修订了他主编的在高等教育出版社出版的《国际私法》，我只是协助做了一些统稿工作，先生坚持要我做副主编，我很惶恐，觉得自己不配，他就亲自给高等教育出版社的编审宋军写信，要求在出《国际私法》第 2 版时把我列为副主编。我把这看作先生鞭策我的一种方式，他希望我成为一名真正的法律人。我当不懈努力，像先生那样既要教书，又要育人；教书侧重于言传，育人更需要身教。如今，先生仍然思维敏捷、身体健康，大踏步地向百岁进军，同其学术事业一样，这是多么美好、多么了不起的奇迹。为什么能够这样？先生在 2000 年 1 月 8 日所写的《九十有感》给了我们答案：“岁逢庚辰年，九秩入高龄。虽云桑榆晚，尤存赤子心。满园百花放，盛世万象新。鞠躬尽余热，接力有来人。”

我所了解的韩德培先生

2009 年 12 月

我自 1988 年在韩先生门下学习,1993 年博士学位毕业以后一直在他的指导和熏陶下从事法学教育和研究工作,期间跟他做过多年的科研助手。对于韩先生的为人、为事、为学,我想分别用大爱无疆、大智大勇、大师风范来概括。下面介绍一些我亲身经历的事情。

一、为人:大爱无疆

(一)爱生如子

许多学生都说韩先生"爱生如子",我经历的几件事情足以说明。在 2001 年 10 月的某一天下午,我正在韩先生家汇报工作,突然来了一位 70 多岁的老人拜访他。进来后问韩老是否记得他,韩老想了一会儿,竟然正确说出了他的名字,来人非常高兴和激动。我从他们后来的谈话中得知,这个人是武大法律系 51 级的本科毕业生,回来参加毕业 50 周年的活动,通过法学院找到先生的地址后就直接登门拜访,没想到 50 年没见面韩先生还能认出他。我当时非常震撼,我想这绝不仅仅是因为先生记忆力超常,更是因为他心中有学生。

1982 年先生招收的研究生黄丹涵作为公派留学生派往法国留学。70 多岁高龄的先生当时承担了繁重的行政工作和研究任务,但先生对黄丹涵的每一封信都一一亲笔回复,指导她在法国的学习、生活和研究工作,帮助黄丹涵成为新中国第一个获得法国社会科学领域"国家博士"学位的中国学生。这些信共有 16 封,黄丹涵仍然完整地保存着,它们是先生爱生如子的见证。

今年 2 月底,先生因病住院治疗,病情时好时坏。5 月 12 日已住进重症监护室的韩老突然提出要见他的学生,我院教师徐祥博士,但徐祥当天有课,韩老就请陪护转告他 3 件事:自己带的 5 名博士研究生原定于 5 月 30 日论文答辩,论文准备得怎么样了,有没有认真修改;一位很有才能但学业时间延长的女学生,希望她能顺利通过答辩;今年刚招收的博士研究生,面试情况如何。当晚,韩老病情加重,再也无法说话。可以说,先生最后能够清晰说的话是对学生的牵挂和爱。

事实上,先生不仅关心自己的学生,就是对法学院甚至外校的后学也是爱护有加。2007 年时任最高人民法院副院长、现任最高人民检察院检察长的曹建明教授来武汉开会,我陪同他到先生家拜访。从他们的谈话中得知,当年曹建明还在华东政法大学读硕士的时候来武汉大学国际法研究所收集资料,近 80 岁高龄的先生不仅给他提供方便和帮助,还在先生家里亲自指导他的学习和研究工作。

所以,曹建明检察长每次来武汉,不管多忙,都要到先生府上探视。

(二)爱校如己

先生自1946年来到武汉大学,一直扎根在珞珈山。从1957年开始,在"反右斗争"和"文化大革命"的动荡岁月里,同那个年代的中国众多知识分子一样,先生遭遇了政治迫害和打击,历经两次劫难,忍辱负重地消耗了人生中最珍贵的岁月,被免去了一切职务,遣送劳改农场劳动教养。其间虽然被摘掉了"右派"帽子,并在学校领导的干预下回到了武汉大学,但没能回到他热爱的法学教学和研究工作上。直到"文化大革命"结束,他度过了整整20年的政治屈辱、学术沉寂时期。我曾多次问先生:"您在'文化大革命'前后蒙冤20余载,为什么没有选择离开武汉大学?"先生总是笑而不答。而在2005年法学院为先生主办的95岁华诞的庆祝会上,先生的一席话给了我们答案。他说:武汉大学的法学在中华人民共和国前就很有名,所以,当周鲠生校长邀我来武大任教时,我就答应了。后来,浙江大学想聘我去担任法学院院长兼法律系主任,因为与周校长有约在先,就不便去了。到武大以后,我发现图书馆的法学资料很丰富,外文书刊几乎应有尽有,这是一个做学问的好地方呀!几十年来,武汉大学的法学一直保持了这种优良传统。所以,大家要树立"久居"观念,就是把珞珈山作为自己"永久的家"。你看,我尽管受到了一些挫折,现在不是过得很好吗?还很长寿!可以说,60多年来,先生像爱护自己一样爱护、关心武汉大学,人不会因为自己身体不好而不爱自己,先生总是把学校的名誉和利益放在第一位。

(三)爱国如家

先生是一位具有国际视野、全球思维和世界影响的法学家,对涉及中国根本利益和整体利益的事情，他总是据理力争、寸步不让。例如，1981 年改革开放初期，我国包括宝山钢铁厂、南京抽丝厂、山东化工厂、北京东方化工厂等在内的若干重大进口项目，因国内经济政策的调整和变动，难以对日本、德国外商履约，要对这些项目重新作出考虑，包括中止部分合同。面临着外商巨额索赔的严峻形势，先生受国务院进出口委员会引进局的邀请，赴京提供法律咨询意见。接到通知时，时间已经很紧，先生连续几天查询资料、认真准备。在如何应对停建项目、中止有关合同以及外商巨额赔偿问题上，国家进出口委员会在北京专门召开了咨询会议。先生在此次会议上全面分析了所面对的情况和存在的问题，具体提出了处理问题的方式以及之所以如此处理的事实依据和法律依据。他援引和解释了有关的国际条约和一些国家法律的法条，指出：国家政策作出调整和发生变化属于非中方所能控制的障碍，是中方无法预见的，由此导致中方履约不能、给付不能，与违反合同是不同的；在赔偿问题上，中方只能是给予适当补偿，而不是充分赔偿，只能根据对等原则，补偿部分直接损失，而不应补偿间接损失，不能听任外商漫天要价。当时，有领导表示“准备拿出 × × 万两黄金来赔”。对此，先生在会上指出，我们要精打细算，不宜大手大脚，只图方便省事。我们的农民要花多少血汗，才能生产到 100 万美元、200 万美元的农产品。我们要据理力争，能够少赔一分钱就要少赔一分钱。先生还就如何考虑“适当补偿方案”提出了相当具体的意见，他还建议中方应综合各方面的情况，科学论证，尽可能地克服困难、作出调配，要避免一哄而起、一哄而下，不能“一刀切”，要根据各个项目的不同情况，具体分析，具体考虑，采取缓建或合资等办法尽量保留一些项目,以尽可能减少损失。先生和其他专家提出的意见,经有关部门采纳使得我国在对外赔偿问题上减少了几十亿美元的损失。此事后被国务院有关领导作为“社会科学同样可为社会创造财富”的范例,先生也因此被誉为“国宝”。

二、为事:大智大勇

我在韩先生快 80 岁时才有幸与他交往,他年轻时“大勇”的事,媒体和有关书籍有不少记载,因时间关系,我只谈谈“大智”的事。

(一)知人善用、用人唯才

韩先生在担任法律系负责人期间,爱惜人才,爱护学生,知人善用、用人唯才,这种思想境界在晋升教师职称上表现得十分明显。马克昌先生曾告诉我:1983 年在韩先生的支持下,马先生由 1979 年的副教授晋升为教授。何华辉同志业务能力很强,韩先生慧眼识珠,将他由讲师破格晋升为教授。张泉林同志不久也得到晋升。随后,他们都成为各自学科的学术带头人。最令马先生念念不忘的是韩老对待某教师职称的晋升。该教师在 1957 年反右斗争时,有过伤害韩老师的言论。1983 年研究提升某教师的职称时,韩老二话没说,完全支持,该教师的副教授职称也就顺利解决。事后,韩老对马先生说:“反右”斗争时,某某虽然说了不该说的话,但那不是他个人的问题,是当时的形势嘛!这就是先生的用人智慧:心胸开阔,大度容人,不计前嫌,以德报怨。

(二)注意整体,讲求公道

对于一个单位或者学科的发展,韩先生非常注意不同学科和方向的平衡,强调整体水平的提升。以国际法研究所为例,该所之所以一直保持着国内第一的领先地位，与先生一直注意3个学科方向的齐头并进，同时强调它们之间交叉与融合的思想分不开。其实，像武汉大学这样布局的国际法研究所，不仅在中国，就是在国际上也是少见的。

1995年在法学院决定申报博士点时，民法、经济法和环境法都在争取申报，韩先生创立了环境法学和环境法研究所，当然希望申报环境法博士点。当法学院和学校决定先由民法和经济法联合申报民商法博士点，下一轮在申报环境法博士点时，先生完全同意。这种战略安排使武汉大学分别在1996年和1998年成功取得民商法博士点和环境法博士点。

另一个有大智慧的安排是，1999年在申报教育部人文社会科学重点研究基地时，考虑到环境法研究所的体制和办公场所有优势，尽管其学术水平和影响与国际法研究所相比相对较弱，学校领导和先生决定由环境法研究所先申报，更有实力的国际法研究所第二轮申报。结果都获得了成功，在2000年全国只有6个法学研究基地时，武汉大学占了其中的1/3。

2007年9月学校决定让我接任法学院院长以后，我到先生家拜访。他既没有和我谈国际法的发展，也没有谈环境法的发展，只是谈了法学院的整体发展，并特别提醒我注意国内法中有些学科的发展面临困难，要给予更多的关注和支持。

（三）言传身教、身教为先

韩先生曾在一次开学典礼的讲话中，根据一个人如何处理公私关系，把大公无私的人称为圣人、把先公后私的人称为伟人、把公私兼顾的人称为好人、把先私后公的人称为常人、而损公肥私的人就是罪人。而经过高等教育的人最起码应该做一个公私兼顾的好人，争取做个先公后私的伟人，并向大公无私的圣人看齐。我觉得这就是先生做事的准则。

就我和先生21年的交往来说，他从没有批评过我，我也没有发现先生批评过其他学生。他总是采取很自然、很巧妙的方式说出他的看法和要求，只要学生是个有心人，认真去体会，就一定能够受到教育甚至感到震撼。先生对学生不仅平易近人，还对所有的学生，不管是不是自己指导的研究生，也无论学生地位的高低、年龄的大小，都一视同仁。他善于发现学生的长处，总是从鼓励的角度鞭策学生，使他们能够得到全面发展。回想起来，我个人就得到先生太多的教诲和提携。在我成为教授以前，他总是鼓励我在学术上要大胆创新；当我担任了国际法系、国际法所和法学院的部分行政工作以后，见面后一般是嘱咐我要公正工作、大胆管理；随着教学、科研和行政管理工作任务的加重，先生时常提醒我要注意锻炼身体。先生就是这样根据每位学生的不同情况指导他们为人、为学和为事。对于后学，先生总是不遗余力地提携。比如，2007年先生组织修订了由他主编的在高等教育出版社出版的《国际私法》，我只是协助做了一些统稿工作，先生坚持要我做副主编，我很惶恐，觉得自己不配，他就亲自给高等教育出版社的编审宋军写信，要求在出《国际私法》第2版时把我列为副主编。先生通过这种方式鞭策我，希望我不懈努力，像他那样既教书、又育人；教书侧重言传、育人依靠身教。

三、为学：大师风范

韩先生经常讲，他希望在他的学生中出现像奥本海、庞德那样的法学大师。其实,尽管耽误了20年最好做学问的宝贵时光,他也不愧为中国乃至世界的法学大师。

1. 他有大师的眼光。这从20世纪80年代初开始创立环境法研究所、构建中国环境法学科体系,90年代为保留环境法学在中国法学体系中的独立地位所做的努力,1999年获得的“地球奖”、2009年11月世界环境保护同盟环境法学院在武汉大学开会时为先生所做的悼念活动等事件,可以看出先生的眼光和他在国内外的影响。

2. 他有大师的胸怀。韩先生对后辈总是大力提携,希望自己的学生、法学院的教师,乃至中国的年轻学者能够尽快成长,从不计较个人的利益和地位。例如,我们法学院在2008年引进易显河教授时,计划给他高于先生4倍的工资待遇,有人担心先生有想法。当我们向先生汇报时,他不仅没有任何意见,还鼓励我们大胆引进,不要有任何顾虑。

3. 他有大师的成果。先生不仅精通4门外语,研究的领域广泛,涉及国际私法、国际公法、法理学和环境法等多个学科,特别是在国际私法、环境法领域取得了国内外公认的具有创造性的研究成果,建立了中国的环境法学体系和新中国国际私法的新体系,影响了几代法律学人。这些广博、精深、创新的成果是他一生以学术为第一生命所取得的。

姚梅镇先生的贡献及其对我们的启示

姚梅镇先生是我国著名的法学家。他早年研究民法、外国法制史,其完成的学位论文《无过失损害赔偿责任的理论与实践》堪称经典,他翻译的《欧陆法律发达史》影响至今。他创立的国际经济法学和国际投资法学,开创了中国国际经济法和国际投资法研究的新纪元。他与韩德培教授一起建立的国际法研究所一直是教育部重点研究基地和国家级重点学科。他与韩德培教授、马克昌教授一起恢复的武大法律系和法学院一直是中国法学教育与研究的重镇。总结他的贡献,主要有以下三个方面:

第一,在恢复武大法律系和成立武汉大学国际法研究所之初,姚先生就分别担任了法律系副主任和国际法研究所副所长,为法律系的建设日夜忙碌、竭尽全力、任劳任怨。他主持了国际经济法和国际投资法的学科建设,成效显著,国际经济法(联合国际法、国际私法)在1989年成为首批国家级重点学科,为武汉大学的国际法学科的特色(国际法3个分支学科相互协同、齐头并进)和优势奠定了坚实的基础。

第二,姚先生是我国公认的国际经济法学的奠基人和开拓者。自1978年党的十一届三中全会确定实行改革开放政策之初,姚先生深切感受到中国改革开放新情势下的迫切需求,率先对国际经济法进行系统研究。在博览美国、欧洲和日本学者关于国际经济法的著作之后,姚先生在《武汉大学学报》和《中国国际法年刊》等刊物上发表了一系列论文和译文,明确了国际经济法在法学体系中的地位和性质以及在实际运用上的效果,对国际经济法的内涵与外延作出了解释,旗帜鲜明地提出了"国际经济法是一门独立的法律学科"的科学观点,为我国国际经济法的蓬勃发展奠定了基础。基于上述主张,姚先生主编的《国际经济法概论》在1989年公开出版,它采取以问题为导向的结构安排,集中体现了广义国际经济法理论的体系架构,标志着广义国际经济法从理论到体系的正式确立。该教材在1992年获得国家教委第二届高等学校优秀教材一等奖。

第三,姚先生在我国最早从事国际投资法研究,其代表作《国际投资法》在1985年出版,他在国际上首次从资本输入国法制、资本输出国法制和双边及多边条约的国际法制三个层面,运用综合比较研究方法,从实际出发,结合国内外的判例和学说,对国际投资法律问题进行系统论述,创建了具有中国特色的国际投资法学体系,在国内外学术界产生了重要影响,并获得了原国家教委第一届高等学校优秀教材一等奖。在此基础上,他还主编了《国际投资法教学参考资料》和《国际投资法成案研究》,形成了理论研究、案例研究和辅助资料汇编相结合的系列著作。该体系为我国学者广为接受。

除了上述学术成就以外,姚先生品格高尚纯洁,治学谦虚严谨,思想深邃宽广。作为中国国际经济法学会的首任会长,他胸怀祖国、学术民主、淡泊名利、奖掖后学,极大地推进中国国际经济法的研究,堪称我们后辈学人楷模。

“正正当当做人,勤勤恳恳工作。认认真真读书,平平淡淡生活。”姚先生题写在武汉大学于我国第一个教师节授予其荣誉证书上的这24个字,正是先生一生的写照。今天,我们在这里举行纪念先生百年诞辰,探讨其学术思想,是要学习他淡泊名利、心胸豁达、为人正直、温和儒雅的为人品格,传承他严谨治学、开拓创新的学术精神,传播他公私法划分的相对性、国际法与国内法的融通性的学术思想,弘扬他为人、为学的品格,为我国国际经济法的进一步发展添砖加瓦,为完善涉外法律法规体系,积极参与国际规则制定,增强我国在国际法律事务中的话语权和影响力,维护我国主权、安全、发展利益,培养更多通晓国际法律规则、善于处理涉外法律事务的涉外法治人才。

在“武汉大学马克昌法学基金会”成立大会上的讲话

2007年10月27日

尊敬的各位领导、各位来宾：

下午好！

在社会各界朋友的关心与支持下，经过多年筹备的“武汉大学马克昌法学基金会”今天正式成立了。我谨代表武汉大学法学院向基金会的成立表示热烈的祝贺。向长期关心、支持基金会的领导、校友表示衷心的感谢。向在百忙中抽时间参加这次成立大会的各位理事表示诚挚的谢意。向对基金会的成立做出了突出贡献的刘少雄等同志的捐赠义举深表感谢，并致以崇高敬意。

“武汉大学马克昌法学基金会”是为促进国内外法学学术交流、繁荣法学研究、推动法治建设筹集资金的非营利机构。它的成立，不仅仅是为了学术交流，更是为了弘扬马克昌先生在法学研究、法学教育和法律实践方面的卓越功绩和求实精神，使中国法学，特别是刑法学科，在继承历史优良传统的基础上，借鉴国际上的成功经验，加速发展步伐，培育更多更好的优秀人才，产出更多的高水平研究成果，为建设社会主义法治国家做出更大的贡献。

多年来，武汉大学法学院一直秉承马克昌先生“严谨治学、诚正持身”的思想，培养了一大批勇于实践、勤于探索的优秀学生。他们以基础扎实、素质全面、具有开拓精神和很强实践能力而受到社会各界的青睐。在他们中间，不乏各行各业的领军人物和杰出的学科带头人。许多校友在知道成立本基金会的消息后纷纷解囊相助，反映了他们对母校的关心没有改变、对母校的热爱没有改变、对母校的祝福没有改变。对于我们来说，今天接受的不仅是他们的捐赠，更是一种振奋人心的精神力量。这种力量将激励我们以更加饱满的热情和激情投入到我国的法学研究和教育事业当中去。

通过“武汉大学马克昌法学基金会”的成立，应该向马先生学习什么，或者说他有什么值得我们继承和发扬光大的？

在我看来，第一，我们应该学习马先生勤奋不懈、专心治学、数十年如一日的精神，在法学研究方面勇攀高峰，产出更多的精品和上品。大家知道，马先生在古稀之后仍笔耕不辍，出版了许多有影响的著作和论文，这种“学而不厌”的精神是特别值得我们后辈学习的。第二，我们应该学习马先生勤勤恳恳、兢兢业业，忠诚于我国法学教育事业的精神，为提高我国的法学教育水平，培养适合我国全面建设小康社会需要的优秀法律人才而共同努力。大家可以看到，年满 80 高龄的马先生至今仍精神饱满地为中国刑法学的发展殚精竭虑、无私奉献，这种诲人不倦的献身精神同样值得我们继承。第三,我们应该学习马先生学以致用、利用自己的专长为完善我国的立法和司法实践而献计献策的精神,积极跟踪和关注我国建设和谐社会、发展中国特色社会主义中的重大理论问题,并为解决这些问题贡献智慧、提供对策。

马先生的上述精神值得我们倍加珍惜,并通过“武汉大学马克昌法学基金会”传承下去、发扬光大。唯有如此,我们设立“武汉大学马克昌法学基金会”的目的才算完全地达到了。因为“青出于蓝而胜于蓝,冰成于水而寒于水”,如果我们后辈学者能够在马先生已经取得成绩的基础上,发奋努力,使武汉大学的刑法学科和整体法学水平更上一层楼,这既是马先生所期待的,也是“武汉大学马克昌法学基金会”努力的方向。

以上是我个人的理解,不当之处请谅解。谢谢大家!

严师益友　大家风范

——追忆马克昌先生对我的教益

2011 年 12 月 31 日

2011 年 12 月 31 日在我整理这一年工作和心情的时候，想起我们已经敬爱的马克昌先生离开我们已经整整 190 天。我禁不住闭目沉思，任凭思绪回忆起我与先生交往的点点滴滴，再一次感悟先生对我的提携与教益。严师益友、大家风范，这是马先生留给我最深的印象。

一、严师

由于我本科阶段不在武汉大学学习，硕士研究生学的是国际私法，那时法学院的教学和科研条件还很艰苦，不同专业的老师和学生的交流机会很少。因此，在 1993 年我博士毕业留校任教以前，与马先生的接触较少，无法得到马先生在专业和为人方面的直接指导和教育。1993 年留校任教以后,我在教学与科研方面取得了一些成绩,在韩先生、马先生等老师的支持下,很快于 1995 年破格晋升为副教授。1996 年我又申请破格晋升为教授,记得在当时环境法研究所大楼举行的全院报告会上,我除了介绍自己的科研和教学成果以外,还不知天高地厚地宣称未来几年要在中国法学领域所有重要的核心期刊和权威期刊发表学术论文。部分老师对此很有看法,认为我学风比较浮躁。从爱护年轻人、帮助年轻人顺利成长的目的出发,尽管我与马先生交往不多,他还是及时提醒我做学问要厚积薄发、做人要谦虚谨慎,并希望我把做学问作为一生的追求,而不仅仅是为了评职称。正是在他的教育和支持下,1997 年我很顺利地破格晋升为教授,第二年增列为博士研究生导师,成为中国法学领域当时最年轻的教授和博士研究生导师。可以说,马先生对学生既大力提携,又严格要求,才使武汉大学法学院的青年教师有了良好的成长环境。武大法学院自恢复重建以来,其青年教师的成长在全国法律院校中总体上是最快、最好的。毫无疑问,这里面有马先生的一份功劳。

二、益友

大约在 2005 年,特别是 2007 年我做了院长以后,我与马先生的交往逐渐多了起来,有时因为学术交流、有时因为案件咨询,更多的是因为工作关系。尽管马先生年届八旬、名满天下,但他非常平易近人,不管与他谈工作、谈学习,还是谈生活、谈人生,我们晚辈学生都可以畅所欲言,没有任何心理负担。我想,先生是把他的学生、同事作为朋友来对待的。对于我来说,有 3 件小事至今难忘。

第一件事发生在2006年年底。我参加了第五届全国十大杰出青年法学家的评选，因填写申报表出现技术性失误（据说是因为我把和他人合作发表在国际权威刊物《美国比较法杂志》上的一篇论文作为代表作，而不是个人独著）而失去参评资格。马先生参加了这次评选活动。当他回来后，第一时间找我谈心，希望我不要有思想包袱，继续努力下一次再申报。说实在话，我当时有点郁闷，也不想再报了。马老师对我说："你的实力其实得到了绝大多数评委的肯定，还有不少评委为你的落选鸣不平。再说，这不仅仅是你个人的荣誉，也是我们法学院的整体荣誉。希望你三思而行。"在马先生的鼓励下，我于2010年再次参加了第六届全国十大杰出青年法学家的评选，并顺利当选。当我到医院去探视病中的先生时，他非常高兴地祝贺我，并与我会心地一笑。我知道，他心中的一块石头落地了。

第二件事发生在2008年。有一次与武汉市江汉法院的领导和法官开完会后一起吃晚饭，经过长时间的谦让，他坚持让我坐主席，他坐在我旁边。坐下后，他悄悄对我说："第一，你是院长，今天是法学院请客，你应该代表法学院坐主席；第二，尽管我很喜欢喝酒，但作为法学院的院长，你要更加注意代表法学院的形象，起码不要在酒桌上喝醉；第三，你现在的担子很重，一定要注意身体。"先生的一席话，像一位多年老朋友的忠告，常常提醒着我。

第三件事发生在2009年。有一次我到马先生家中汇报工作，谈到他个人完成的鸿篇巨著《比较刑法原理》时，我向他请教如何在搞好行政工作的同时，不至于过多耽误自己的学术研究，他语重心长地对我说："做院长与搞学问对你来说是同等重要的，如果因为做院长而丢了学问，你这个院长在国内外的威信和影响就不会太好，这不管对你个人，还是对武大法学院，都是不值得的。但是，做学问是一生的事业，而做院长是有任期的。所以，在你做院长期间，应该把主要精力放在法学院的行政管理上面，做学问就只能利用节假日等休息时间对重点领域、重点问题作深入研究，做出精品。成果不在多，而在于精。”先生的这些经验之谈让我受用终生。

三、大家

马先生之所以成为公认的法学大家，根据我与他的交往和体悟，主要因为他具有以下三种精神：一是勤奋不懈、专心治学、数十年如一日的精神。马先生在年满古稀之后仍笔耕不断，出版了许多有影响的著作和论文，这种“学而不厌”的精神是特别值得我们后辈学习的。二是勤勤恳恳、兢兢业业，忠诚于我国法学教育事业的精神。他为提高我国的法学教育水平，培养适合我国全面建设小康社会需要的优秀法律人才而奋斗终生，特别为中国刑法学的发展殚精竭虑、无私奉献，这种诲人不倦的献身精神同样值得我们继承。三是学以致用，利用自己的专长为完善我国的立法和司法实践而献计献策的精神，他始终积极跟踪和关注我国建设和谐社会、发展中国特色社会主义重大理论问题，并为解决这些问题贡献智慧、提供对策。

马先生的上述精神值得珞珈法律人倍加珍惜、传承下去、发扬光大。“克己奉公昌法治，留无数殊荣伴君侧；传道授业育英才，挽一生清誉在人间。”我再一次想起先生逝世时我为先生写的挽联……

马克昌先生永远活在我们心中！

让我们像李双元先生那样把学术作为一种生活方式

2016年9月15日

尊敬的各位领导,各位师兄师弟师姐师妹:

今天是中秋佳节,是一个团圆的日子。我们来到岳麓山下欢聚一堂,为了我们李老师的九十华诞而欢,为回顾他给我们人生成长所带来的帮助和启迪而聚,意义非凡。首先,我代表武汉大学国际法研究所全体同人祝李老师生日快乐,福寿延年。下面我仅从李老师对武汉大学国际法研究所的贡献谈三点体会。

一是李老师为武汉大学国际法研究所的发展打下了学科基础。大家知道,武汉大学国际法研究所于1980年经教委批准创立,李老师在研究所创立之初就直接参与到具体的行政工作之中,从1983年开始担任研究所副所长,协助韩先生做了大量的工作。我曾考察过武汉大学一些重点学科的发展历史,根据武汉大学档案馆的资料显示,20 世纪 90 年代武汉大学经国家教委批准成立的研究机构共有 7 个。发展到今天,只有国际法研究所仍然生机勃勃,并于 2000 年成为教育部的人文重点研究基地,2015 年 12 月成为国家首批高端智库试点建设单位。这些成就与建立初期李老师在具体工作中努力打下坚实的学科基础是分不开的。

二是李老师为武汉大学国际法研究所的发展打下了人才基础。武大国际法研究所在我国最早招收国际法学方向的硕士研究生和博士研究生,培养了大量的国际法学人才,很多学生已成为各行各业的骨干和精英,直接或间接地从方方面面支撑着国际法研究所的发展,这些人才与李老师的辛勤培育息息相关。

三是李老师为武汉大学国际法研究所的发展打下了文化基础。武大国际法研究所之所以在不同时期、不同阶段都能发展得这么好、成绩这么突出,是因为有文化精髓。正如韩先生将武大国际法研究所所训概括为“厚德、博学、敬业、乐群”,李先生将这些文化精神内涵体现得淋漓尽致。在“厚德”和“敬业”方面大家都深有体会并已做了阐述,我在此不赘述,只是就“博学”和“乐群”谈点体会。我想,李先生之所以在学术上一直保持持久的生命力和旺盛的创造力,“博学”是最重要的因素。因他对法理学有深刻的理解,才能创立国际私法趋同化、国际民商新秩序理论;因他对民法的比较研究才对国际私法的很多具体制度能够提出创新性观点;因他对诉讼法律制度的深刻了解,才能不断推出国际民事诉讼法的系列著作等。只有在这么广博的基础上,李先生才能将国际私法的冲突法、实体法和程序法三界打通,形成有影响力的理论。而在“乐群”方面,就我与李老师交往的经历来说,对此深有体会。我 1988 年师从李老师研读国际私法,坦白说,最开始对李老师敬而远之,后来经过一些事情后,我们深觉李老师对学生处处殷切地关心、热忱地提携,之后不管是学术上的困惑还是生活中的迷茫都乐意跟李老师交流。尤其是在学术方面,老师对我们的影响很大,李老师以其学术精神熏陶、影响着我们,武大国际法研究所之所以能培养这么多到高校工作的学术人才,与李老师对学生引导分不开。现在高校不乏做学术之辈,有的为谋生、有的为兴趣,而李老师已将学术揉进了生命里,当作一种生活方式,我想李先生之所以高寿、之所以精神矍铄,除了规律的生活,主要是因为他对学术孜孜不倦的追求在支撑着。

习近平总书记在2016年教师节的大会上说,一个人遇到好老师是人生的幸运,一个学校拥有好老师是学校的光荣,一个民族源源不断地涌现出一批又一批好老师则是民族的希望。李老先生就是这样的好老师,我们因为有这样的好老师而幸福。李老师53岁才真正投入学术研究都能做出如此大的成就,我今年50岁,比李老师当时更年轻,应该投入更多的时间和精力做学术研究。李老师的今天就是我们追求的目标。路漫漫其修远兮,吾将上下而求索!

李龙教授八十华诞讲话

2015 年 11 月 7 日

尊敬的李龙先生，尊敬的各位领导、各位来宾、各位同事：

今天，来自全国各地的校友、法理学者以及湖北省、武汉市和武汉大学有关部门的负责人欢聚一堂，共同庆祝李龙教授八十华诞，并就李龙先生的法律思想展开深入研讨。首先，请允许我代表武汉大学法学院全体师生为李龙老师八十华诞表示热烈祝贺！向为了新中国的法制事业、新中国的法治教育事业以及对新中国的法理学、宪法事业做出杰出贡献的李龙老师表示崇高敬意。作为学界晚辈，我也特别感谢李龙老师对我本人在学业上的指导，对我工作上的帮助与支持。

我虽然与李先生的研究领域不同，同样受到他的治学精神、为学方法等方面的影响，主要有以下三点：

第一，追求真理。大家知道，李先生一生经历坎坷，经历了学法、被执法和研究法律三个阶段,但他始终没有放弃自己的理想信仰,坚信马克思主义法学是建设中国特色社会主义法律体系的基础,最终成为中国最有影响的马克思主义法学家。

第二,潜心学问。尽管李先生被耽误了做学问的最好年华,但他一直坚持“研究中国问题、写中国文章”的理念,在法理学、宪法学领域实现了从了解前沿、紧跟前沿到引领前沿的跨越,不断总结、升华自己的理论主张,提出并证成了“人本法律观”,同时在人权、法治、民主等基本法学理论方面做出了较大贡献。即使在他成为武汉大学人文社会科学资深教授、年过70高龄以后,他的科研成果每年在法学院也常常排名前十位。

第三,因材施教。李先生一直非常重视人才培养工作,对于本科教学,他曾经3次获得国家级优秀教学成果一等奖;对于研究生的培养,他善于因材施教,通过讨论启发学生思维,强调对理论前沿的开拓和对现实问题的批判。在他培养的100多位博士中,有近10人担任大学校长、副校长,近20人担任院长、副院长,70多人晋升为教授、副教授。

80年的生命历程中一定有许多苦、辣、酸、甜,讲也讲不完的故事。今天,就让我们重返时光隧道,与李先生一起回忆他10岁少年的梦想、20岁青春的浪漫、三四十岁奋斗的艰辛、五六十岁研究的辛劳、70岁耕耘的成就。而今李先生80岁了,让我们衷心祝福他老人家:健康久远,百岁人生!同时也祝愿在场的每一位来宾都幸福安康、万事如意、心想事成!

谢谢大家!

刘丰铭先生八十华诞祝词

尊敬的刘先生、各位校友、各位来宾：

东湖水近德载道，珞珈山远法传情。今天，我们欢聚一堂，为我国著名国际经济法学家刘丰铭先生庆祝八十寿辰。首先，请允许我代表全院师生，向刘先生表示衷心的祝贺，祝您福如东海，寿比南山！同时对各位来宾的光临表示热烈的欢迎！

十年树木，百年树人。一位优秀的教师，对于一个学院、一座大学乃至整个民族而言，都是不可多得的财富。正是老师们丰硕的学术成果与卓越的人格魅力，铸就了武汉大学法学院的精髓与气度，带来了我院长期的兴盛与繁荣。我愿在此向这些前辈学人表达深深的尊敬与爱戴：你们的成就永远是我们学习的榜样和前进的动力！

刘先生与我们武汉大学法学院有着非常深厚的渊源，这个渊源可以追溯到 1947 年先生考入武汉大学之时。在武汉大学学习期间，先生选择了法学作为自己终身为之奋斗的事业，无论世事如何变幻，未曾有过一刻动摇。为了中国革命和建设的需要，先生自1949年开始先后在广西桂林市人民政府公安局、公安学院武汉分院以及华中师范学院等校任职，极大地推动了我国法学教育事业的发展。在此期间，与其他许多知识分子一样，先生受到了长达21年的不公正待遇，但这并没有动摇先生的崇高理想，击垮先生的乐观精神，反而使先生更加坚信民主和法治必将是中国未来发展的方向。

1984年先生终于回到了阔别多年的母校武汉大学，任教于法律系。在武汉大学恢复法学院后，先生又兼任了国际法学系的主任。从此，先生积极投入到教学、科研和管理工作，先后培养了19名博士和20多名硕士。这些弟子现在遍布全国各地、各行业，无论是在国家机关、高校等科研机构，还是在银行证券等公司，都不乏他培养的优秀弟子。在科研方面，尤其在中国外资法和国际金融法等领域，先生取得了令人瞩目的成绩。先生特别提出：中国需要从参与国际经济合作与竞争以及对外资加以引导与疏导两个方面继续完善外商投资法；国际经济法的研究需要将其重心转向加强国际金融法的研究，以便逐步建立起国际投资金融法、国际贸易金融法与国际货币金融法"三位一体"的国际金融法学科体系。更为重要的是，先生是中国国际金融法学界研究巴塞尔体制的"第一人"。他对巴塞尔体制的开创性研究极大地推动了我国银行业以巴塞尔体制为基础的银行风险管理体系的建立。

1999年先生以70高龄离休，离开了相伴多年的教坛。离休后，先生依然非常关心法学院的发展，以书为伴、笔耕不辍，就在2008年我拜访先生时，他还赠送我一本《国际金融法》的最新修订版，让人感动。先生这种淡泊名利、勤奋不懈、专心治学、学而不厌、数十年如一日的精神,是特别值得我们后辈学习的。

尊师重教是我们中华民族的传统美德。俗话说,老师的生日是学生的节日。刘先生的生日,正是今天我们所有人的节日。所以,我们从四面八方赶来,共同为先生的八十华诞献上诚挚的祝福,愿先生生活之树常绿,生命之水长流。寿诞快乐、健体安康、永远年轻!

余能斌教授七十华诞讲话

2007 年 10 月 30 日

尊敬的各位领导、各位来宾：

桂子飘香，秋风送爽。今天我们欢聚一堂，为我国著名民法学家余能斌先生庆祝 70 岁寿辰。首先，请允许我代表全院师生，向余老表示衷心的祝贺，祝您福如东海、寿比南山！同时，对各位来宾的光临表示热烈的欢迎！

百年大计，教育为本。十年树木，百年树人。一位优秀的教师，对于一个学院、一座大学乃至整个民族而言，都是不可多得的财富。正是老师们丰硕的学术成果与卓越的人格魅力，铸就了武汉大学法学院的精髓与气度，带来了我院长期的兴盛与繁荣。我愿在此向这些前辈学人表达深深的尊敬与爱戴，你们的成就永远是我们学习的榜样和前进的动力！

余老师是我院博士研究生导师、知名教授。曾任武汉大学法律系民法经济法教研室主任、武汉大学学位评定委员会委员、法学分会主席、武汉大学校长法律顾问等职。20 世纪 80 年代初,武大法律系重建,时任法律系主任的韩德培先生在全国招贤纳士,余先生作为引进人才从中国社会科学院调入武汉大学法学院,武大法学院的民商法教育在先生等人的努力下,硕果累累,培养了一大批民商法人才。先生对于我院民商法学科的建设立下了汗马功劳,发挥了历史性的关键作用,正是因为有了先生的卓越贡献,我院民商法学科很快成为全国很有影响力的学科,成为京外第一家拥有博士点的院校,并且民商法学科被评为湖北省重点学科。

余老师作为我院民商法专业的资深教授,其成就有目共睹。在学术上,余老兼备严谨求实与敢于创新的学风,形成了自己系统的学术观点,《民法总论》《现代民法学》等诸多佳作已经成为中国民商法学的经典,其提出的"民商法律总纲""企业经营权学说"在学界产生了深远的影响;在教学中,余老培养出近百名高层次法律专门人才,为我国法学的理论研究和实务工作贡献了巨大的力量。余老参加过《民法草案》《民法通则》《教育法》等 10 余部国家重要法律草案的起草或修改讨论工作,为中国的法治建设做出了积极的贡献,赢得了学校广大师生和社会的信赖与赞誉。在几十年的工作中,余老曾获武汉大学"特级优秀教师""优秀研究生指导教师"等光荣称号。还被选载入《世界名人录(中国卷)》和《中国专家大辞典》,是中国法学界一块不朽的丰碑。

众所周知,尊师重教一直是中华民族的传统美德。谭嗣同有言:为学莫重于尊师。正所谓师道既尊,学风自善。尽管时代变迁,但那些发自内心的真挚情感,仍然是我们每个人永恒的信条。对老师的感激和尊重,永远是中华民族每位学子不变的心声。古时程门立雪的传奇,已成一代佳话流传千古。鲁迅对藤野先生的怀念,也已家喻户晓感人至深。俗话说得好,老师的生日是学生的节日。余老的生日,正是今天我们所有人的节日。正所谓:师表才情堪敬仰,古稀不愧焕神容。

谨允许我再次向余能斌教授表达我们衷心的祝福:祝您生日快乐,永远年轻!

感念曾师令良教授

2017年6月21日

可敬、可亲、可爱的曾师令良教授离开我们快1年了。为了传承他的学术思想、弘扬他的学术精神，武汉大学国际法研究所决定将他在不同时期发表的代表性国际法论文结集出版。作为令良教授的学生，我本没有资格为他的宏论作序；作为国际法研究所的现任所长，我又有义务把令良教授对我的影响、关心和培养写出来，以此窥见一位师者对学生的影响、一位长者对后辈的关心、一位法学院领导对同事的培养。我也相信，这些经历与感悟对一个学生的健康成长、对一个学科的不断发展、对一个学校人才队伍的持续建设，都是有启发意义的。但是，当我决定把这些感念写出来的时候，心情却无法平静，多次打开电脑，多次又无法打字。回想我与令良教授近30年的交往，既有砥砺切磋的时光，又有促膝谈心的日子，还有激情燃烧的岁月。从何谈起呢？按照法律人的一般思维，我与令良教授的关系可以分为以下三个维度。

一、师生缘

令良教授自 1984 年师从梁西先生主要研究国际公法,我于 1988 年从西南政法学院考取武汉大学研究生,师从李双元先生和韩德培先生研习国际私法,在学术研究领域上似乎没有什么交集。由于他是在职攻读学位,兼任国际法系副主任,承担了我们研究生的课程教学和学术性业务管理,所以我们结下了师生缘分。概括起来,令良教授对我确定研究方向、扩大研究领域、创新学术观点都产生过重要影响。

大约在 1989 年秋天,他在武汉大学作了一场关于"欧洲共同体与现代国际法"的讲座,这是我第一次听他的讲座。虽然现在已记不清他讲座的主要内容,但讲座结束后他与我的谈话至今记忆犹新,对我影响深刻。我问他为什么选择研究欧洲共同体法,他说"欧洲共同体是独具特色的国际组织,也是区域一体化的典型代表。但我国学术界,特别是法学界,对它还没有什么研究。而欧洲共同体独特的治理结构和法律体系,对未来世界的政治、经济、法律都会产生越来越重要的影响。武汉大学的研究生选择硕士和博士学位论文题目,就是要选择这样的'冷问题'。我相信这个问题会引起中国政府和学者的重视,将来会成为'热学问'的"。我当时正在思考硕士学位论文选题,经他点拨,我决定以中国冲突法立法问题作为论文选题方向,尽管当时大多数人认为中国制定单行国际私法还是很遥远的事情。由于中国冲突法立法问题涉及面太广,不可能通过硕士学位论文来完成,我便于 1990 年申请提前读博士学位。经韩德培先生同意和鼓励，我最终在1993年完成了以“中国冲突法立法问题研究”为题的博士学位论文。此后20多年，我一直把完善中国的国际私法立法作为学术研究的主要目标，为我国在2011年颁布《中华人民共和国涉外民事关系法律适用法》做出了一些贡献。可以说，令良教授当年关于“选‘冷问题’，做‘热学问’”的点拨对我确定学术研究方向产生了重要影响。

令良教授在我国法学教育界最早为研究生开设欧洲共同体法专题，这为我后来开展欧盟国际私法研究打下了基础。2000年我以“欧盟国际私法”为题，申请到中欧高教合作研究项目。在曾老师的指导和帮助下，我顺利完成了该项目的研究工作，最终成果《欧盟统一国际私法研究》于2002年在武汉大学出版社出版。自此以后，我的研究兴趣一直集中于中国、美国和欧洲国际私法的比较及其新发展，令良教授的帮助对我扩大研究领域、发现有价值的研究课题、走向国内和国际学术前沿起到了很好的推动作用。

进入21世纪以后，令良教授通过总结现代国际法的人本化发展趋势，积极倡导构建中国国际法学话语体系，大力推进国际法理念和原则创新，持续呼吁我国重视发挥国际法在法治中国和国家治理现代化建设中的作用，以此构建中国特色社会主义国际法学。正是在令良教授上述思想和主张的影响下，我与英国纽卡斯尔大学汤诤教授和中国政法大学霍政欣教授合作，在Edward Eglar Publishing（EE）出版了*Conflict of Laws in the People's Republic of China*。该书采用英美冲突法通行的理论体系和学术规范，通过研究中国法院近300个典型案例，全面介绍了中国学者的冲突法理论成果与贡献，基本构建了中国国际私法在国际上的话语体系，被《国际私法杂志》

主编、英国著名冲突法教授Paul Beaumont评价为“一部能使英语世界准确而全面理解中国国际私法的最新优秀著作”。这项成果与令良教授的指引与激励不无关系。

二、同事义

从博士毕业留校的第三年开始,我就在令良教授的直接领导下担任一些行政工作。他任国际法系主任时,我任副系主任;他做法学院院长时,我任国际法研究所执行所长和法学院副院长。后来,他赴澳门大学担任法学院院长,我做了武汉大学法学院院长;在我做院长的第二个任期,他又回武大担任国际法研究所所长。

武汉大学国际法研究所之所以能够一直引领着我国的国际法教学与研究,从教育部重点研究基地发展成为国家首批高端智库,与令良教授的长期领导与努力是分不开的。在他担任国际法研究所所长期间,国际法所的科学研究完成了从学科导向向问题导向的转型,研究成果的国际传播成效进步明显,国内外影响力不断扩大;人才培养的国际化程度明显提高,初步实现了人才培养在国际层面的双向流动;咨询服务从被动接受邀请到主动直接参与中国外交、涉外司法和国际商务活动;学术团队实现了群体性成长、结构性优化和专兼职的有效合作。这些成绩的取得,与他个人的领导才能、为人为学为事的风格是分不开的。他的精神与风格可以概括为:出自公心,为了公益,办事公道。

例如,在他担任武汉大学国际法研究所所长期间,国际法所的每项工作都取得了突出成绩,在四年一度的基地评估中被评为“优秀”,并在2015年12月成功入选国家首批高端智库。但仅仅两个月后，他就找我谈心，想辞去所长职务，由我来接任。考虑到院长岗位的繁重工作，我坚决不同意。他对我说："国际法研究所成为国家高端智库试点单位以后，一定会增加大量的工作任务，要求也会更高。为了法学院和国际法研究所的长远发展，急需培养一批年轻人，给他们更好的平台和发展空间。因此，如果你没有精力兼顾法学院和国际法研究所的工作，建议你任期届满后不要再担任法学院院长，把国际法研究所的担子挑起来。"我被他的公心所打动，一起找学校领导和有关职能部门说明我们的想法，及时完成了国际法研究所的领导班子换届，并推动学校在 2016 年 7 月完成了法学院领导班子的换届，为法学院和国际法研究所的未来发展打下了良好的基础。

他在结束澳门大学法学院院长的任期时，本有机会连任或者到国内其他高校直接聘任"资深教授"。但当我向他说明武大国际法学科的现状、危机和需要，并"威胁"他"如果你不回来，我也走"以后，他最终还是不计个人得失，回到武大担任了国际法研究所所长。回来后，他曾告诉我："最终选择回武大还是因为武大的培养、武大国际法的优良传统和学术氛围以及我对武大的感情起了决定性作用。人生在世，总有些东西是不能用金钱来衡量的。"

当我向他请教如何做好法学院院长时，他给了我两点建议：一是注意法学院不同学科的均衡发展，公平对待每一位教职员工，这是立院之本；二是保持个人学术上的影响和地位，此乃立身之本。庆幸的是，在我担任院长的 9 年时间，基本上做到了以上两点，尽管没有让法学院的每位教职工都满意。

三、老乡情

我与令良教授都来自麻城，毕业于同一所高中。作为同乡，我们可以说是无话不谈的诤友。记得上研究生时,我为了出国找他帮忙优先推荐。他在全面了解情况以后拒绝了我的请求,告诫我说:对于同乡,更应该严格要求,这是对同乡最大的爱护和帮助。由于这个经历,我在以后的工作中,凡涉及个人升迁问题,只要不符合规则,我都不会去争取。

当然,令良教授对我的指教很讲究方式、方法。我们是多年的球友和牌友,针对我有时发生的“个人英雄主义”行为,他会利用打球或者打牌择机指出,使我体会到团队合作的重要性,也逐步养成了分享意识。在人生的道路上,有这样的师长,何其幸运!

武大法学院八四级同学返校聚会讲话

2008年10月1日

各位亲爱的同学、敬爱的马先生、黄老师兼校长和各位尊敬的师长：

今天，我们高兴地迎来法学院84级同学毕业20周年重返母校聚会活动。首先，请让我代表法学院138位教职工，同时代表84级校友的家属，欢迎各位回到珞珈山共叙师生之情、同学之谊、同室之缘。有人说，本科的母校是亲母，硕士的母校是养母，博士的母校是继母。这样说来，你们今天可是回来看亲母的！久别重逢的激动和喜悦我们大家都有过多次体味。当然，有些同学的亲母、养母和继母3位一体，都是我们武汉大学法学院，他们的心情我是无法言表的，但我可以体会，因为我在母校学习、工作了整整20年。

24年前，从你们拿到武汉大学法学院入学通知书的那一刻起，就与珞珈山、珞珈法学建立了终身的联系。珞珈山成为你们梦想开始的地方，也是你们职业生涯的起点。今天，不管你现在是否还在从事法律工作，也无论你现在的成就有多大，你们永远是武大法学院的牵挂和骄傲，因为武大法学院的每一位毕业生是武大法学水平的直接体现者，珞珈法学精神的忠实传播者，武大法学学术的坚定弘扬者。

我要表达的第二个意思是感谢。感谢你们长期以来对武大法学院的关心、关注和关爱，感谢你们多年来以不同的方式对法学院的支持。可以说，武汉大学法学院整体的人才培养质量、科学研究水平、社会认可程度长期位居中国法学界前三甲，是与大家的支持分不开的。大家可以发现：20 年来，我们法学院发生了很多变化，例如，我们有了 1 万多平方米的大楼，今后需要更多的大师；我们有了资料丰富的图书馆，说到这里，我要代表你们的学弟学妹们感谢你们捐赠的图书；我们的学生规模达到 3200 多人，特别是男女生比例正好反过来了；我们学院现在拥有 8 个博士点，2 个国家级重点学科，1 个国家级重点培育学科，2 个教育部重点研究基地；在论文发表数、论著被引用数、科研经费数、国家级科研获奖数等方面均处于全国前列。

最后，我想向大家表达我的祝愿。今年，不管对中国还是对世界来说，“奥运”二字一定是出现频率最高的词汇。而武汉大学和我们 84 级大学生与奥运有天然的密切联系。1893 年当国际奥委会成立的时候，武汉大学的前身自强学堂也宣告成立；1928 年当现代奥运会的各项基本制度成型，第一次进行奥运圣火传递的时候，现代意义的武汉大学正好成立；20 世纪 50 年代到 70 年代，当国际奥委会和国际奥林匹克运动陷入危机的时候，武汉大学的发展也是举步维艰；从 20 世纪 80 年代开始，改革使国际奥委会和武汉大学同时获得了新生;2000 年,国际奥委会的创新与新武汉大学的合并成立好像有什么内在联系。这说明武汉大学是紧跟国际潮流的,大概也是全球化的影响。

而对我们 84 级的大学生来说,可以说赶上了一个伟大的时代。1984 年,中国第一次全面参加奥运会,正是我们圆大学梦的时候;今天,中国从奥运会的参与者变为奥运会的主办者,刚好是我们毕业 20 周年。所以,我借用奥林匹克运动的格言,祝大家心情更快乐、境界更高尚、身体更强壮。

证婚词四则

霍政欣与张永强的证婚词

各位漂亮的、英俊的、兴奋的、激动的宾朋好友：

今天，我有机会从遥远的武汉来合肥参加霍政欣和张永强的婚礼，见证和分享他们的幸福和快乐，全是因为有缘。新郎霍政欣求学于合肥、南宁、武汉，留学于美国、奥地利、荷兰，教学于北京。虽然他在武汉只度过短短3年时光，但我们之间亦师亦友、情同手足的师生情谊成为彼此珍藏的宝贵财富。在武汉的3年，霍政欣有目标、能坚持、勤思辨、善表达，使他成功地从一个“非法”专业的学生发展成法学博士，毕业后到中国政法大学从事他热爱的法学教育事业。现在，他在中国政法大学成为不少学生，特别是女学生崇拜的对象，新娘张永强就是其中的一个。

谈到新娘，我和她也是相当地有缘。先看我们的名字，我追求永远平安，新娘更进一步，追求永远强盛；再看我们安身立命的专业都是国际私法，论师承关系我还是她的师爷；特别重要的是，我们虽然不是同年生，却是同月同日生。所以，新郎与新娘的关系很快就通过了我的“酒精”考验和面试“答辩”。

通过广泛调查和深入研究，我发现新郎霍政欣和新娘张永强从相识到相知再到相爱，主要是新郎以老师身份作掩护，充分利用课堂和课外两个场所，采取轻言细语、甜言蜜语、豪言壮语等多种手段，最终赢得了新娘的芳心。新娘的策略则是不言不语、半推半就、顺水推舟，也紧紧抓住了新郎的花心。因此，他们的恋爱是完全自由的。

作为从事国际私法教学和实践的同行，我希望新郎霍政欣和新娘张永强要精神生产和物质生产两手抓，两手都要硬，除了产出更多更好的国际私法作品以外，一定要又好又快地产出从事国际私法事业的“纯正”接班人。另外，希望他们老爱幼、幼敬老、比翼飞。最后，我以法学教授的身份，根据《中华人民共和国婚姻法》和《中华人民共和国计划生育法》，参照北京市朝阳区、安徽省合肥市和湖北省武汉市武昌区珞珈山街的习惯做法，证明新郎霍政欣和新娘张永强的结婚完全合法有效，生子注意申请准生证。

祝新郎霍政欣和新娘张永强永结同心，比翼齐飞！

证婚人：肖永平

2009 年 2 月 2 日

朱建敏和张帆的证婚词

各位高兴的、激动的、漂亮的、英俊的亲朋好友：

你们好！我很荣幸作为证婚人参加朱建敏和张帆的结婚喜宴。新郎朱建敏和新娘张帆相识在武汉大学的珞珈山，在这并不高但有仙气的山上许下爱的盟约；相知在美国夏威夷海，在那并不深却很纯洁的海边通过"伊妹儿"立下永结同心的誓言；相爱在纽约自由女神面前，发誓成为既追求个人自由、又恪守中国传统美德的中国21世纪的模范夫妻。作为他们的邻居，我有幸见证了这一切，今天说出来与大家分享。

新郎朱建敏和新娘张帆经过"酒精"考验，他们品学兼优、德艺双馨、互敬互爱、比翼双飞，我很高兴看到他们经过8年"抗战"终于幸福地走到了一起！

今天，我以武汉大学法学教授的身份，根据《中华人民共和国婚姻法》的规定，参照美国夏威夷州、纽约州、瑞士等国的惯例和湖北省武汉市武昌区珞珈山街的习惯做法，证明新郎朱建敏和新娘张帆的恋爱自由自愿，结婚合法有效，生子有待申请。

祝新郎朱建敏和新娘张帆永结同心，比翼齐飞！

证婚人：肖永平

2007年10月2日

曾彦与刘慧的证婚词

各位兴奋的、激动的、漂亮的、英俊的亲朋好友：

今天是个好日子！因为是武汉大学的校庆日和曾彦与刘慧的结婚日。我很荣幸作为主婚人参加曾彦和刘慧的结婚喜宴，见证和分享他们的幸福和快乐。新郎曾彦和新娘刘慧从相识到相知再到相爱，都是在武汉大学珞珈山经历的，更是在我们法学院发生的，经过多年的"抗战"，他们终于幸福地走到了一起！作为法学院的校友，我们大家都可以证明他们的恋爱是完全自由的。

新郎曾彦和新娘刘慧都是我们法学院的好学生，他们品学兼优、德艺双馨。现在，新郎曾彦正在继续他的学业，攻读博士学位，新娘刘慧投身于法学院的学生管理工作。因此，我对新郎和新娘提出两点希望：一是要互敬互爱、比翼双飞；二是要精神生产和物质生产两手抓，两手都要硬，争取像我一样，博士学位论文和儿子同年"丰收"。

最后，我以法学教授的身份，根据曾氏国际法、曾氏家庭法和《中华人民共和国婚姻法》，参照湖北省武汉市武昌区珞珈山街的习惯做法，证明新郎曾彦和新娘刘慧的结婚是绝对合法有效的。

祝新郎曾彦和新娘刘慧永结同心，比翼齐飞！

主婚人：肖永平

2008 年 11 月 29 日

朱嵬与冯媛结婚典礼证婚词

各位来宾、各位朋友、各位同道：

今天又是一个好日子！我们怀着激动、高兴、还有一点羡慕的心情，共同见证新郎朱嵬与新娘冯媛喜结良缘的美好时刻。

受我的同事、我老婆的导师、我儿子的师奶奶张湘兰教授的邀请，我很荣幸担任这对新人的证婚人！考证这对新人的成长恋爱经历，我可以负责任地告诉大家：

他们生长在美丽的珞珈和十堰，优美的环境造就了这对新人的潇洒兼美丽！

他们求学在英国和德国，国际化的教育熏陶出这对新人知书又达理！

他们专长于法律与经济，法律与经济的联姻让他们合法地创造财富！

他们恋爱在北京，祖国的心脏见证了这对新人的缘分和深情！

他们工作在银行，民生与开发正是当下中国的主旋律！

作为一个法律人，我很高兴地宣布：他们出生时拥有我国的准生证，成长时获得外国的硕士证，恋爱时取得父母的许可证。根据《中华人民共和国婚姻法》的规定，今晚应该给他们颁发“驾驶证”！当然，作为一个过来人，我要提醒新郎和新娘的是：为了革命的下一代，请尽量避免“酒驾”。

朋友们，让我们一起：

祝福新郎新娘永结同心、白头到老！双方家长和谐美满、幸福永远！

期待这对新人互敬互爱、互谅互让，在开发中国的伟大征程中确保我们的民生！

证婚人：肖永平

2011 年 5 月 28 日

法学院行政领导班子换届述职报告

2016 年 5 月 30 日

一、学科建设进步明显

在教育部组织的第三轮学科评估中排名第四名、京外第一名；在 2016 年的 QS 排名进入国际前 150。正在进行的第四轮学科评估，大部分指标国内领先，有的重要指标为武大独有，与前 3 名的差距正在缩小。在法学所有二级学科设立博士点的基础上，在体育法、知识产权法自主设立博士点。不足之处是内涵发展的不平衡问题还比较突出。

二、高端平台建设成效显著

建立了法学领域唯一的国家高端智库—武汉大学国际法研究所；法学领域唯一拥有两个"2011"协同创新平台——国家领土主权与海洋权益协同创新中心、司法文明协同创新中心；在牛津大学出版社出版中国学者主编的唯一进入 SSCI 源的 *Chinese Journal of International Law*；设立了国家人权教育与培训基地——武汉大学人权研究院。这些平台为法学院下一步整合学科、创新研究领域、变革人才培养模式、提高社会服务质量打下了坚实的基础。不足之处是，通过制度创新、充分利用这些平台服务社会的力度不够。

三、师资队伍建设成就国内领先

4 年任期内新增资深教授 1 人、长江学者 3 人、青年拔尖人才 1 人、珞珈特聘教授 4 人、教授 8 人、副教授 10 人，基本实现了群体性成长，年龄结构得到优化。主要问题是“学缘结构”不好，近 80% 毕业于武汉大学；青年学者的发展潜力堪忧。

四、人才培养特色凸显

人才培养的国际化程度明显提高，通过开办“中国法与国际法”全英文硕士研究生项目、法律英语双学位实验班、开设全英文授课课程等方法，吸引外国留学生来我院学习，初步实现了人才培养在国际层面的双向流动。例如，就硕士研究生而言，通过正式项目出国 90 天以上的硕士研究生 52 人，而同期来法学院学习 90 天以上的外国留学生达 104 人，是中国学生出国留学的两倍。就本科生来说，接近 50% 的本科生有出国、出境学习经历，近 30% 的本科毕业生出国深造，不少武大本科生在国际组织、跨国公司、国际律所工作，表现优异、未来可期。在教学方式方面，特别重视组织学生参加高水平专业竞赛。例如，法学院组队参加了 13 届“理律杯”全国高校模拟法庭竞赛，共获得口头比赛冠军 3 次，亚军 1 次，最佳辩手奖 4 次，最佳书状奖3次,口头赛季军2次,最佳组织奖1次。连续5年组队参加Jessup国际法模拟法庭比赛,共获得全国团体一等奖3次、二等奖2次、最佳陈述人奖3次、最佳书状奖2次等;连续6年组队参加国际商事仲裁模拟仲裁庭辩论赛维也纳赛区比赛和中国香港赛区比赛,多次取得中国高校甚至亚洲高校的最好成绩;连续2年组队参加国际刑事法院模拟法庭比赛(英文),并获全国团体一等奖。共有1项成果获湖北省优秀教学成果一等奖;建成5门国家级精品课程。今后需要进一步扩大优质教学资源的惠及面。

五、科学研究成果突出

过去4年,共承担国家级项目52项、完成400余项横向课题和其他项目,项目经费从2010年的1000万元增长到2015年的3000万元;共发表517篇学科评估统计论文,其中21篇发表在SSCI源刊,3篇发表在《中国社会科学》,8篇发表在《中国法学》,5篇发表在《法学研究》;出版专著39部;共有29项成果获得省部级以上奖励,包括2项一等奖、8项二等奖、19项三等奖。据国外数据库统计,武汉大学法学学科在过去5年发表的SSCI论文居中国高校第一,2013年和2015年的教育部优秀成果奖数量排名第一。上述成果表明武大法学院的科学研究实现了从“学科导向”向“问题导向”的转型,研究成果的国际传播成效进步明显,国内外影响力逐步扩大。但国内“三大刊”的发文量不占优势。

六、服务社会效果良好

除了利用国家高端智库和“2011”协同创新平台以外,法学院还与最高人民法院合作成立了最高人民法院环境资源司法理论研究基地(武汉大学)、最高人民法院国际司法协助研究基地。共有200多篇咨询报告被省部级以上国家机构采纳,其中15篇报告被党和国家领导人批示,对维护我国国家主权和领土完整、应对台海局势和港澳局势、推进司法体制改革和人权建设等方面做出了卓越贡献。法学院的社会服务实现了从被动接受邀请到主动直接参与中国外交、立法、司法和其他社会管理活动的转变。现有问题是智库型专家的养成和智库型人才的培养亟待加强。

七、校友工作有声有色

校友返校活动形式多样、效果明显,既联络了校友感情,又有利于培养在校学生的实践能力和职业规划意识。平均每年接受校外捐赠大约200万元。今后需要进一步发掘校友资源,吸引他们参与学院人才培养和科学研究工作,还有较大空间。

八、政治思想工作保障有力

4年来,法学院严格按照学校要求开展各项政治思想工作,不断增强学院自我发展和自我管理能力,形成了风清气正的和谐法学院,为法学院的各项工作提供了坚强保障。不过,建设国际一流法学院的目标需要我们的行政管理工作进一步提高服务意识和精细化管理水平。

最后需要说明的是,上述成绩是在韩德培先生、马克昌先生先后离开了我们、法学教育竞争日益激烈、我院师资队伍面临更新换代等不利条件下取得的,它是法学院全体教职工共同努力的结果,实属来之不易。让我代表法学院行政领导班子对全院师生的支持、帮助、合作、理解和谅解表示真诚的感谢！对学校各级领导的关心和大力支持表示衷心的感谢！建设国际一流法学院，既是一场“马拉松”，更是一场“接力赛”，需要一代又一代珞珈法律人朝着同一个目标不懈努力。上面提到的不足主要是因为我本人能力不够、水平有限造成的，我相信下一届法学院领导班子一定会逐步解决，带领大家实现我们的目标。

离任感言

2016年9月6日

尊敬的李晓红校长、各位领导、老师们:

总算等来了这一天!我是2007年9月11日开始担任法学院院长的,回望走过的路,差5天就整整9年了。在此,我想讲5句话。

第一句话是"许多感谢"。感谢学校领导、各职能部门对法学院长期的指导与支持!感谢法学院两届班子成员对我工作的合作与支持!感谢法学院全体师生对我工作的理解与支持!我深知:如果没有这些支持,法学院不可能发展到今天这样的高度与水平。我也相信:学校会一如既往地支持法学院未来的建设与发展。

第二句话是"一点感悟"。一位麻将高手曾经告诉我:要打好武汉麻将,必须学会"两放":一是放弃;二是放炮。因为任何人都不能指望每一盘都和牌,在牌不好的时候少输就是赢。我想人生也是如此。学会放弃,就是要根据客观条件和自己的兴趣放弃一些该放弃的东西。只有这样,自己才有时间和精力去追求具有永恒价值的东西。学会放炮,就是成就他人、免伤自己。正所谓“赠人玫瑰,手留余香”。

第三句话是“满怀感恩”。我本一农民的儿子,能够享受国家助学金取得西南政法大学法学本科学位,能够接受法学大家韩德培先生的指导并取得法学博士学位,能够在中国法学重镇武汉大学法学院成长为长江学者,能够带领武大法学院走过一段艰难的岁月、不断弘扬珞珈法学精神,真是三生有幸! 我此刻的心情是,唯有继续努力,做好“摆渡人”,为中国培养更多、更好的法律人,才能面对矗立在我们法学院大楼前后的大家先贤。

第四句话是“两点感想”。过去9年,每年年终总结,我都会列举一些指标,以此证明法学院的进步,以此证明法学院在全国的位置。但我以为,这不是也不应该是法学院工作的全部,支撑法学院未来发展的真正遗产是我们长期坚持提升国际化水平和实践能力两个基本点。真诚希望法学院下届领导班子在这两个方面发扬光大。唯有如此,法学院才能保持在国际一流法学院之列(2015年武大法学进入QS排名199)。

最后,请允许我引用郑板桥的《新竹》作为我的“离任感怀”:“新竹高于旧竹枝,全凭老干为扶持。明年再有新生者,十丈龙孙绕凤池。”

感谢、感悟、感恩、感想、感怀,这就是我的离任感言。

谢谢各位!

图书在版编目(CIP)数据

法平天下 / 肖永平著. -- 北京 : 法律出版社,
2018
ISBN 978 - 7 - 5197 - 2652 - 2

Ⅰ. ①法… Ⅱ. ①肖… Ⅲ. ①法学 - 文集 Ⅳ.
①D90 - 53

中国版本图书馆 CIP 数据核字(2018)第 203800 号

法平天下
FAPING TIANXIA

肖永平 著

策划编辑 沈小英
责任编辑 沈小英 刘晓萌
装帧设计 李 瞻

出版 法律出版社
总发行 中国法律图书有限公司
经销 新华书店
印刷 永清县金鑫印刷有限公司
责任校对 马 丽
责任印制 吕亚莉

编辑统筹 财经法治出版分社
开本 A5
印张 16
字数 293 千
版本 2018 年 10 月第 1 版
印次 2018 年 10 月第 1 次印刷

法律出版社/北京市丰台区莲花池西里 7 号(100073)
网址/www. lawpress. com. cn
投稿邮箱/info@ lawpress. com. cn
销售热线/010 - 83938336
举报维权邮箱/jbwq@ lawpress. com. cn

中国法律图书有限公司/北京市丰台区莲花池西里 7 号(100073)
全国各地中法图分、子公司销售电话:
统一销售客服/400 - 660 - 6393
第一法律书店/010 - 83938334/8335 西安分公司/029 - 85330678 重庆分公司/023 - 67453036
上海分公司/021 - 62071639/1636 深圳分公司/0755 - 83072995

书号:ISBN 978 - 7 - 5197 - 2652 - 2
定价:80.00 元
(如有缺页或倒装,中国法律图书有限公司负责退换)